书生意气

宋培学 著

中国广播影视出版社

目 录

新闻出版业务篇

电影篇

语言文字篇

翻译作品篇

散文篇

序 言

梁刚建

　　首先祝贺宋培学同志的个人文集《书生意气》出版发行。

　　我是2004年6月调入中国广播电视出版社任社长、总编辑的，直至2014年2月离开，在出版社任职近十年。十年时间，我与宋培学朝夕相处，朝乾夕惕；同甘共苦，同舟共济。对于宋培学，我可以说知己、知底、知心、知性。提起他的为人处事，可以娓娓道来，如数家珍。

　　正如这本文集的书名一样，宋培学的最大特点就是"书生意气"。他的书生意气，不是一味追求犀利，失去基本原则立场；不是死守条条框框，不知变通；而是有忠实坚定的信仰，豪爽奔放的意气，读书人的意志和品质。他为人正直、坦率，有一说一，从不拐弯抹角；他有读书人的坚守和气质，肯吃苦，不放弃，不言败。我刚来出版社时，他时任中国广播电视出版社副社长兼副总编辑。当时正值北京"非典"过后，恐慌尚未消除，出版社发到外省的图书，有的连包儿都没拆，就原封不动退回来了。这一年图书销售大幅度下滑，经济效益急剧下降。面对困难，出版社领导班子专门开会研究解决方案，他根据出版社的实际情况大胆提出暂时收缩市场书、加强合作出版和系统内自费出版的方案，并很快制定出编、印、发管理办法。由于采纳了他的方案，调动了编辑、出版和发行人员的积极性，两年之内，出版社的经济效益有了大幅度提升。

　　他在出版社干了26年，可以说是老出版人了。他掌握政策和法规，熟悉出版业务和流程，了解市场行情与规律，始终坚持正确的出版方针，牢牢把握出版导向，严把图书内容关、选题审批关，书稿终审关。什么书能出，什么书不能出；什么属于超范围出书；什么书需要专题报批，都能做到心中有数。真正让出版社做到了"三出一不出"，即出好书、出精品、出效益，不出问题。他精心组织策划出版优秀出版物，取得了良好的社会效益和经济效益。重点开发新闻传播与广播影视方面的图书，使这类图书的比例提升到65%以上，《当代广播电视台百卷丛书》《中外影视大辞典》《世界各国广播电视概况》《广播电影电视法规汇编》《纪录电影文献》《中国电视论纲》《广播电视新闻系列教材》《21世纪中国

影视艺术系列丛书》《现代传播系列丛书》《数字广播电视书系》等一大批图书，在系统内乃至全国创造了良好品牌形象。

他锐意进取，全面推进出版社转企改制。2009年的转企改制，对出版社来说是重大变革，在时间紧、任务重的情况下，他协助社长做了大量前期准备工作，完成报送修改转制方案、召开座谈会、职工自愿选择、召开职工代表大会等重要工作。12月23日，中国广播电视出版社有限责任公司正式揭牌，标志出版社的转企改制迈出了第一步。在整个转制过程中，他贯彻总局党组的指示精神，认真做好职工群众的思想工作，协助社长为出版社解决了四大难题：一是妥善安置了离退休职工；二是在职职工自愿选择了去向；三是解决了在职职工住房补贴和采暖补贴；四是争取了一笔转制资金。

他是一个风趣幽默、才华横溢的人。他兼任出版社工会主席，把出版社的职工文化体育活动搞得有声有色、情趣盎然。每次联欢会上，他都表演不同的节目，什么讲笑话、说评书、表演相声、唱地方戏，信手拈来。体育活动更是技高一等，什么篮球、乒乓球、跳绳、踢毽子、呼啦圈、象棋、围棋、五子棋，样样都会，每次活动他都带头参加，完全融入群众之中。特别值得一提的是，我社的乒乓球运动非常普及，从职工到领导班子，人人都会，人人都参加。每次运动会这个项目报名人数最多，竞争也最激烈。普及之下必有提高，我社的乒乓球运动在总局都是出了名的，每次比赛他都带队参加，特别是领导干部的比赛，每次我们都能拿到前几名的名次。出版社工会组织的文化体育活动丰富多彩，每年春季的植树爬山、夏季的全国书博会、秋季的职工运动会，成为当时的三大品牌活动。

他的这本文集，可以说是个人学习经历、工作经历、生活经历的长期积累，是理论与实践的经验总结，折射出一位普通领导干部的成长史。文集内容涉及政治理论、新闻出版管理与业务、电影、语言文字、翻译作品及散文等多方面，真实体现了出版人"杂家"的含义，涉猎广博，旁征博引，学贯古今，融会中西。我相信文集的出版会给新闻出版、广播影视从业人员一个很好的借鉴，会对普通领导干部成长、成才提供指导和帮助。希望宋培学同志退休不褪色，继续发挥余热，为新闻出版、广播影视事业添砖加瓦。

是为序。

2018年8月

（作者为中国广播电影电视报刊协会会长、中国广播电视出版社原社长兼总编辑）

自 序

　　这是一本我个人的文集，书名之所以叫《书生意气》，并非借用毛主席诗词《沁园春·长沙》中"书生意气，挥斥方遒"的含义，而是指读书人的志趣和性格。读书人的品质就是肯钻研、有韧性、能坚持，我更看中的是它比较符合本人的性格和气质。通过所写的文字记录个人的成长过程，反映本人的读书经历、工作经历和生活经历。

　　我高中毕业后插过队，当过工人；1979 年 9 月考入东北师范大学中文系，本科毕业后留校担任中文系八二级辅导员，送走八二级学生，开始读研，学习汉语史专业；1989 年 7 月硕士研究生毕业分配到中国广播电视出版社，历任编辑，编辑部副主任、主任，办公室主任，总编室主任，总编辑助理兼总编室主任，副社长兼副总编辑。在出版社工作 26 年后，2015 年 8 月调中国电影资料馆、中国电影艺术研究中心任党委书记，直至 2018 年 5 月退休。

　　从这本文集中可以看到我的成长经历，文字的记录始终是与我的学习经历、工作经历、生活经历如影相随的。上大学时，虽然读的是中文系，但我偏重于语言学，毕业论文写的是语言学方面的论文，由于比较下功夫，论文被评为优秀论文。研究生学的是汉语史专业，对汉语的语音、词汇、语法有了进一步的学习和研究，又写了一些汉语语法和词汇方面的文章。上中学时，外语学的是英语，可是到了大学，由于没有英文教师，我们这届中文系的学生（全年级四个班，180多人）全部改学日语，读研当然还是继续学习日语。由于当时国家比较重视外语，不管是就业、考研、出国、评职称，都必须熟练掌握一门外语。这样，尽管没有语言环境，没有与日本人交流的机会，也还是通过书面语言达到学习目的，那就是阅读、翻译日文杂志和书籍。读研及毕业后的一段时间里，翻译了一些日文小说和书籍。读研时，由于聂卫平在中日围棋擂台赛上大获全胜，为国人争了光，又喜欢上了围棋，学会了围棋。当时日本围棋比较强盛，我们还在学习日本围棋，又翻译了许多日本围棋书，为中国读者介绍日本围棋，现在在网上还能查到我当年翻译的日本围棋书呢。

1

　　我在出版社工作了26年，从编辑做起，从编校第一本图书开始，到了解、熟悉、掌握整个编辑流程，策划、编辑、出版一系列重点图书，经历了一个漫长的过程。期间策划、出版了一批有品位、有影响、两个效益俱佳的重点图书，如"大型古籍索引丛书"（5种）、梁实秋译本的中英文对照版《莎士比亚全集》（40册）、《中华人民共和国广播电视简史》《中国广播电视文艺大系》（8种）等等。2000年4月开始走上领导岗位，担任中国广播电视出版社副社长、副总编辑，2003年5月被评聘为高级编辑，从此不仅要考虑出版社的选题策划、编辑出版，还要考虑出版社的经营管理和经济效益。进入新世纪，随着互联网不断发展，新媒体迅速崛起、壮大，传统纸媒急剧下降，出版社的生存发展遇到极大挑战，面对出版社的困境，我也进行了思考和探索，撰写了一些文章，起草、制定了一些规章制度，提出、制定并印发了《出版社编印发管理办法》，调动了编辑工作的积极性，使选题策划、图书品种、图书质量、经济效益有了很大提高，出版社度过了危机并得到了一定的发展。

　　2015年8月国家新闻出版广电总局任命我为中国电影资料馆、中国电影艺术研究中心党委书记，这是一个全新的岗位，职位的变动，面临着角色的转换。在中国电影资料馆主要做党的工作，履职党委书记职责，抓政治理论学习，学习习近平新时代中国特色社会主义思想和党的十九大精神，开展"两学一做"学习教育和推进"两学一做"学习教育常态化制度化，落实全面从严治党主体责任和监督责任，抓基层党建，提升党支部活力等等。这期间，政治理论学习多一些，参加总局、党校的学习班多一些，对理论学习、党的建设、反腐倡廉的思考也多一些，写了一些这方面的文章和讲话。同时我作为电影资料馆领导班子成员，也分管一些业务工作，出国或出席一些重大活动，代表电影资料馆发言或讲话，也写过关于电影方面的文章或工作纪实，这些都一并收入这本文集中。

　　关于生活经历的文字记录，主要是写了一些散文，比较杂，有出行纪实，有悼念文章，也有自己创作的文艺作品。这些都是与生活经历密不可分的。比如年轻时为夫妻吵架写过《小两口吵架不记仇》，为孩子"小升初"而困惑写过《"小升初"需要解决的五大问题》等等。总之，这本文集是伴随着我个人的学习经历、工作经历、生活经历而成就的。

　　文集分为七个部分：理论篇、新闻出版管理篇、新闻出版业务篇、电影篇、语言文字篇、翻译作品篇、散文篇。每部分收录的文章基本按时间顺序排列，只有散文篇比较杂一下，先按内容相近的排在一起，再按时间先后为序。有些文章已在报刊发表过，大部分没有发表。理论篇收录11篇，主要是政治理论研究、党的建设探索、习近平新时代中国特色社会主义思想及党的十九大精神学习体会等方面的文章；新闻出版管理篇收录5篇，主要是谈出版社干部人事制度改革、

稿酬制度改革、发展方式的转变以及图书质量下降原因及对策、经济纠纷的预防；新闻出版业务篇收录 12 篇，主要是为宣传出版社图书而写的书评、参加一些重点图书首发式、研讨会的讲话及为有些图书出版写的序言和后记等；电影篇收录 14 篇，主要是我来中国电影资料馆之后，出国或参加国内一些重大电影活动所作的致辞、讲话及工作纪实；语言文字篇收录 6 篇，为我上大学、读研及出版社工作时写的语言文字方面的文章；翻译作品篇收录 10 篇，多为读研和出版社工作时翻译的日本文学作品及汉学图书；散文篇收录 18 篇，主要是出行纪实、文艺作品、悼念文章、回忆等方面的文章。

我不是专业作者，不可能天天写作，这本文集的内容是伴随着学习、工作、生活的经历完成的，是一个日积月累的过程。有的并不是有感而发，而是工作性质、工作需要必须要写要讲的，这对个人成长也是一种锻炼，也是必不可少的过程。

人生到了另一个节点。2018 年 5 月我光荣退休，这本文集姑且作为我工作期间的了结吧，也算是我为党工作多年画上一个圆满的句号。

2018 年 7 月

作者速写，刘长海画

理论篇

论党的思想路线的确立、继承与发展①

一

思想路线的正确与否，是决定革命和建设事业成败的重要因素。这是经过正反两个方面经验反复证明了的事实。中国共产党之所以能够发展到今天这样一个执政 60 年、拥有 7500 多万党员的政党，就是因为坚持了一条正确的马克思主义思想路线。

解放思想、实事求是、与时俱进，作为党的思想路线已在十六大报告中得到阐述并郑重写入党章，十七大报告和修改后的新党章进一步予以确认。这是一条贯穿中国共产党全部历史的思想路线，是一条关于建设中国特色社会主义的思想路线，是一条中国化的马克思主义思想路线。

中国共产党在 88 年的奋斗历程中，以马克思主义理论为指导，从中国特有的国情出发，创立了具有中国特点和中国风格的思想路线。它的基本发展脉络是：以毛泽东同志为主要代表的中国共产党人，在新民主主义革命时期，坚持实事求是的思想路线，突破党内存在的教条主义的束缚，走出一条具有中国特色的新民主主义革命道路；以邓小平为主要代表的中国共产党人，继承了实事求是的思想路线，又加上了"解放思想"这个新的内容，面对如何摆脱党内长期存在的"左"的思想的束缚，走出了一条具有中国特色的社会主义建设道路；以江泽民同志为主要代表的中国共产党人继承并发展解放思想、实事求是的思想路线，又加上了"与时俱进"这个新的内容，面对如何摆脱"本本"束缚，紧跟时代发展的步伐，不断探索建设什么样的党、怎样建设党，实现什么样的发展、怎样发展等问题，创造出了新的理论——"三个代表"重要思想以及科学发展观。

---

① 本文为 2009 年参加中央党校中直机关分校司局级干部进修班学习毕业时提交的论文，该论文被评为优秀论文。

二

中国共产党从 1921 年成立以来，为了求得民族独立和人民解放，实现国家的繁荣富强和人民的共同富裕，已经走过了 88 年艰辛而辉煌的历程。回顾中国共产党的历史，不难看出，党的思想路线也经历艰难、曲折的发展历程，什么时候坚持正确的思想路线，中国的革命和建设事业就会取得成功，蓬勃发展；什么时候违背了正确的思想路线，中国的革命和建设事业就会遭受挫折，走向低谷或失败。

在中国共产党建立的头 20 年间，由于党还处在不成熟时期，对于马克思主义的理论和中国革命的实践还没有深刻的认识和了解，党的思想路线的形成一直受到右的或"左"的方面干扰，尤其是以王明为代表的"左"倾路线的错误领导。实践证明：那种理论脱离实际，照搬照抄外国经验的教条主义，或由一个远离中国的"国际指挥中心"来指挥中国革命的做法，是完全错误的。虽然我党依靠自己的力量纠正了错误，汲取了教训，但是把马克思主义教条化，把共产国际指示和前苏联经验神圣化的错误倾向曾经在党内盛行一时，并因此使中国革命遭到惨重的损失。以毛泽东同志为主要代表的中国共产党人，正是在同这种错误进行不懈斗争的实践中，深刻认识到了党的思想路线正确与否对党的事业成败的极端重要性，明确提出了"实事求是"，并通过延安整风，把全党的认识统一到了马克思主义思想路线上来。1941 年 5 月，在延安整风前夕，毛泽东在延安干部会议上作了《改造我们的学习》的报告。在这篇报告中，毛泽东对"实事求是"作了深刻的阐述："'实事'就是客观存在着的一切事物，'是'就是客观事物的内部联系，即规律性，'求'就是我们去研究。"之后，毛泽东在延安整风期间又强调："应确立以研究中国革命实际问题为中心，以马克思列宁主义基本原则为指导的方针，废除静止地孤立地研究马克思列宁主义的方法。"正是在这条实事求是思想路线的指引下，中国共产党人把马克思主义原理与中国实际结合起来，才走出了曲折，形成了一整套新民主主义革命的理论、路线和政策，并取得了中国新民主主义革命的伟大胜利，而且赢得了社会主义建设的巨大成就。可以说，实事求是的思想路线，是中国共产党将马克思主义的一般认识论原理，科学运用于中国革命的具体实践，并运用中国化的语言凝练而成的。这是以毛泽东同志为主要代表的领导人为中国共产党确立的一条正确的马克思主义思想路线。

当历史走到 20 世纪 70 年代末，经过"十年浩劫"之后，中国又面临着一个重大的历史转折关头。中国向何处去？在这个关键时刻，以邓小平同志为主要代表的中国共产党人，顺应党心、合乎民意，领导全党开展真理标准问题的大讨

论，鲜明地提出了"解放思想，实事求是，团结一致向前看"。通过这场大讨论，我们党不仅恢复了实事求是的思想路线，而且发展了这条思想路线。邓小平同志强调指出："只有解放思想，坚持实事求是，一切从实际出发，理论联系实际，我们的社会主义现代化建设才能顺利进行，我们党的马列主义、毛泽东思想的理论也才能顺利发展。"邓小平同志在坚持实事求是的同时，把解放思想提到了突出的位置。解放思想就是在马克思主义指导下打破习惯势力和主观偏见的束缚，冲破"两个凡是"的禁锢，研究新情况，解决新问题。正是在解放思想、实事求是这条思想路线的指引下，我们党才能以巨大的政治勇气和理论勇气，科学评价毛泽东同志和毛泽东思想，彻底否定"以阶级斗争为纲"的错误理论和实践，作出把党和国家工作中心转移到经济建设上来、实行改革开放的历史性决策，才能确立党在社会主义初级阶段的基本理论、基本路线、基本纲领和一系列方针政策。

当历史步入21世纪，中国共产党又面临着一系列国际国内重大问题。国际局势发生了深刻的变化，世界多极化和经济全球化深入发展，以经济为基础、科技为先导的综合国力竞争更为激烈；党所处的地位和环境、党所肩负的历史任务、党的自身状况，都发生了重大变化。以江泽民同志为主要代表的中国共产党人，总结历史，立足现实，面向未来，在深刻思考如何适应新的形势、全面推进中国特色社会主义事业，如何加强和改进党的建设、巩固党的执政地位等一系列重大课题的基础上，提出了"与时俱进"这一富有时代气息、具有中国语言特色的新思想，并把它和解放思想、实事求是一起作为我们党在新时期的思想路线。这是对我们党的思想路线的进一步丰富和发展。江泽民同志在十六大报告中指出："与时俱进，就是党的全部理论和工作要体现时代性，把握规律性，富于创造性。能否始终做到这一点，决定着党和国家的前途命运。"胡锦涛同志在十七大报告中强调："实践永无止境，创新永无止境。""坚持解放思想、实事求是、与时俱进，勇于变革、勇于创新，永不僵化、永不停滞，不为任何风险所惧，不被任何干扰所惑。"新时期党的思想路线主要体现两个方面的特征：其一是与时俱进的提法和主张，赋予了思想路线以新的时代内容，突出了时代精神和创新要求；其二是它不但强调了对客观世界的认识和改造，而且强调了认识主体和实践主体的自身改造，强调了认识主体和实践主体要随着客体的变化而变化，随着客体的发展而发展。正是在这条思想路线的指引下，十三届四中全会以来，以江泽民同志为主要代表的中国共产党人，站在历史发展和时代要求的高度，敏锐把握国际国内形势的发展变化，在建设中国特色社会主义的伟大实践中，积累了治党、治国、治军新的宝贵经验，创立了"三个代表"重要思想及科学发展观，开辟了马克思主义中国化的新时代。

三

解放思想、实事求是、与时俱进，是相互联系、相互作用的有机统一整体。它们是过程的统一，更是本质的统一。实事求是内含着解放思想、与时俱进；解放思想必然要求实事求是、与时俱进；与时俱进，则必然体现为解放思想、实事求是。解放思想、实事求是、与时俱进，好像一条红线贯穿于我们党的奋斗历程。其逻辑关系与发展构成我们党思想路线的主线。而每一次思想路线问题的解决与飞跃，都会对中国社会产生巨大的推动作用，都会极大地促进社会的进步和生产力的发展。

解放思想、实事求是、与时俱进，是中国共产党在新时期的思想路线，这条思想路线既有对以往党的思想路线的继承，又有丰富、发展与创新。其丰富、发展与创新的核心体现在与时俱进上。与时俱进，它既是党的思想路线的重要组成部分，又是"三个代表"重要思想及科学发展观所蕴含的精华，也是对马克思主义理论品质的新概括。

"与时俱进"的核心意义体现在它的实践性和创新性。尤其是当代中国社会，如何适应时代的要求和实践的需要大胆创新思想和理论，是第三代中央领导集体所面临的紧迫课题。江泽民同志多次强调创新的伟大意义："创新是一个民族进步的灵魂，是一个国家兴旺发达的不竭动力，也是一个政党永葆生机的源泉。"胡锦涛同志也在十七大报告中指出："新时期最突出的标志是与时俱进。我们党坚持马克思主义的思想路线，不断探索和回答什么是社会主义、怎样建设社会主义，建设什么样的党、怎样建设党，实现什么样的发展、怎样发展等重大理论和实际问题。"这足以说明与时俱进对于中央第三代领导集体推进理论创新是何等的重要。任何一种理论都是时代的产物，都是以特定的历史条件为背景的。如果一味抱着经典作家的"条条"和"框框"不放，不仅回答不了实践提出的新问题，理论本身也不可能发展。我们党历史上王明等抱着马克思主义"本本"不放，结果是在中国革命的实践中四处碰壁。以毛泽东、邓小平、江泽民为主要代表的中国共产党人，在领导中国革命、建设和改革的实践中，总是把解决中国的实际问题作为自己理论研究的中心，在实践中不断丰富和发展马克思主义，从而引导中国革命、建设和改革取得了一个又一个伟大胜利。

在解放思想、实事求是、与时俱进的思想路线指引下，中国共产党不断与时俱进、开拓创新。十三届四中全会以来20年，我们实现了由温饱到小康的历史性跨越，实现了由计划经济向市场经济的历史性转变，实现了执政党建设伟大工程的历史性突破，实现了马克思主义中国化的历史性飞跃。实践证明：解放思

想、实事求是、与时俱进，是党的第三代中央领导集体在建设中国特色社会主义实践中进行理论创新的催化剂，是"三个代表"重要思想及科学发展观的精髓，是一条关于建设中国特色社会主义的马克思主义思想路线。

中央党校中直机关分校 2009 年秋季司局级干部进修班一班四支部合影，前排左起：刘军、刘小恒、玉校长、李老师、万顺府、李治平，后排左起：袁健、汤水富、刘洪如、姜占国、秦德继、纪存双、张树国、宋培学

加深对中国梦的理解与认识①

一

为了深入学习好、领会好、贯彻好习近平总书记系列讲话精神，总局于2014年4月份在研修学院举办了四期司局级领导干部学习贯彻习近平总书记系列讲话精神培训班。我有幸参加了第三期培训班。在培训班上，童刚副部长作了开班仪式讲话，并作了辅导报告，还分别聆听了国家行政学院教授祁述裕，中央党校教授周熙明、周为民专题辅导报告，进行了分组讨论，并安排了大会交流。为期五天的自学和集中学习，对习近平总书记的系列讲话精神有了系统学习、深刻领会、全面认识，特别是对中国梦的理解与认识有了进一步提高。

二

党的十八大以来，习近平总书记发表了一系列重要讲话，提出了实现中华民族伟大复兴中国梦的重要思想。习近平总书记提出的中国梦，拨动人心，激动人心，振奋人心，在亿万人心头回响，已成为当下中国社会的最强音。

中国梦贯通历史，凝聚了几代中国人的夙愿。中华民族历史悠久，为人类文明作出了不可磨灭的贡献。但是，从1840年鸦片战争以后，中华民族蒙受了百年的外族入侵和内部战乱，遭受的苦难之重，付出的牺牲之大，在世界历史上都是罕见的。正如习近平总书记所说，每个中国人想起那段历史都会感到心痛。正因为如此，实现民族复兴才成为近代以来中华民族最伟大的梦想。从救亡图存到振兴中华，中国人民不屈不挠，奋起抗争，经过一代接一代人的奋斗，终于掌握了自己的命运，开始了拯救、建设自己国家的伟大征程。孙中山提出"振兴中华"并领导辛亥革命，推翻了满清王朝，灾难深重的中华民族"醒来了"。毛泽

---

① 本文收录于国家新闻出版广电总局《学习习近平总书记系列讲话精神文集（下册）》。

东领导新民主主义革命取得成功建立了新中国，中国人民"站起来了"。邓小平领导开创了改革开放新时期，中国人民"富起来了"。回顾历史可以清楚地看到，实现中华民族的伟大复兴在整个 20 世纪一直是无数仁人志士不断追求的目标，承载着几代中国人的夙愿。中国的革命也好，建设也好，改革开放也好，归根到底都是为了实现这个目标。

中国梦反映了近代以来一代又一代中国人的美好追求，进一步揭示了中华民族的历史命运和当代中国的发展走向，指明了全党全国人民共同的奋斗目标。这一重要思想充分体现了我们党高度的历史担当和使命追求，是新一届中央领导集体对全体人民的庄严承诺，是党和国家面向未来的政治宣言。中国梦一经提出，就释放出强大的号召力和感染力，必将把国内外、海内外同胞凝聚在一起，成为激励中华儿女团结奋进、开辟未来的一面精神旗帜。

三

中国梦归根到底是人民的梦。习近平总书记指出，国家好，民族好，大家才会好。中国梦的基本内涵和目标追求，就是国家富强、民族振兴、人民幸福。它包含全面建成小康社会目标，也包含建设富强、民主、文明、和谐的社会主义现代化国家的目标，还包含中华民族伟大复兴的目标，但是归根到底落脚点是人民幸福。

每个人心中都有一个梦，都有追求幸福生活、享受幸福生活的权利。习近平总书记指出："中国梦归根到底是人民的梦""是每个中国人的梦"。他还说："我们的人民热爱生活，期盼有更好的教育、更稳定的工作、更满意的收入、更可靠的社会保障、更高水平的医疗卫生服务、更舒适的居住条件、更优美的环境，期盼孩子们能成长得更好、工作得更好、生活得更好。"这些说的都是普通百姓一个个生动具体的梦。实现中国梦，说到底，就是实现老百姓自己的梦。实现中国梦，就是要让生活在我们伟大祖国和伟大时代的人民，共同享有人生出彩的机会，共同享有梦想成真的机会，共同享有同祖国和时代一起成长与进步的机会。有梦想，有机会，人们才愿意为实现这个梦想去付出，去奋斗。

四

民族复兴的中国梦，内容丰富，内涵深刻。中国梦是国家的、民族的，也是每一个中国人的。中国梦的基本内涵是国家富强、民族振兴、人民幸福。这三者相互联系，相辅相成，三位一体，辩证统一。

国家富强是中国梦的第一要义。国家不仅是民族的物质载体，也是民族的精神依托。在"家国同构"的中华文化中，"国"是放大了的"家"，"家"是缩小了的"国"。国家是促使中国人民形成中华民族向心力、凝聚力和创造力的精神源泉和精神依托。因此，国家在中国人民的心目中具有崇高的地位。自近代以来，中国人民深深懂得了国家贫穷落后就要挨打的道理，对建设强大的国家有着强烈的追求和渴望。因此，中国梦的第一要义就是实现国家富强，这也是全体中国人民的共同追求。

民族振兴是中国梦的主题。中国共产党以实现中华民族伟大复兴为己任，领导中国人民经过90多年的奋斗，完成了新民主主义革命和社会主义建设两大历史任务，中华民族的伟大复兴展现出前所未有的光明前景。当前，中国人民的民族自豪感空前高涨，实现中华民族伟大复兴的愿望空前强烈。在这样的大背景下，中国梦把振兴伟大的中华民族作为主题，与实现国家富强是一脉相承的，也是目标一致的，都能以此来打动人心、激励人心、凝聚人心，并且能更广泛地凝聚全国各族人民的物质和精神力量。

人民幸福是中国梦的出发点和落脚点。中国梦是国家梦、民族梦，归根结底是人民的梦，是人民生活幸福、人民生活出彩的梦。国家、民族和个人的命运从来都是紧密相连的，正像谚语所说，大河有水小河满，小河无水大河干。每一个中国人都应当自觉把个人的梦与中国梦联系起来，发扬我们民族"天下兴亡，匹夫有责"的报国意识和"先天下之忧而忧，后天下之乐而乐"的爱国情怀，在创造自己幸福生活过程中，为实现中国梦加油助力，添砖加瓦。把国家梦、民族梦、人民梦紧密联系在一起，既能够把全国各族人民凝结成"利益共同体""命运共同体"，又能够激发起每个中国人实现人生梦想的创造活力，这是中国梦具有强大生命力、号召力、凝聚力、感染力的原因所在。

五

"空谈误国，实干兴邦"，这是习近平总书记讲得最多的一句话。我们的国家，我们的民族，从积贫积弱一步步走到今天的发展、繁荣，靠的就是一代又一代中国人的顽强拼搏，靠的就是中华民族自强不息的奋斗精神。只要我们人人艰苦奋斗，奋发有为，就一定能够实现个人的就业梦、宜居梦、上学梦、成才梦、致富梦、汽车梦、城市梦、环保梦、健康梦。只要我们的党、我们的国家在以习近平同志为总书记的党中央正确领导下，坚持中国道路，弘扬中国精神，凝聚中国力量，就一定能够实现中华民族伟大复兴的中国梦。

把牢思想和行动的"总开关"①

关于"三严三实"专题教育，中央办公厅2015年4月10日下发了专题教育方案，总局党组4月30日也发了专题教育实施方案，我社按照中央部署和总局要求，于6月4日下发了专题教育实施方案。

按照实施方案，6月3日，我社召开了全体党员大会，王卫平社长以"学习好、领会好、贯彻好'三严三实'专题教育"为主题为全社党员讲授党课，标志着出版社"三严三实"专题教育正式启动。

按照学习要求，在个人自学的基础上，重点分三个专题开展学习、研讨，今天就是学习研讨第一专题。下面我就围绕"严以修身，加强党性修养，坚定理想信念，把牢思想和行动的'总开关'"这一主题，谈谈自己的认识和体会。

一、对严以修身的基本认识

严以修身居于"三严三实"之首位，是"三严三实"的前提和基础，是"忠诚、干净、担当"的要求和保证。

"修身"，古已有之。"修身、齐家、治国、平天下。"（西汉·戴圣《礼记·大学》）、"静以修身，俭以养德"（诸葛亮《诫子书》）、"不修其身，虽君子而为小人"（欧阳修）等等都是对"修身"的经典论述。习近平总书记指出："中国传统文化历来把自律看作做人、做事、做官的基础和根本。我们共产党人更应该强化自我修炼、自我约束、自我塑造，在廉洁自律上作出表率。"严以修身既是做人用权律己的现实要求，也是对中华优良传统的弘扬和继承。我以为，严以修身是为人之本，是处事之基，是做官之要。

严以修身是为人之本（根本）。《三字经》开篇就讲："人之初，性本善；性相近，习相远。"说的是人出生之时，性格、性情是真真切切、不卑不亢的，善良、慈善是人的本性。然而，人的"善"又不是一成不变的，是随着生活、时

---

① 此文为在中国广播影视出版社"三严三实"专题教育学习研讨会上的发言。

代的不断发展变化而变化的。从积极的方面来看，作为人的"善"是万变不离其宗的。严以修身，就是要使我们自身通过家庭、学校、单位、社会等方面的教育、影响，随着知识学习、社会实践的不断丰富和完善，保持、发扬、提升作为人的"善"的本性，尊崇"礼、义、廉、耻"，做到善良、公道、正派。

严以修身是处事之基（根基、基础）。《周礼》上讲："则以观德，德以处事。"说的是想事情、办事情要有"德"。要有"德"，就要修身养性。这里主要是说我们从事社会实践活动、从事每项工作，要以不断地修炼自己为基础。要做好工作，要求我们要学习知识、增强能力，实事求是、善于谋事，甘于奉献、勤勉努力，认真负责、开拓创新。然而，这一切都需要不断地严以修身才能拥有。拥有这些处事的基本素质，我们所做的工作才能不辜负党和人民的期望和重托，才能做出经得起实践、历史检验的实绩。

严以修身是做官之要（要义、要务）。做官先做人，做人必修身，修身是做官之要。做官没有德行修养，就没有基础和威信。正所谓"其身正，不令而行；其身不正，虽令不从"（《论语·子路》）。对一名党员领导干部来说，修身不仅仅是关乎个人修养的问题，更是关系到"为谁当官，怎样做人"的问题。我们只有"严以修身"，在修身中不断反省自己、改造自己、提高自己，让修养日有所进，做到以身作则、率先垂范，谦虚谨慎、淡泊名利，克己奉公、勤政廉政，只有这样，才是"为官有为"，才能为官一任，造福一方。

二、不严以修身的主要表现

蔡赴朝部长在总局上党课中讲到："问题是思想的警钟、行动的方向。发现问题、解决问题，是开展专题教育的根本出发点和落脚点。"这次专题教育就是要对照理论理想、党章党纪、民心民生、先辈先进"四面镜子"，从里到外，从上到下反复照一照，反思自己对信仰是否坚定，对群众是否尊重，对岗位是否尽责，对工作是否用心，不断改造自己、提高自己。对照"三严三实"的要求，认真查找"不严不实"的问题，着力解决"不严不实"的问题。

"不严不实"的第一条就是不严以修身，主要表现为：理想信念动摇、信仰迷茫、精神迷失的问题；宗旨意识淡薄、忽视群众利益、漠视群众疾苦的现象；党性修养缺失，不讲党的原则的问题。最近总局纪检监察局通报的违纪违法案例就是典型的例子。有的受到党纪政纪的处分，有的被行政拘留、收容教育，有的触犯刑律、锒铛入狱。这些案例都从反面给我们提供警示意义，这些问题的出现从根子上说，还是理想信念这个"总开关"出了问题，理想淡漠导致作风变质，信念动摇导致底线失守，思想滑坡导致行为失范，最终也害了自己。

我们在"不严以修身"方面，虽然没有违纪违法案例里表现得那么严重，但是我们每个人还是或多或少存在着理想信念动摇、信仰迷茫、精神迷失的问题，还是存在着宗旨淡薄、党性修养缺失的问题。这些问题，我们在党的群众路线教育实践活动中都进行了认真查摆，进行了深刻的检讨和反思，同时也在实际工作中进行了纠正。但是这些问题不是一次教育活动就能够解决的，坚定理想信念是永恒的课题，永远都没有止境，永远都不能松懈。

三、如何才能做到：严以修身，加强党性修养，坚定理想信念，把牢思想和行动的"总开关"

主要做到两个坚定、一个保持。

一要坚定马克思主义信仰和中国特色社会主义信念，增强道路自信、理论自信、制度自信、文化自信。要加强思想理论武装，认真学习贯彻习近平总书记系列重要讲话精神，学习党章、践行党章，遵守党章各项规定。要自觉强化理想、信念、党性、作风教育，不管碰到什么艰难险阻，不管遇到什么大风大浪，都要始终坚定马克思主义信仰，坚定共产主义理想，增强中国特色社会主义四个自信。要用好正反两面镜子，认真学习中组部编写的《优秀领导干部先进事迹选编》，用正面典型为自己加油、补钙。要认真对照周永康、薄熙来、徐才厚等案件，对照中央纪委机关编写的《领导干部违纪违法典型案例警示录》，从中汲取教训，用反面典型为自己敲响警钟。

二要坚定站稳党和人民立场，牢固树立正确的世界观、人生观、价值观和公私观、是非观、义利观，忠于党、忠于国家、忠于人民。要加强主观世界改造，牢固树立正确的世界观、人生观、价值观，当好践行社会主义核心价值观的表率。从小事做起，从细节做起，从自身做起，要求大家做到的自己首先做到，要求别人不做的自己坚决不做。严以修身与做人要互相对应，就是要对党、对组织、对同志忠诚老实，做老实人、说老实话、干老实事，襟怀坦白、公道正派。每一个党员都有义务时时刻刻加强自身的党性修养和锻炼，在政治上、思想上永远与党中央保持高度一致，做党的人，听党的话，永远跟党走。作为党员领导干部一定要居安思危、立党为公、执政为民，正确行使手中权力，视群众利益为最高利益，做一个老实的、本分的公仆，立足本职，爱岗敬业，在平凡的岗位上作出最佳的成绩。

三要保持高尚道德情操和健康生活情趣，自觉远离低级趣味，树立良好家风，坚决抵制歪风邪气，坚守共产党人精神家园。有人说，缺智的人是次品，缺体的人是废品，缺德的人是危险品。说明无德之人很危险，品德败坏就会成为有

害之人。做官先做人，做人先立德。领导干部必须在培养高尚道德情操上从严要求，真正做到明大德、守公德、严私德、重官德。要加强党性修养，坚定理想信念，提升道德境界，追求高尚情操，自觉远离低级趣味，自觉抵制歪风邪气。要积极培养健康生活情趣，保持神清气爽、乐观开朗、昂扬向上的精神风貌，努力使自己成为一名好党员、好干部、社会好公民、家庭好成员。要自觉从优秀传统文化中汲取道德的养分，学习古人"先天下之忧而忧，后天下之乐而乐"（宋·范仲淹《岳阳楼记》）的政治抱负，学习古人"富贵不能淫，贫贱不能移，威武不能屈"（《孟子·滕文公下》）的凛然正气，滋养共产党人的蓬勃朝气、昂扬锐气、浩然正气。

（2015 年 6 月 23 日于中国广播影视出版社）

加强党的建设重点在基层①

刚才我们又学习了习近平总书记在党的新闻舆论工作座谈会上的重要讲话精神。习近平总书记的重要讲话，从党和国家事业发展全局和战略高度，深刻阐述了党的新闻舆论工作的历史地位和重大作用，充分肯定了新闻舆论战线取得的显著成绩，深刻阐明了党的新闻舆论工作的职责使命、目标任务和原则要求，科学回答了事关新闻事业发展的一系列带有根本性、战略性、全局性的重大问题，提出了一系列富有创见的新思想、新观点、新论断、新要求，是一篇马克思主义的纲领性文献，为我们在新形势下做好党的新闻舆论工作提供了强大思想武器和根本遵循。

我们一定要认真学习，深刻领会，贯彻落实。今天我们只是初步学习，下一步还要深入学习，习近平总书记讲话原文中办已经下发，共31页，内容非常丰富，我们再找时间专门学习。

新时期、新形势下，新一届中央领导集体高度重视、全面加强党的建设，明确提出全面从严治党要求，落实党风廉政建设责任制。我们都是经历过的人，可以数数这几年中央推出的一系列举措：十八大之后，2012年12月4日中央政治局审议通过八项规定；2013年6月18日启动党的群众路线教育实践活动，分两批，2014年10月结束；2015年4月开展"三严三实"专题教育；2015年10月18日两项党规颁布；2016年2月中办印发"两学一做"学习教育方案，即"学党章党规、学系列讲话，做合格党员"学习教育。

这一系列的举措都是为了全面加强党的建设，全面从严治党，落实党风廉政建设责任制。

中国电影资料馆现有在职党员119人，学生党员15人，总数134人；在职职工260人，党员占比例45.8%；在职党员组成八个党支部，学生党员组成三个党支部。

离退休职工296人，党员158人。我馆总人数556人，党员292人，党员占比例52.5%。

---

① 此文为在中国电影资料馆加强基层党的建设工作会上的讲话，题目后加。

面对我们这样一个单位，职工人数多、离退休人数多、党员人数多、业务工作面宽，如何加强党的工作，如何加强党的建设，确实是一个新的课题，一项艰巨的任务。我想应该从两个层面来抓：一是党委领导班子建设，二是基层党组织的建设。

一、党委领导班子建设

第一，总局党组对中国电影资料馆党政领导班子高度重视，2014年4月配备了行政领导班子：孙向辉馆长，李欣、张小光副馆长适时任命；2015年七八月份又任命了白晶瑞、宋培学、张旭霞，配备了党的领导班子。党政领导班子成员达到六人，这在历史上是没有过的，充分表明总局党组对中国电影资料馆党政领导班子的重视与支持。

第二，新一届班子组成后，除全面领导馆（中心）业务工作外，党的工作、党的建设也有所加强和改善，按照总局党组的要求，按照直属机关党委的部署，相继开展党的群众路线教育实践活动，"三严三实"专题教育、理论中心组学习、两项党规的学习、开展"党章党规学习月"活动、明确党风廉政建设主体责任，签订党风廉政建设责任书等等。

第三，2016年党委领导班子将继续加强党的领导，加强党委领导班子建设，学习贯彻习近平总书记系列重要讲话精神，特别是在党的新闻舆论工作座谈会上的重要讲话精神，学习《党委会的工作方法》，完善理论中心组学习制度，完成党委、纪委换届，开展"两学一做"学习教育，开展建党95周年主题教育活动。

关于党委领导班子层面的建设，党委领导班子将开会专门研究，这里就不展开讲了。

二、基层党组织的建设

基层党组织的建设是整个党的工作基础。我馆的基层党组织集中体现就是党支部。我馆的特点是职工人数多、党员人数多，在职党员119人，所有在职党员组成八个党支部，平均每个党支部15名党员。我馆基层党支部建设得好坏，直接关系到我馆党的工作的好坏，关系到我馆党风廉政建设责任制落实的好坏，关系到我馆党员先锋模范作用发挥的好坏。

以往我馆基层党支部的建设相对比较薄弱：首先是党委重视不够，抓理论中心组的学习较多，抓基层党支部的学习较少。其次是基层党支部、党员重业务、轻党建，业务活动参加得多，党的活动开展得少。再次党支部的活动传统、单一，缺乏创新和吸引力。比如：网站上的中心党建还是2013年8月的内容，这么长时间没有更换。所以我说全面加强党的建设，重点要加强基层党支部的建设。

加强基层党支部的建设，重点要抓好三个方面的建设。

第一，思想建设。这是政治方向，是根本性的问题，不能动摇和含糊。基层党支部要带领全体党员认真学习马克思主义基本理论、党的基本路线和党的基本知识，有针对性地解决党员存在的思想认识问题。当前要特别加强学习习近平总书记系列重要讲话精神，重点学习习近平总书记三个重要讲话，一是 2013 年 8 月 19 日在全国宣传思想工作会议上的重要讲话；二是 2014 年 10 月 15 日在文艺工作座谈会上的重要讲话；三是 2016 年 2 月 19 日在党的新闻舆论工作座谈会上的重要讲话。通过学习，坚定理想、信念，坚定正确的政治方向；增强党的观念，加强党性修养；强化对党绝对忠诚，增强看齐意识；严守政治纪律和政治规矩，为推动我馆业务工作和事业发展提供坚强的思想保证。

第二，组织建设。完善基层党支部的组织建设，一是按照馆管理和业务部门设置的新格局，调整、理顺基层党支部的建制；二是配备、配齐基层党支部的书记、副书记和支委；三是明确馆领导所在支部。如新成立了北京库党支部，调整了个别党员的支部隶属关系。为了便于馆领导联系、参加支部活动，明确张旭霞为第一支部，孙向辉为第二支部，宋培学为第三支部，张小光为第五支部，白晶瑞为第六支部，李欣为第八支部。

第三，制度建设。为了促进基层党支部工作的纪律化、规范化，有必要建立符合实际的、行之有效的党建工作制度。比如：三会一课制度、党建工作目标管理制度、支部书记例会

2016 年 3 月主持召开加强基层党的建设工作会

制度、向党员定期报告工作制度、党日活动制度、支部民主生活会制度、民主评议党员制度、党员联系群众制度等等。通过强化制度建设，实现以制度管人、约束人，才能确保党员把纪律挺在前面，强化党规党纪意识，增强忠诚和担当精神，树立和保持优良作风，达到长效机制和预期目标。

以上是我谈的粗浅认识和看法，有些具体工作有待会下研究，不当之处，请大家批评指正。

（2016 年 3 月 30 日于中国电影资料馆）

不忘初心 继续前进①

为隆重纪念中国共产党成立95周年，7月1日中共中央在北京人民大会堂隆重举行庆祝中国共产党成立95周年大会，中共中央总书记习近平在大会上发表了重要讲话。6月30日国家新闻出版广电总局在总局音乐厅隆重举行庆祝中国共产党成立95周年表彰大会暨"做合格党员——敬业廉洁身边事"报告会。我馆优秀党员林思玮、薛宁、刘红芳，优秀党务工作者高帅，先进基层党组织离退休党总支受到总局的表彰。我馆张硕还在大会上介绍了优秀党员薛宁同志敬业、廉洁的先进事迹。我馆林思玮同志还荣获中直优秀共产党员称号。

为纪念中国共产党成立95周年，我馆党办6月初就发出通知，要求各党支部要在"七一"前后开展系列党日活动。系列党日活动主要包括三项内容：一是书法展示活动：要求每一位党员书写入党誓词或中国共产党廉洁自律准则，有111名党员参加了书写活动，党办择优进行了集中展示。二是创新党日活动：要求各支部围绕"学党章党规、学系列讲话，做合格党员"这个主题，创造性开展党日活动。各支部都按要求独立地创造性地开展了党日活动，7月19日党办组织了党日活动展示评比，评出五个优秀党支部。三是集中安排了一次党课：6月23日上午我们邀请了中央党校文史部教授梅敬忠来馆上党课，党课的题目是：文化立魂：做一个不忘初心的合格党员。全体党员和入党积极分子聆听了党课。除此之外，我们还按照总局机关党委的要求，慰问走访了老党员，到家走访了四位离退休老党员，慰问补助了七位老党员，共发慰问金1.4万元。

今天我们又在这里召开党员大会，对我馆的优秀党员、优秀党务工作者、先进基层党组织和创新党日活动中涌现的优秀党支部进行表彰。刚才我馆张硕为大家讲述了优秀党员薛宁同志敬业、廉洁的故事，优秀党员林思玮也介绍了他和他的团队的先进事迹。第三党支部高帅、第四党支部杨柳、第八党支部张晋峰分别

---

① 此文为在中国电影资料馆庆祝中国共产党成立95周年表彰大会暨优秀党员、优秀党支部事迹报告会上的讲话，题目后加。

报告了他们创新党日活动的亮点，他们的报告生动朴实，真挚感人，我们听后都很受鼓舞、很受教育。

在庆祝中国共产党成立95周年之际，我们开展系列党日活动，其目的就是教育全体党员坚定理想信念，时刻牢记党的宗旨。重温入党誓词，就是坚定拥护党的纲领，遵守党的章程，履行党员义务，执行党的决定，严守党的纪律，保守党的秘密，对党忠诚，永不叛党。开展系列党日活动，就是要使每一名党员牢记自己的使命，在党言党，在党爱党，在党忧党，在党护党，在党为党，为党的事业奋斗终身。开展系列党日活动，就是要使全体党员不忘党的历史：是中国共产党团结带领中国人民浴血奋战，打败了日本帝国主义，推翻了国民党反动统治，完成新民主主义革命，建立了中华人民共和国。是中国共产党团结带领中国人民完成社会主义革命，确立社会主义基本制度，推进了社会主义建设。是中国共产党团结带领中国人民进行改革开放新的伟大革命，人民生活显著改善，综合国力显著增强，国际地位显著提高。这些基本的历史事实告诉我们：只有中国共产党才能救中国，只有中国共产党才能发展中国，这无疑更加坚定了我们坚持中国特色社会主义的道路自信、理论自信、制度自信、文化自信。

这次受到表彰的先进集体和个人都是我们身边的人和身边的事儿。他们虽然在不同的工作岗位和业务领域，承担着各自的职责和任务，但他们都以坚定的理想和信念，高尚的品格和情操，过硬的本领和作风，作出了突出成绩，发挥了共产党员的先锋模范作用和基层党组织的战斗堡垒作用。希望我馆各级党组织和全体党员要以先进典型为榜样，做合格共产党员。全体党员要牢固树立"四个意识"，对党绝对忠诚，严守纪律底线，发扬新风正气，展示共产党员良好形象。强化责任担当，立足本职工作，为馆多作贡献。馆党委要带头深入学习贯彻习近平总书记系列重要讲话精神，始终把抓好党的建设作为最大的政绩，全面从严治党，大力加强基层党组织建设，坚持不懈推进党风廉政建设，切实履行管党治党的政治责任，以严实的工作作风、改革创新的精神，全面抓好我馆党建工作。

7月1日习近平总书记在庆祝中国共产党成立95周年大会上发表了重要讲话，7月6日总局党组理论学习中心组召开第九次集体学习会，专题学习习近平总书记"七一"重要讲话精神，并对学习宣传贯彻工作作出安排部署。下一步我馆要按照总局党组的部署，按照机关党委的要求，掀起学习宣传贯彻习近平总书记"七一"重要讲话精神的热潮。党委理论中心组要带头学，各支部要在"两学一做"学习教育的学习、研讨中加进学习习近平总书记"七一"重要讲话精神的内容。我们要认真学习、深刻领会习近平总书记"七一"重要讲话的重大意义，精心组织学习、研讨，在读原文、悟原理上下功夫，切实领会深刻内涵和精神实质，真正做到学深悟透，融会贯通，学用结合。我馆广大党员干部要进一步增强"四个意识"，进一步坚定"四个自信"，以更加饱满的政治自觉、政治担当，紧密团结在以习近平为总书记的党中央周围，不忘初心、继续前进，努力完成好党和人民赋予我们的职责、使命。各级党组织和广大党员干部要自觉学习先进、弘扬先进，努力打造更有凝聚力、更有战斗力的团队和集体，全面做好今年我馆的各项工作，为我馆的改革创新、事业发展作出新的更大的贡献。

（2016 年 7 月 22 日于中国电影资料馆）

在中国电影资料馆庆祝中国共产党成立 95 周年表彰大会上为优秀党员、优秀党支部颁发荣誉证书

深刻理解和全面把握党的
十八届六中全会精神①

今天借助年终来中影数字制作基地作总结的机会，我们召开中国电影资料馆理论中心组学习会，专题学习研讨党的十八届六中全会精神，我先开个头儿，谈几点认识，姑且作为抛砖引玉。

一、十八届六中全会的主要内容

党的十八届六中全会，于 2016 年 10 月 24 日至 27 日在北京举行。全会由中央政治局主持，中央委员会总书记习近平作了重要讲话。

十八届六中全会的主要内容可归纳为四个方面：

一是全会听取和讨论了习近平受中央政治局委托作的工作报告；二是审议通过了《关于新形势下党内政治生活的若干准则》和《中国共产党党内监督条例》；三是审议通过了《关于召开党的第十九次全国代表大会的决议》；四是习近平就《准则（讨论稿）》和《条例（讨论稿）》向全会作了说明。

党的十八届六中全会是在我国进入全面建成小康社会决胜阶段召开的一次十分重要的会议，因此，学习宣传贯彻党的十八届六中全会精神，是当前和今后一个时期的重要政治任务。党中央对学习宣传十八届六中全会精神非常重视，中央办公厅于 10 月 27 日当天就下发了《关于认真学习宣传党的十八届六中全会精神的通知》。总局于 28 日上午召开了第 44 次党组扩大会议，专题传达学习党的十八届六中全会精神，并对总局系统学习宣传贯彻落实全会精神进行了研究部署。28 日下午我馆召开党支部书记会议，孙向辉馆长传达了总局党组第 44 次扩大会议精神，也传达了六中全会的主要精神，并就我馆的学习、宣传作了安排。没几天，中宣部成立六中全会宣讲团，巡回到全国各地宣讲六中全会精神，这些我们在电视里都看到了。全国正掀起学习、宣传、贯彻、落实十八届六中全会精神的

---

① 此文为在中国电影资料馆理论中心组学习会上的发言。

高潮。

11月16日总局邀请了中央宣讲团成员、政协法制委员会副主任委员施芝鸿来总局作学习贯彻十八届六中全会精神宣讲报告。11月21日总局举行司局级领导干部学习贯彻十八届六中全会精神培训班开班仪式，聂辰席部长作开班动员并作了辅导报告。从11月22日开始至12月1日为止，总局共举办了四期司局级领导干部培训班，我馆领导班子成员分批都参加了培训班。从12月5日至22日总局又举办了六期处级领导干部培训班，我馆处级干部也分批参加了处级干部培训班。

二、深刻认识十八届六中全会的重大意义

党的十八届六中全会专题研究全面从严治党重大问题，审议通过《关于新形势下党内政治生活的若干准则》（以下简称《准则》）和《中国共产党党内监督条例》（以下简称《条例》），对于深化全面从严治党，解决党内存在的突出矛盾和问题，有效应对党面临的"四大考验"：执政考验、改革开放考验、市场经济考验、外部环境考验，克服"四种危险"：精神懈怠危险、能力不足危险、脱离群众危险、消极腐败危险，不断增强党自我净化、自我完善、自我革新、自我提高能力，具有十分重要的意义。《准则》和《条例》紧紧围绕全面从严治党这个主题，继承和发扬党的优良传统和宝贵经验，充分反映党的十八大以来党中央全面从严治党的新经验、新成果，并结合新的实践提出一系列新观点、新举措，为新形势下加强和规范党的政治生活、加强党内监督提供了根本遵循，对于推进党的建设新的伟大工程，更好进行具有许多新的历史特点的伟大斗争，推进中国特色社会主义伟大事业，具有重大现实意义和深远历史意义。

三、深入学习习近平总书记在全会上的
重要讲话精神

在十八届六中全会上，习近平总书记共作了三个重要讲话：一是受中央政治局委托作了工作报告（这个工作报告印发在中办通报〔2016〕第28期上）；二是就《准则》和《条例》向全会作了说明（收在《关于新形势下党内政治生活的若干准则中国共产党党内监督条例》这本书里）；三是在第二次全体会议上作了讲话（印发在中办通报〔2016〕第28期上）。

习近平总书记在全会上发表的重要讲话，全面总结一年来党和国家工作，科学分析世情、国情、党情的发展变化，深刻阐明全面从严治党的重大意义，深入

回答管党治党的一系列重大理论和现实问题，对新形势下加强和规范党内政治生活、加强党内监督作出总体部署，对抓好领导干部特别是高级干部这个"关键少数"提出明确要求。讲话视野开阔、总揽全局、求真务实，贯穿了马克思主义立场观点方法，创造性地提出了一系列新思想、新观点、新要求，进一步深化了对党的建设规律的认识，是马克思主义中国化的最新成果，是推进全面从严治党、开创党的建设新局面的行动纲领。

四、深入学习全会通过的《准则》和《条例》

《准则》和《条例》是六中全会通过的两项重要的党规。严肃党内政治生活是全面从严治党的重要基础。办好中国的事情，关键在党，关键在党要管党、从严治党。党要管党必须从党内政治生活管起，从严治党必须从党内政治生活严起。加强和规范党内政治生活，必须以党章为根本遵循，坚持党的政治路线、思想路线、组织路线、群众路线，着力增强党内政治生活的政治性、时代性、原则性、战斗性，着力增强党自我净化、自我完善、自我革新、自我提高能力，着力提高党的领导水平和执政水平、增强拒腐防变和抵御风险能力，着力维护党中央权威、保证党的团结统一、保证党的先进性和纯洁性。

强化党内监督是全面从严治党的重要保障。信任不能代替监督。各级党组织应当把信任激励同严格监督结合起来，促使党的领导干部做到当权必有责、有责要担当，用权受监督、失责必追究。

全会通过的《准则》和《条例》与《中国共产党廉洁自律准则》《中国共产党纪律处分条例》《中国共产党巡视工作条例》《中国共产党问责条例》等一起，共同构成了在党章统领下内容科学、程序严密、配套完备、运行有效的党内法规体系，必将成为管党治党的基础保障和强大利器。

五、深刻认识明确习近平总书记的核心地位

明确习近平总书记的核心地位，是十八届六中全会取得的重大政治成果。

十八届六中全会明确习近平总书记的核心地位，正式提出"以习近平同志为核心的党中央"，对维护中央权威、维护党的团结和集中统一领导，对全党全军全国各族人民更好凝聚力量、抓住机遇、战胜挑战，对全党团结一心、不忘初心、继续前进，对保证党和国家兴旺发达、长治久安，具有十分重大而深远的意义。

党的十八大以来，习近平总书记带领全党、全军、全国各族人民开创了中国

特色社会主义伟大事业和党的建设新的伟大工程新局面，在改革发展稳定、内政外交国防、治党治国治军等方面取得了一系列具有重大现实意义和深远历史意义的成就，实现了党和国家事业的继往开来，赢得全党全军全国各族人民的衷心拥护，受到国际社会高度赞誉。习近平总书记在新的伟大斗争实践中已经成为党中央的核心、全党的核心。实践充分证明，习近平总书记作为党中央的核心、全党的核心，是众望所归、实至名归，是党心所向、民心所向。明确习近平总书记的核心地位，反映了全党的共同意志，反映了全党全军全国各族人民的共同心愿。

因此，可以说，明确习近平总书记的核心地位，是十八届六中全会取得的重大政治成果。

（2016 年 12 月 20 日于中影数字制作基地）

2017 年 12 月中国电影资料馆理论中心组学习会

全面从严治党永远在路上^①

很荣幸能够参加2017年中央和国家机关司局级干部学习贯彻习近平总书记系列重要讲话精神专题研修班。3月底的中央党校，风光秀丽，春意盎然，环境优美，心旷神怡。五天的课程、两个晚上的分组讨论和双向交流，虽然时间安排得满满的，但收获颇丰。讲课的老师都是教研部的主任、副主任，或教授、博士生导师，所讲涉及习近平总书记系列重要讲话的十个方面，内容丰富，见解独到，讲解精彩，联系实际，听后茅塞顿开，受益匪浅。下面我就学习习近平总书记关于全面从严治党的重要论述谈谈个人的学习体会。

党的十八大以来，习近平总书记关于全面从严治党的重要论述，站在时代发展和战略全局的高度，回答了一系列有关管党治党的重大理论和实践问题，为深入推进全面从严治党提供了强大思想武器和行动指南。认真学习、深刻理解习近平总书记的重要论述，对于我们武装头脑、推动工作，具有非常重要的现实意义。

一、坚定理想信念，强化全面从严治党意识

坚定理想信念是共产党人安身立命之本。对马克思主义的信仰，对社会主义和共产主义的信念，是共产党人的政治灵魂。习近平总书记反复强调："理想信念坚定，骨头就硬，理想信念不坚定，精神上就会'缺钙'，就会得'软骨病'。"理想信念不会自发产生，必须用科学理论武装头脑，不断培植我们的精神家园。党的十八大以来，全党开展的群众路线教育实践活动、"三严三实"专题教育活动、"两学一做"学习教育，都是围绕坚定理想信念这个总开关，通过抓思想理论学习、党性教育和道德建设，使党员干部坚持"高标准"、守住"底线"，保持共产党人的高尚精神追求，其目的就是要补足精神之"钙"，拧紧思想上的总开关。

---

① 此文为参加2017年中央和国家机关司局级干部学习贯彻习近平总书记系列重要讲话精神专题研修班撰写的学习体会。

二、全面从严治党，必须加强党的领导

全面从严治党，必须始终坚持党的领导不动摇。加强党的领导关键是坚持党中央的集中统一领导，以确保正确的政治方向，这是一条根本的政治规矩。党员干部必须牢固树立"四个意识"，特别是核心意识和看齐意识，把对党绝对忠诚作为根本的政治要求和政治纪律，始终在思想上、政治上、行动上同以习近平同志为核心的党中央保持高度一致。切实把坚持党的领导贯穿到事业发展的全过程，体现到全面从严治党的各个方面，毫不含糊，毫不动摇。

三、全面从严治党，必须把纪律挺在前面

全面从严治党，必须始终坚持把纪律挺在前面。习近平总书记指出："全面从严治党，重在加强纪律建设，把党的纪律印刻在全体党员特别是党员领导干部的心上。"必须健全完善制度，把权力关进制度的笼子里，深入开展纪律教育，增强纪律意识，形成遵规守纪的良好习惯。要把纪律和规矩立起来、严起来，抓早抓小，咬耳扯袖，红脸出汗，坚决同一切违纪违规和腐败现象作斗争。

四、全面从严治党，必须压实主体责任

习近平总书记明确指出："有些地方和单位看起来党在管党治党，但没有管到位上，没有严到份上。"党的领导弱化、党的建设缺失、全面从严治党不力，党的观念淡漠、组织涣散、纪律松弛，根本原因在于党组织和领导班子管党治党不严，责任担当缺失。推进全面从严治党，党委要扛起主体责任。有权必有责，有责要担当，失责必追究。党委纪委要对承担的党风廉政建设责任签字背书，要层层传导压力，

2017年3月参加中央党校中央和国家机关司局级干部专题研修班留影

倒逼各级党组织主要负责人强化担当意识，真正落实全面从严治党主体责任。

（2017年3月31日于中央党校）

推进"两学一做"学习教育
常态化制度化①

  "两学一做"学习教育是 2016 年党中央决定在全党开展的一项学习教育，是贯穿全年的。馆党委按照总局党组的部署，按照机关党委的要求，召开了"两学一做"学习教育启动会、基层党建工作会、领导班子学习会、中心组学习等，开展了创新党日活动、邀请中央党校教授上党课、表彰了优秀党员、党务工作者和基层党组织，参观红军长征胜利 80 周年主题展览，按照机关党委要求开展四个专题研讨，召开领导班子民主生活会、各支部专题组织生活会，进行了民主评议党员等等，一直持续到春节后的二月份。

  今年 3 月 28 日，中央办公厅印发了《关于推进"两学一做"学习教育常态化制度化的意见》，并发出通知，要求各地区、各部门贯彻落实。4 月 13 日习近平总书记对推进"两学一做"学习教育常态化制度化作出重要指示（刚才传达了习近平总书记重要指示原文）。4 月 16 日中央召开推进"两学一做"学习教育常态化制度化工作座谈会，贯彻总书记重要指示精神，对推进"两学一做"学习教育常态化制度化作出部署安排，刘云山出席并作了重要讲话。5 月 26 日，总局召开推进"两学一做"学习教育常态化制度化工作会议（白书记传达了有关会议精神）。今天我们召开党委委员及支部书记会议，对我馆推进"两学一做"学习教育常态化制度化作动员和安排部署。我们要深入贯彻落实党的十八届六中全会精神，持续推动全面从严治党、突出"关键少数"并向基层延伸，按照总局党组工作方案的要求，推进我馆"两学一做"学习教育常态化制度化工作，下面我讲几点意见。

一、充分认识推进"两学一做"学习教育
常态化制度化的重大意义

  我们要从政治和全局高度深刻认识推进"两学一做"学习教育常态化制度

---

① 此文为在中国电影资料馆推进"两学一做"学习教育常态化制度化工作会上的讲话。

化的重大意义。实践证明，开展"两学一做"学习教育，是坚持思想建党、组织建党、制度治党紧密结合的有力抓手，是不断加强党的思想政治建设的有效途径，为新形势下落实全面从严治党要求积累了成功经验。推进"两学一做"学习教育常态化制度化，对于进一步用习近平总书记系列重要讲话精神武装全党，加强和规范党内政治生活，保持党的先进性和纯洁性，增强党的生机活力，确保全党更加紧密地团结在以习近平同志为核心的党中央周围，激励全党为实现崇高理想和宏伟目标而不懈奋斗，不断开创中国特色社会主义事业新局面，具有重大而深远的意义。

二、明确目标、要求

推进"两学一做"学习教育常态化制度化，要结合我馆的工作实际，把思想教育作为首要任务，坚持用党章党规规范党组织和党员行为，用习近平总书记系列重要讲话精神武装头脑、指导实践、推动工作，坚持学思践悟、知行合一，坚持全覆盖、常态化、重创新、求实效，不断增强党组织和党员政治意识、大局意识、核心意识、看齐意识，不断增强党内政治生活的政治性、时代性、原则性、战斗性，不断增强党自我净化、自我完善、自我革新、自我提高能力，确保党的组织充分履行职能、发挥核心作用，确保党员领导干部忠诚干净担当、发挥表率作用，确保广大党员党性坚强、发挥先锋模范作用，为统筹推进"五位一体"总体布局和协调推进"四个全面"战略布局提供坚强组织保证。

三、精心组织学习

一是学习党章党规，学习《关于新形势下党内政治生活的若干准则》和《中国共产党党内监督条例》，深刻认识党章是管党治党的总规矩、总遵循，牢记严格党内政治生活、加强党内监督和廉洁自律等各项规定，把尊崇党章、遵守党规的要求落到实处。二是学习习近平总书记系列重要讲话，深刻认识讲话的重大理论意义和实践意义，深刻理解讲话的时代背景、鲜明主题、科学体系，准确把握蕴含其中的治国理政新理念、新思想、新战略，领会、掌握贯穿其中的马克思主义立场、观点、方法。

党员领导干部要先学、带头学，要抓好理论中心组的学习，按照中心组2017年学习计划组织专题学习，各支部也要安排专门的学习。要积极参加专题培训，从下周开始，总局将举办四期司局级干部培训班，四期处级干部培训班，我们将认真组织参加。

四、积极开展系列创新品牌活动

总局机关党委已下发通知，要求各单位开展三个系列创新品牌活动，这也是今年的规定动作。

一是开展"一瞬间的证明、一辈子的践行"主题党日活动，时间要求：七一前完成。以党支部为单位召开组织生活会，每名党员依次围绕自己的亲身经历，讲述证明自己是合格党员、发挥先锋模范作用的某一瞬间时刻，阐述当时自己在思想上、行动上做出选择的精神土壤，唤醒和激发党员的党性意识，更加深刻地牢记党员职责，切实增强永做合格党员的精神动力。

二是开展"合格党员奉献点、廉政建设风险点"大讨论活动，时间要求：十一前完成。以"合格党员奉献点、廉政建设风险点"为主要内容开展大讨论。在党支部的组织下，每名党员结合岗位实际，进行自我剖析，梳理自身在干事创业的过程中，作为一名合格党员应该做到的奉献点，以及对照廉政建设要求，作为一名合格党员必须清醒认识到的风险点，以书面形式提出"两点"，提交所在党支部支委会研究。

三是开展"电影党课"活动，时间要求：长期举办，我们提出年底前完成。秉承"唱响国产片、宣传正能量"的优良传统，选取具有优秀党员形象的国产电影面向基层党组织和广大党员，开展"电影党课"活动。"电影党课"主要采用"授课＋放映＋影评"等形式开展。

五、做到"四个合格"

要教育引导广大党员按照"四讲四有"标准，做到政治合格、执行纪律合格、品德合格、发挥作用合格。在政治合格方面，重点是坚定理想信念，正确把握政治方向，坚定站稳政治立场，坚决维护以习近平同志为核心的党中央权威，不断增强中国特色社会主义道路自信、理论自信、制度自信、文化自信。在执行纪律合格方面，重点是增强组织纪律性，执行党的决定，服从组织分配，严守党的纪律特别是政治纪律和政治规矩。在品德合格方面，重点是继承发扬党的优良传统和作风，大力弘扬忠诚老实、光明坦荡、公道正派、实事求是、艰苦奋斗、清正廉洁等共产党人价值观，带头践行社会主义核心价值观。在发挥作用合格方面，重点是牢记党的根本宗旨，爱岗敬业、履职尽责，服务群众、奉献社会，敢担当、敢负责、敢作为，在我馆促进改革发展稳定中作表率、当先锋。

馆党委要认真落实主体责任，把"两学一做"学习教育常态化制度化作为

深化全面从严治党的重要任务，作为党建工作考核的重要内容，要按照总局制定的工作方案要求制定我馆工作方案，认真抓好贯彻落实。要以三个系列创新品牌活动为抓手，认真落实各项规定动作，结合馆中心工作，谋划党建内容创新，打造党建活动品牌，充分调动基层党支部的主动性、创造性，寻找闪光点，传递正能量，增强党建活动的吸引力和凝聚力，以推进"两学一做"学习教育常态化制度化的新成果迎接党的十九大胜利召开。

（2017 年 6 月 6 日于中国电影资料馆）

2016 年 4 月主持召开"两学一做"学习教育启动会

习近平总书记"7·26"重要讲话精神学习心得[①]

7月26日至27日，省部级主要领导干部"学习习近平总书记重要讲话精神，迎接党的十九大"专题研讨班在京举行。习近平总书记在开班式上发表了重要讲话。

讲话之后，广电总局迅速掀起学习宣传贯彻高潮，总局办公厅7月28号发文，要求深入学习宣传贯彻习近平总书记重要讲话精神。7月30号，总局党组召开理论中心组学习扩大会，专题传达学习习近平总书记"7·26"重要讲话精神。8月8日，总局党组印发《关于深入学习宣传贯彻习近平总书记在省部级主要领导干部专题研讨班开班式上重要讲话精神的工作方案》。8月4日我馆专门传达学习习近平总书记"7·26"重要讲话精神，传达总局办公厅文件，传达总局党组会议精神，安排布置我馆学习要求。上周我馆又专门制定了学习宣传贯彻习近平总书记"7·26"重要讲话精神的工作方案。今天馆理论中心组召开学习会，专题研讨，交流学习体会。

习近平总书记的讲话非常重要。讲话科学分析了当前国际国内形势，深刻阐述了5年来党和国家事业发生的历史性变革，深刻阐述了新的历史条件下坚持和发展中国特色社会主义的一系列重大理论和实践问题，深刻阐明了未来一个时期党和国家事业发展的大政方针和行动纲领，提出了一系列新的重要思想、重要观点、重大判断、重大举措，丰富了中国特色社会主义理论体系的新内涵，开辟了马克思主义中国化的新境界，具有很强的思想性、战略性、前瞻性、指导性，具有重大政治意义、理论意义、实践意义，是新形势下指引党和国家事业前进的纲领性文献，为党的十九大胜利召开打下了坚实的思想基础、理论基础、政治基础。因此我们要认真学习领会，切实把思想和行动统一到讲话精神上来，并以此指导和推动各项工作，增强政治意识、大局意识、核心意识、看齐意识，自觉在思想上、政治上、行动上同以习近平同志为核心的党中央保持高度一致，抓好、

①　此文为在中国电影资料馆理论中心组学习会上所作的发言。

做好各项工作，以优异成绩迎接党的十九大胜利召开。

总局党组下发的学习、宣传、贯彻工作方案中，要求我们对总书记"7·26"重要讲话精神重点加深八个方面的理解，结合个人的学习体会，我重点谈谈对前三个方面的理解。

一、加深对讲话重大政治意义、理论意义、实践意义的理解

习近平总书记重要讲话具有重大的政治意义，是高举中国特色社会主义伟大旗帜，牢固树立中国特色社会主义道路自信、理论自信、制度自信、文化自信，确保党和国家事业始终沿着正确方向胜利前进的政治宣示，也是统一思想、凝聚共识，激励全党全国各族人民决胜全面建成小康社会、夺取中国特色社会主义伟大胜利的政治动员。讲话具有重大的理论意义，坚持辩证唯物主义和历史唯物主义的立场、观点、方法，提出了许多具有开创性的重要思想观点，进一步丰富和发展了党的理论创新成果。讲话具有重大的实践意义，科学把握当今世界和当代中国的发展大势，明确了党和国家未来发展的根本方向、战略部署、大政方针，是新的历史条件下推动实践新发展、夺取事业新胜利的行动指南。因此我们说讲话具有重大的政治意义、理论意义、实践意义。

二、加深对改革开放以来党的全部理论和实践主题的理解

"中国特色社会主义是改革开放以来党的全部理论和实践的主题，全党必须高举中国特色社会主义伟大旗帜，牢固树立中国特色社会主义道路自信、理论自信、制度自信、文化自信，确保党和国家事业始终沿着正确方向胜利前进。"

习近平总书记"7·26"重要讲话，深刻回答了我们党在新的历史条件下举什么旗、走什么路、以什么样的精神状态、担负什么样的历史使命、实现什么样的奋斗目标等重大问题，是我们党在新的历史起点上不忘初心、继续前进的行动纲领，充分体现了我们党准确把握时代大势、毫不动摇坚持和发展中国特色社会主义的坚定信念和强大定力。2012年十八大之后，在中央政治局第一次集体学习时总书记就讲，中国特色社会主义道路是实现我国社会主义现代化的必由之路，是创造人民美好生活的必由之路。2013年1月5日，在学习贯彻党的十八大精神研讨班开班式上，习近平总书记发表重要讲话。他强调，党的十八大精神，说一千道一万，归结为一点，就是坚持和发展中国特色社会主义。中国特色社会

主义，是科学社会主义理论逻辑和中国社会发展历史逻辑的辩证统一，是根植于中国大地、反映中国人民意愿、适应中国和时代发展进步要求的科学社会主义，是全面建成小康社会、加快推进社会主义现代化、实现中华民族伟大复兴的必由之路。

习近平总书记反复强调，道路问题是关系党的事业兴衰成败第一位的问题，道路决定命运，道路就是党的生命。一个国家实行什么样的主义，关键要看这个主义能否解决这个国家面临的历史性课题。鞋子合不合脚，自己穿了才知道；一个国家的发展道路合不合适，只有这个国家的人民才最有发言权。不说更早的时期，从苏联解体、东欧剧变以后，唱衰中国的舆论就在国际上不绝于耳，各式各样的"中国崩溃论"从来没有中断过。但是，中国非但没有崩溃，反而综合国力与日俱增，人民生活水平不断提高，风景这边独好。只有社会主义才能救中国，只有中国特色社会主义才能发展中国，这是党和人民从历史和现实中得出的不可动摇的结论。因此，我们说改革开放以来党的全部理论和实践主题就是：全党必须高举中国特色社会主义伟大旗帜，坚定不移走中国特色社会主义道路，牢固树立中国特色社会主义道路自信、理论自信、制度自信、文化自信，统筹推进"五位一体"总体布局、协调推进"四个全面"战略布局，决胜全面建成小康社会，为实现两个一百年奋斗目标，实现中华民族伟大复兴的中国梦不懈奋斗。

三、加深对党的十八大以来党中央治国 理政辉煌成就的理解

党的十八大以来的五年，是党和国家发展进程中很不平凡的五年。五年来，以习近平同志为核心的党中央科学把握当今世界和当代中国发展大势，顺应实践要求和人民愿望，以巨大的政治勇气和强烈的责任担当，举旗定向、谋篇布局、迎难而上、开拓进取，统揽伟大斗争、伟大工程、伟大事业、伟大梦想，统筹推进"五位一体"总体布局，协调推进"四个全面"战略布局，推出一系列重大战略举措，出台一系列重大方针政策，推进一系列重大工作，取得了改革开放和社会主义现代化建设新的重大成就。

重大成就体现九个方面：一是我们全面加强党的领导，发挥党总揽全局、协调各方的领导核心作用，党的凝聚力、战斗力和领导力、号召力大大增强。二是我们坚定不移贯彻新发展理念，不断适应、把握、引领经济发展新常态，深入推进供给侧结构性改革，有力推动我国发展不断朝着更高质量、更有效率、更加公平、更可持续的方向前进。三是我们坚定不移全面深化改革，国家治理体系中具有四梁八柱性质的改革主体框架已经基本确立，重要领域和关键环节大批改革举

措密集出台，改革落实力度持续加大，改革呈现全面发力、多点突破、纵深推进的崭新局面。四是我们坚定不移全面推进依法治国，科学立法、严格执法、公正司法、全民守法进程统筹推进，我们党运用法律手段领导和治理国家的能力显著增强。五是我们加强党对意识形态工作的领导，旗帜鲜明巩固马克思主义在意识形态领域的指导地位，意识形态领域方向性、根本性、全局性问题得到明确，全党全社会思想上的团结统一更加巩固。六是我们坚定不移推进生态文明建设，把推动形成绿色发展方式和生活方式摆在更加突出的位置，"绿水青山就是金山银山"的发展理念深入人心，美丽中国建设迈出重要步伐。七是我们坚定不移推进国防和军队现代化，以党在新形势下的强军目标为引领，深入推进政治建军、改革强军、科技兴军、依法治军，国防和军队改革取得历史性突破。八是我们坚定不移推进中国特色大国外交，推动构建以合作共赢为核心的新型国际关系，致力于打造人类命运共同体，赢得了国际社会广泛认同，营造了我国发展的和平国际环境和良好周边环境。九是我们坚定不移推进全面从严治党，着力解决人民群众反映最强烈、对党的执政基础威胁最大的突出问题，形成了反腐败斗争压倒性态势，党内政治生活气象更新，全党理想信念更加坚定、党性更加坚强，党自我净化、自我完善、自我革新、自我提高能力显著提高，党的执政基础和群众基础更加巩固，为党和国家各项事业发展提供了坚强政治保证。

以上为我个人的学习心得，不当之处，请批评指正。

（2017 年 9 月 7 日于中国电影资料馆）

阔步走进新时代①

——谈学习十九大报告体会

中国共产党第十九次全国代表大会于 2017 年 10 月 18 日至 24 日在北京隆重召开。十九大是我们党在全面建成小康社会决胜阶段、中国特色社会主义进入新时代的关键时期召开的一次十分重要的大会。这次大会上，我们党在政治上、理论上、实践上取得一系列重大成果，就新时代坚持和发展中国特色社会主义的一系列重大理论和实践问题阐明了大政方针，就推进党和国家各方面工作制定了战略部署，是我们党在新时代开启新征程、续写新篇章的政治宣言和行动纲领。当前和今后一个时期我们的首要政治任务，就是学习宣传贯彻党的十九大精神，使十九大精神成为推动我们事业发展和各项工作的强大思想武器。

党的十九大报告高举中国特色社会主义伟大旗帜，以马克思列宁主义、毛泽东思想、邓小平理论、"三个代表"重要思想、科学发展观、习近平新时代中国特色社会主义思想为指导，作出了中国特色社会主义进入了新时代等重大政治论断，深刻阐述了新时代中国共产党的历史使命，确定了决胜全面建成小康社会、开启全面建设社会主义现代化国家新征程的目标，对新时代推进中国特色社会主义伟大事业和党的建设新的伟大工程作出了全面部署。党的十九大报告进一步指明了党和国家事业前进方向，是我们党团结带领全国各族人民在新时代坚持和发展中国特色社会主义的政治宣言和行动纲领，是马克思主义的纲领性文献。

10 月 18 号上午，中国电影资料馆党委组织理论中心组全体同志在七楼会议室集体收看十九大开幕式，其他同志在自己的办公室通过网络收看十九大开幕式。十九大期间，党员干部职工通过广播电视网络等方式，密切关注大会进程，收听、收看相关报道。十九大闭幕后，10 月 26 日上午总局召开干部大会，传达学习党的十九大精神，聂辰席部长传达了十九大及十九届一中全会精神。26 日下午，我馆第一时间召开理论中心组学习会，传达学习总局传达党的十九大会议

---

① 本文收录于《新时代新使命新征程——国家新闻出版广电总局司局级干部学习党的十九大精神文集（下）》。

精神，并就我馆学习安排作出部署。11月1日我馆组织中心组集体学习，交流学习十九大报告心得体会，中心组全体同志作了发言。11月15至16日，我参加了总局司局级干部学习贯彻党的十九大精神培训班（第三期），聆听了国防大学教授公方彬、中国社会科学院原副院长李慎明所作的辅导报告。培训班期间，我又通读了一遍十九大报告原文，加深了对十九大报告的理解，我主要谈以下三点认识。

一是中国特色社会主义进入新时代，这是十九大报告对我国发展新的历史方位的重大政治判断。十九大报告明确指出，中国特色社会主义进入新时代。这个重大政治判断在中华人民共和国发展史上、中华民族发展史上具有重大意义，在世界社会主义发展史上、人类社会发展史上也具有重大意义。这是一个具有全局性、战略性的重大判断，意味着中华民族从站起来、富起来到强起来的转变，发出了从发展中大国迈向社会主义现代化强国的进军号令。

新时代要有新气象、新作为。习近平总书记用"三个意味着"，从中华民族、科学社会主义、人类社会三个维度，深刻阐明了中国特色社会主义进入新时代的标志性意义；用"五个时代"，从伟大事业、发展目标、人民幸福、民族复兴、人类贡献五个方面，深刻阐明了中国特色社会主义进入新时代的历史性贡献。同时也以"基本国情"和"国际地位"两个没有变，提醒全党在充满信心的同时，必须保持清醒头脑。迈进新时代，强起来的飞跃令人振奋，民族复兴的光明前景令人期待，但是我们不能忘记，我国仍处于并将长期处于社会主义初级阶段的基本国情没有变，我国是世界最大发展中国家的国际地位没有变。在新时代的征程上，还需要我们以永不懈怠的精神状态和一往无前的奋斗姿态，付出更为艰巨的努力。

二是十九大报告鲜明提出习近平新时代中国特色社会主义思想，这是我们党的指导思想上的又一次历史性飞跃。习近平新时代中国特色社会主义思想是党的十九大报告的灵魂，是我们党划时代的重大理论创新，是对马克思列宁主义、毛泽东思想、邓小平理论、"三个代表"重要思想、科学发展观的继承和发展，是马克思主义中国化的最新成果，是党和人民实践经验和集体智慧的结晶。习近平新时代中国特色社会主义思想博大精深，形成了完备的思想和理论体系，十九大报告深入阐述了这一新思想的丰富内涵，高度凝练地概括了"8个明确"的基本内容，提出了"14个坚持"的新时代中国特色社会主义基本方略。这一新思想，是马克思主义中国化的重大成果，是中国特色社会主义理论体系的重要组成部分，是全党全国人民为实现中华民族伟大复兴而奋斗的行动指南，开辟了马克思主义新境界、中国特色社会主义新境界、党治国理政新境界、管党治党新境界。我们必须深刻理解把习近平新时代中国特色社会主义思想确立为党必须长期坚持的指导思想的重大意义，深刻理解这一思想的时代背景、历史地位、科学体系、精神实质、实践要求，深刻理解贯穿其中的坚定信仰信念、鲜明人民立场、强烈

历史担当、求真务实作风、勇于创新精神和科学方法论，深刻把握其鲜明的继承性、创新性、时代性、指导性。只有这样，才能在学习中增强"四个意识"，用党的创新理论武装头脑、指导实践、推动工作。

三是十九大报告对坚定不移全面从严治党作出新的重大部署。打铁必须自身硬。全面从严治党永远在路上。十九大报告明确提出了新时代党的建设的总要求：坚持和加强党的全面领导，坚持党要管党、全面从严治党，以加强党的长期执政能力建设、先进性和纯洁性建设为主线，以党的政治建设为统领，以坚定理想信念宗旨为根基，以调动全党积极性、主动性、创造性为着力点，全面推进党的政治建设、思想建设、组织建设、作风建设、纪律建设，把制度建设贯穿其中，深入推进反腐败斗争，不断提高党的建设质量，把党建设成为始终走在时代前列、人民衷心拥护、勇于自我革命、经得起各种风浪考验、朝气蓬勃的马克思主义执政党。

十九大报告没有回避矛盾，没有回避问题，而是让全党要清醒认识到，我们党面临的执政环境是复杂的，影响党的先进性、弱化党的纯洁性的因素也是复杂的，党内存在的思想不纯、组织不纯、作风不纯等突出问题尚未得到根本解决。要深刻认识党面临的执政考验、改革开放考验、市场经济考验、外部环境考验的长期性和复杂性，深刻认识党面临的精神懈怠危险、能力不足危险、脱离群众危险、消极腐败危险的尖锐性和严峻性，坚持问题导向，保持战略定力，推动全面从严治党向纵深发展。为了不断提高党的执政能力和领导水平，十九大报告从八个方面提出明确要求：一是把党的政治建设摆在首位；二是用新时代中国特色社会主义思想武装全党；三是建设高素质专业化干部队伍；四是加强基层组织建设；五是持之以恒正风肃纪；六是夺取反腐败斗争压倒性胜利；七是健全党和国家监督体系；八是全面增强执政本领。

从篇幅来说，在十九大报告部署今后工作的几个部分中，全面从严治党部分的字数最多，远远超过其他部分；从内容上看，十九大报告就党的领导、党的建设、全面从严治党提出许多新思想、新观点、新论断、新举措，要求更加明确，措施更为有力，充分体现了以习近平同志为核心的党中央坚持党要管党、从严治党的坚定决心和坚强意志。我们要深入学习贯彻十九大报告关于全面从严治党的重大观点、重大举措、重要部署，深刻领会其精神实质和丰富内涵。比如，新时代党的建设的总要求，突出两个基本点：即坚持和加强党的全面领导，坚持党要管党、全面从严治党。四项原则：即以加强党的长期执政能力建设、先进性和纯洁性建设为主线，以党的政治建设为统领，以坚定理想信念宗旨为根基，以调动全党积极性、主动性、创造性为着力点。六大任务：即全面推进党的政治建设、思想建设、组织建设、作风建设、纪律建设，并把制度建设贯穿其中。内涵十分丰富，要求十分明确。这些内容我们都要深入学习，准确把握和领会。

十九大报告站位高远、主题鲜明，思想深刻、内涵丰富，我们要认真、深入、系统地学习，要牢固树立"四个意识"，认真贯彻落实中央、中宣部的重要部署和总局党组要求，加强组织领导，精心安排，统筹部署，迅速掀起学习宣传贯彻十九大精神的热潮。学习宣传贯彻十九大精神是当前和今后一个时期首要的政治任务，我们要认真做好以下工作。

第一，认真学习、深刻领会。要按照总局党组的要求和机关党委的安排，在我馆迅速开展十九大精神的学习活动。党委班子要带头学，党员干部要发挥示范表率作用，引领带动广大干部职工，以多种形式进行学习，要认认真真学，原原本本学，学十九大报告原文，学新党章原文，努力做到全面领会、学深学透、融会贯通。要完善学习制度，创新方式方法，不断推动学习向广度和深度拓展。

第二，广泛宣传、深入解读。要在学懂上下功夫，抓好党委中心组和各支部的学习。党的十九大提出了许多新理念、新论断，确定了许多新任务、新举措，要通过认真学习来准确领会。我们要通过集中办班、业务培训、研讨交流、专题讲座等多种形式，广泛宣传、深入解读十九大精神。

第三，联系实际，推动工作。要坚持以习近平新时代中国特色社会主义思想武装头脑，指导实践，推动工作，坚持围绕中心、服务大局，紧密结合我馆事业发展实际，紧密结合各部门工作实际，坚持把学习十九大精神与推进"两学一做"学习教育常态化制度化结合起来，坚持把学习十九大精神与抓好当前工作结合起来，不忘初心、牢记使命，奋发有为、埋头苦干，努力完成今年全年各项工作任务，以永不懈怠的精神状态阔步走进新时代。

（2017 年 11 月 22 日于中国电影资料馆）

把全面从严治党引向深入^①

今天我们在这里举行两个签订仪式：一是馆党政主要负责人与领导班子副职签订贯彻落实全面从严治党责任书；二是馆党政主要负责人与各部门负责人签订党风廉政建设责任书。这是按照总局党组的要求，贯彻落实总局 2018 年全面从严治党工作会议精神的重要举措。它对于推动我馆党风廉政建设责任制的落实，强化各级领导干部反腐倡廉的政治责任，全面提高我馆综合管理水平，促进各项业务发展，都具有十分重要的意义。

今年 1 月 11 日至 13 日中央纪委二次全会在北京召开，习近平总书记在会上发表了重要讲话，他强调："在中国特色社会主义新时代，完成伟大事业必须靠党的领导。要全面贯彻党的十九大精神，重整行装再出发，以永远在路上的执着把全面从严治党引向深入，开创全面从严治党新局面。" 3 月 12 日，总局召开了2018 年全面从严治党工作会议，张宏森副部长代表总局党组作了 2017 年全面从严治党工作报告，聂辰席部长主持会议并讲话，同时与机关各司局、直属单位"一把手"签订了贯彻落实全面从严治党责任书。

2017 年中国电影资料馆党委在总局党组的领导下，按照直属机关党委的部署和要求，认真学习宣传贯彻习近平新时代中国特色社会主义思想和党的十九大精神，牢固树立"四个意识"，坚定"四个自信"，做到"四个服从"，坚决维护习近平总书记在党中央和全党的核心地位、维护党中央权威和集中统一领导，自觉在思想上、政治上、行动上同以习近平同志为核心的党中央保持高度一致。组织党员干部职工收听收看十九大开幕会盛况，理论中心组召开专题学习会，认真学习、深刻领会十九大报告。以应有的政治担当落实全面从严治党主体责任，馆党政主要负责人与领导班子副职及各部门负责人分别签订了党风廉政建设责任书，明确各自在党风廉政建设中的职责任务，落实责任主体，层层传导压力。坚持实施全面从严治党"年初定责、年中督责、年底述责"机制，落实意识形态工作责任制，严格贯彻落实中央八项规定精神，持之以恒防范"四风"。深入开

---

① 此文为在中国电影资料馆全面从严治党及党风廉政建设责任制责任书签订仪式上的讲话，题目后加。

展"两学一做"学习教育常态化制度化，开展"两学一做"学习教育常态化制度化系列创新品牌活动。组织开展"一瞬间的证明，一辈子的践行"主题党日活动。以"合格党员奉献点、廉政建设风险点"为主题，组织各党支部开展大讨论活动。开展"电影党课"活动。组织参观"砥砺奋进的五年"大型成就展。加强党的组织建设，完成党委纪委换届工作。完善理论中心组学习制度，认真开好2017年度领导班子民主生活会和基层党支部专题组织生活会及民主评议党员。严明政治纪律和政治规矩，坚定不移开展党风廉政建设，努力维护风清气正的良好政治生态，为我馆各项事业改革与发展提供了坚强保证。

贯彻落实全面从严治党，实行党风廉政建设责任制，就是要坚持党委统一领导，党政齐抓共管，纪委组织协调，部门各负其责。贯彻落实全面从严治党，实行党风廉政建设责任制，就是要坚持实施"年初定责、年中督责、年底述责"机制，坚持谁主管谁负责，一级抓一级，层层抓落实。贯彻落实全面从严治党，实行党风廉政建设责任制，就是要和业务工作紧密结合，一起部署，一起落实，一起检查，一起考核。今天我们在这里举行签订仪式，就是庄严承诺：馆领导和各部门主要负责人共同承担起全面从严治党的主体责任，共同落实党风廉政建设责任制。为了做好相关工作，有效落实责任书中的各项内容，在这里我再强调几点要求。

一要坚持把政治建设摆在首位，牢固树立"四个意识"，坚定"四个自信"，践行"四个服从"。坚决维护习近平总书记核心地位，坚决维护以习近平同志为核心的党中央权威和集中统一领导，始终在政治立场、政治方向、政治原则、政治道路上同以习近平同志为核心的党中央保持高度一致，确保我馆各项事业的改革与发展沿着正确政治方向前进。

二要始终高举思想旗帜，坚持不懈用习近平新时代中国特色社会主义思想武装头脑。认真学习贯彻习近平新时代中国特色社会主义思想和党的十九大精神，努力在学懂、弄通、做实上下功夫，切实把学习成果转化为广大党员干部筑牢"四个意识"、坚定"四个自信"、践行"四个服从"的政治自觉，转化为坚定理想信念、锤炼党性修养的思想自觉，转化为指导实践、推动工作的行动自觉。

三要推动各级党组织紧密联系实际抓实、抓好党内政治生活，不断夯实管党治党基础工作。全面实施党支部标准化建设，要认真组织开展"不忘初心、牢记使命"主题教育活动。加强思想政治建设，坚持党管干部原则，把好选人、用人关。要认真落实"三会一课"、民主生活会、领导干部双重组织生活等制度，用好批评和自我批评这个有力武器。

四要认真落实中央八项规定及实施细则精神，坚决防止"四风"反弹回潮。积极运用监督执纪"四种形态"，聚焦"六项纪律"加大执纪力度，以零容忍的态度惩治腐败。要坚持问题导向，自觉严以修身、廉洁自律，自觉同特权思想和

特权现象作斗争，注重家庭、家教、家风建设。要坚持教育和制度同时发力，完善权力运行制约和监督体系，坚持加强监督与严肃执纪相结合，维护风清气正的良好政治生态。

五要强化责任担当。党员领导干部必须当好"头雁"、作好表率，要认真履行"一岗双责"，落实全面从严治党主体责任、监督责任和意识形态工作责任制。要坚持和完善馆长书记负总责，分管领导带头抓，各部门主要负责人具体抓的工作格局。

全面从严治党只有进行时，没有完成时。全面从严治党永远在路上。当前正在深化党和国家机构改革，改革方案已明确将电影局划归中宣部，由中宣部统一管理电影工作，并在中宣部加挂国家电影局的牌子。我们要充分认识这次机构改革的重大意义，自觉地把思想和行动统一到中央精神和中央决策部署上来，正确理解和对待机构改革，积极支持和参与机构改革，确保思想不乱、工作不断、队伍不散、干劲不减，使机构改革工作平稳有序开展，如期完成机构改革的各项任务。同时，以严明的纪律、严格的要求，确保全面从严治党各项任务落到实处，努力推动我馆全面从严治党和各项工作再上新台阶。

（2018 年 3 月 28 日于中国电影资料馆）

中国电影资料馆领导班子成员，左起：张小光、孙向辉、宋培学、张旭霞、白晶瑞

新闻出版管理篇

谈稿酬制度改革①

问题的提出

稿酬问题是当今新闻出版界关注的一大焦点，也是广大知识分子谈论的一个热门话题。

我国正处在由计划经济向社会主义市场经济过渡的时期，所以稿酬支付出现了根本性的变化和某些混乱现象。

如何认识当前发生的这些重大变化，如何协调、解决出版者和作者之间的矛盾，打击不法书商，如何建立适应社会主义市场经济的稿酬制度，是现实而迫切的任务。

改革势在必行

我国现存的稿酬制度是高度集中的计划经济的产物。从 1950 年推出第一项稿酬制度，到 1990 年国家版权局颁布《书籍稿酬暂行规定》，共经历了 40 年。这 40 年间稿酬制度虽然经历了几次大的变迁，但无实质性的改变，基本制度仍然是实行基本稿酬加印数稿酬。

这种几十年一贯制的稿酬制度有很大的弊端，主要表现在：原国家制定的统一的稿酬标准及支付方式，不受价值规律的影响。它制定的基本依据是以质论价，这在主观上忽视了脑力劳动成果的商品性，并排斥了作品报酬与作品创造利润大小的直接挂钩。造成这些弊端的根本原因在于：我们过去只强调书刊的政治文化性，否认它的商品性；只强调出版社、杂志社的事业性，而否认它的企业性；只强调脑力劳动创作的宣传性、精神性，而否认它的物质性、商品原材料性。这种稿酬制度在高度集中的计划经济体制下还勉强维持，一旦进入市场经

---

① 此文刊载于《中国出版》1994 年第 5 期。

济，它的各种弊端原形毕露。

一只看不见的手打破了以往的沉静。改革开放后，随着商品经济的发展，人们对书刊的属性，对出版社、杂志社的属性有了新的认识。书刊不仅仅是政治、文化宣传的工具，还应该作为商品进入市场流通、交换，出版社、杂志社也应该作为企业来组织生产与销售。实际上，近年来书刊已经成为商品进入了市场，出版社、杂志社也正在转换经营机制，以市场竞争的主体——企业的面貌走向市场。

承认了书刊的商品属性，承认了出版社、杂志社的企业属性，那么，作为商品生产的原材料——书稿也必然进入市场，遵循价值规律，由买方和卖方即出版者和作者直接商谈价格。书稿是书刊的原材料，由这种原材料生产出来的书刊将给出版者带来两个效益。其中社会效益将在进入市场流通之后，由广大读者来检验，而经济效益直接给出版者创造利润。出版者要视利润的大小或估计利润的大小给作者报酬，作者也要根据上述情况来索取报酬，这就是目前市场经济条件下稿酬支付的现实——纯粹的交换关系。这种关系从根本上动摇了传统的稿酬制度。

事实上，近几年书刊稿酬已经逐步面向市场，稿酬的支付从标准到方式都发生了根本性变化，稿酬制度已经步入"双轨制"：一条是国家规定的稿酬制度，另一条是合同约定的稿酬制度；稿酬标准已经大大突破传统的标准；付酬方式也由原来的一种形式，发展为三项选择，即基本稿酬加印数稿酬、一次性付酬和版税。这些变化无疑对繁荣社会主义图书市场，建设和发展社会主义出版事业起到了积极的作用。只是在这个转轨时期，在国家新的稿酬制度没有制定出来的情况下，稿酬的支付出现了某些混乱现象。比如，有些作者故意要高价，有些书商有意抬价，稿酬已不止是千字30元，而是60元、80元、100元。有些刊物的专稿已涨到千字800元至1000元；在深圳举行的"中国文稿大拍卖"中，《从女明星到亿万富翁》的书稿已抬到千字3000元。相反，有些学术著作的稿酬低得可怜，千字压到几元钱；有些学术刊物由于经费紧张，便打起了作者的主意，收版面费，作者发表作品不但得不到报酬，反而倒贴钱。这些不正常现象虽然在过渡时期是不可避免的，但同时也说明了制定新的稿酬制度已迫在眉睫了。

尽快建立新的稿酬制度

为了繁荣和发展社会主义图书市场，为了保护广大作者的切身利益，必须尽快建立适应社会主义市场经济的新的稿酬制度。

1. 由双轨制转向单轨制，建立一种适应市场经济发展的统一的稿酬制度，实行统一的适合市场经济的合同制。新的稿酬制度应该面向市场，实行一个标准。稿酬制度面向市场，必然引起竞争，这种竞争应当是平等的，在同一条起跑线上。为了使这些竞争能健康、有秩序地向前发展，改变当前稿酬支付的混乱现象，国家必须加强宏观管理，采取果断措施，有效地遏制"买卖书号"，规范合作出版。

2. 稿酬的支付形式应该是多项选择。合同制下的稿酬支付形式应该允许多项选择，这是引导出版者和作者之间进行选择、竞争的必要条件。新的稿酬制度应该在充分肯定现行的付酬方式之外，还允许其他的选择，比如，基本稿酬与印数结合（不是基本稿酬加印数稿酬，而是将印数分若干档次，基本稿酬随印数上下浮动）；一次性买断与印数结合（一次性付酬若干，但达到一定印数，再一次性付酬若干）。说到底，稿酬的支付形式是出版者与作者之间利润分成的问题，只要对双方有利，可采取任何一种约定的支付形式。

3. 注意保护作者的利益。近年来，稿酬低的负效应在增大，一些纯文学作品、学术理论著作被湮没，或向海外流失。现行的稿酬标准是 1990 年制定的。三年多来，物价不断上涨，唯有稿酬标准一成不变。而对学术理论著作，出版社怕赔钱，只肯按最低标准付酬，这样作者得到的稿酬，实际上是经过了双重贬值。为了保护广大作者的利益，新的稿酬制度中的基本稿酬标准必须调整，最高稿酬与最低稿酬应该拉开较大的档次，不同类出版物的稿酬标准也应当有所差别，纯文学作品及学术理论著作稿酬的最低标准应当高于普通作品的中等标准。此外，还要考虑到物价上涨因素，稿酬标准不能多年不变，应随物价指数上涨而及时调整。出版者出版或发表作者的作品，理应支付作者稿酬，这是著作权法中明文规定的，对个别出版者为了自身利益，置作者利益于不顾，有意压低或克扣作者的稿酬，甚至不给稿酬，新的稿酬制度应当制定禁止措施。

4. 扶持学术理论著作出版。当前学术理论著作出版难，"难于上青天"。这是图书出版的一个大问题。所以国家主管部门应该制定相应的措施，扶持学术理论著作的出版。除了适当提高学术理论著作的稿酬标准外，还应采取行之有效的具体办法，减轻出版社的经济负担。比如，国家应当建立文化基金、科学基金等，解决纯文学、学术理论著作出版难的问题。在税收上也可采取倾斜政策，使学术理论著作的税收低于畅销书的税收。只有这样，才能鼓励学术理论研究和纯文学的创作，同时也能调动出版社出版这类图书的积极性。

出版社经济纠纷的预防[①]

随着社会主义市场经济的发展，我国现行的出版社大多已成为独立法人、自主经营、自负盈亏的经济实体。出版社在自主经营过程中，经济投入最大的有两块：一块是印制费用，一块是稿酬。印制费用约占码洋的30%，稿酬约占码洋的10%。这两块费用如果属于正常的业务支出，则给出版社带来可观的经济效益；如果属于因经济纠纷（包括印制纠纷和著作权纠纷）而被迫支出的费用，则给出版社带来巨大的经济损失。近年来，出版社因经济纠纷而发生赔偿的现象屡屡出现，本文试图结合工作实践从预防的角度提出防范措施。

一、著作权纠纷预防

著作权纠纷在出版社经济纠纷中占有很大比例，因著作权侵权而造成出版社经济赔偿的也屡见不鲜，其赔偿额少则上万元，多则倾家荡产。最近，国内数十位著名作家向北京市第一中级人民法院状告吉林某出版社，未经著作权人许可擅自出版《二十世纪作家散文经典》，作家们提出的赔偿额达300万元。由此可见，著作权纠纷轻则损害出版社的名誉和利益，重则关系到出版社的生死存亡。

预防著作权纠纷的法律保障就是著作权法。对著作权法，不仅出版社的社长、总编辑要认真学习，而且编辑室主任、编辑、编务人员都要认真学习。学好、用好著作权法是预防著作权纠纷的前提。在出版实践中，除认真贯彻执行著作权法外，还应注意把握以下几个方面。

1. 出版前订好出版合同。出版社的图书出版权是依据著作权法通过与作者签订出版合同而获得的，因此图书出版前必须订好出版合同。图书出版合同要以国家版权局制定的标准样式为范本，责任编辑切不可临时手写或随便打印几条来作为出版合同，因为这样做一方面不符合规范，另一方面内容不全面，往往埋下著作权纠纷的隐患。如果遇到有些作者提出一些特殊要求，可在合同中双方约定

---

① 此文刊载于《中国出版》2001年第6期。

的其他事项中填写清楚，或者在合同之外增加补充条款作为合同的附件。

签订出版合同时要严肃认真、一丝不苟。合同中的每一项内容都要填写，没有的项目要划掉，不可空白。作品名称、作者署名要准确无误，作品名称不可写暂定名，多人作者署名次序不能写错。出版合同中的作品名称和作者署名要与所出版的图书的封面、扉页、版权页相一致，如在出版过程中作者提出变更作品名称或作者署名，双方要另行签定变更协议，以防日后发生纠纷。

签订出版合同最好由双方当事人当场商议签定，确系外地作者，可由责任编辑按双方事先谈妥的项目填好合同，将合同寄给作者签字后再寄回出版社，但需要注意的是出版社收到合同后要认真检查，看原定的条款如作品名称、作者署名、交稿时间、出版时间、稿酬标准等项有无改动。这一点如果疏忽，可能引起著作权纠纷，如某出版社与作者签订的合同中版税定为7%，而作者却擅自将其改为17%寄回，出版社没有仔细检查就签字盖章了，结果在支付稿酬时发生了纠纷。

2. 出版中审查作品的合法权。此项是指出版社再接到书稿后，要对作品的合法性进行审查。虽然现行的图书出版合同标准样式有这样的条款：作者授予出版社专有使用权，如因此权利的行使侵犯他人著作权、名誉权、肖像权、姓名权等，甲方（著作权人）承担全部责任并赔偿因此给乙方（出版社）造成的损失，乙方可以终止合同。但是，出版社切不可以此而高枕无忧，认为即使发生著作权侵权，也与出版社无关。事实上恰恰相反，一旦出现著作权侵权，被侵权者首先状告出版社，他并不知道作者是何许人也，而出版社却有名有姓、有地址。出版社想以文责自负来一推了之，那只能是自欺欺人。例如北京某出版社出版了一套梁实秋翻译的《莎士比亚全集》，虽然取得了梁实秋家属的授权，却被台湾远东图书公司状告侵权。其实梁译的《莎士比亚全集》的著作权并不在梁实秋的家属手中，而在台湾远东图书公司。由于该出版社没有严格审查其作品的合法性而造成侵权，结果赔偿远东图书公司19万元，损失惨重。由此可见，出版过程中，对作品的合法性进行全面仔细的审查是多么重要。

对书稿的合法性的审查大致分为几个方面：第一，审查署名权。看作者的署名是否真实，多人作者的署名排列次序是否有误，是否有侵犯他人姓名权的现象；书稿中使用他人的作品，不仅要标出原著作权人姓名，还要取得原著作权人的授权，仅有电话口头允诺是不够的，必须获得原著作权人的书面授权。第二，审查是否侵犯他人著作权。主要检查作者所提供的书稿中有没有抄袭、剽窃他人作品的行为，这就要求责任编辑有较高的素质，对同类作品要调查了解，对同类研究成果要心中有数。第三，审查名誉权、肖像权。主要看人物传记、纪实文学、通讯等书稿中有无对他人构成人身攻击、诋毁、诽谤等行为；插图、插页有无他人侵犯他人肖像权，选用他人肖像要事先取得肖像人的授权。第四，审查主编、选编类作品的授权。选编类的作品或多人写作只署一人主编的作品，必须取得原作者或所有作者的授权。当作品署名与合同签字人不一致时，要让对方出具作者的授权委托书。目前出版界出现了代理人或经纪人，作品由代理人或经纪人代理必须提供原作者的授权委托书，并要对其真伪鉴定，否则有可能上当受骗。

3. 出版后履行出版合同。履行出版合同，不仅可以树立出版社的良好形象和信誉，而且还能预防著作权纠纷。履行出版合同包括以下几点：一是保证图书出版质量和出版时间。著作权法第31条规定："图书出版者应当按照合同约定的出版质量、期限出版图书。"出版社不能按质、按期出版图书将承担法律责任。在这方面，因出版社出书质量低劣或出版日期拖延而引起纠纷，为数不少，切不可麻痹大意。二是出书后及时支付稿酬和赠送样书。支付稿酬和赠送样书是出版社的义务，理应履行。目前出版社拖延支付稿酬的现象比较普遍，特别是再版或重印时，有的拖延的时间更长，甚至不向作者支付稿酬，这就构成了对作者获得报酬权的严重侵犯。需要注意的是：图书出版后，在合同有效期内出版社许可第三方出版包括该书的选集、文集、全集或电子版的，必须取得著作权人的许可，这是出版社往往容易忽略的。

二、印制纠纷预防

图书的印制费用约占图书成本的75%，一旦印制上发生纠纷，将给出版社带来重大经济损失。发生印制纠纷，往往是由于出版社出版行为不规范或工作疏忽而造成的，如印刷业供大于求，印刷厂吃不饱，采取一些不正常手段，个别印制业务人员以牺牲出版社的利益为个人捞取好处；有的出版社不严格执行印刷管理规定，操作违规；有的出版社以合作出版的方式与书商打交道，结果被书商坑骗。仅举一例：北京某出版社在实行编印合一体制时，某编辑室主任将本编辑室的21种图书包给了一个个体装订厂加工承揽，并与之签订了印制合同。这个个体装订厂不具备排版、印刷的能力，又将排版、印刷业务包给了另外一家印刷厂。图书出版后，出版社与这个个体装订厂结算了排、印、装等一切费用，而其应向印刷厂支付的33万元印刷费却不支付，钱一拿到手便逃之夭夭。印刷厂在追款无望的情况下就把出版社告上了法庭。以上案例说明出版社在印制问题上既不能违纪违规，也不能掉以轻心。

预防印制纠纷应从以下两个方面把好关：第一，坚持实行印制合同制度。《出版物印刷管理规定》明确规定："对出版物每一个印刷品种，出版单位与出版物印刷企业都应当按照国家有关规定签订印刷合同。"这就要求出版社在印制图书前必须签订合同。尽管国家新闻出版行政部门没有颁布图书印制合同的标准样式，但各出版社应根据自己的需要制订一个比较周全、完善的印制合同。印制合同属于经济合同的一种，应具备以下主要条款：（1）品种；（2）印制的数量和质量；（3）印制的周期；（4）交付的期限、地点、方式；（5）结算标准、办法；（6）违约责任。目前各出版社在印制问题上比较重视印制委托书，对签订印制合同把关不够严格：有的不是每一种图书都签订印制合同，而只是与定点印刷厂签订一个笼统的印制协议；有的甚至就没有印制合同。这样做一旦发生纠纷，将给出版社带来不必要的麻烦和损失。

第二，牢牢掌握印制这一出版环节。在印制问题上出现经济纠纷，往往与出版社放弃印制这一环节有直接关系。尽管国家三令五申禁止买卖书号，但有的出版社仍以协作方式与书商合作出书，放弃印制环节，而书商出书后赚了钱可能与印刷厂结账，赔了钱便溜之大吉，结果出版社成了被告。在自费出版过程中，也有迁就作者而放弃印制环节的，这就给印制纠纷埋下了隐患。所以，牢牢掌握印制这一出版环节，是预防印制纠纷的根本保证。

随着中国加入 WTO 的日益临近，必然为出版业的发展提供更广阔的空间和更大的市场。出版社要想打入国际市场，与国际接轨，必须规范自己的出版行为，防止各种经济纠纷。只有这样，才能在市场竞争中立于不败之地。

1990 年 8 月庆祝中国广播电视出版社成立 10 周年大会后于广播电影电视部专家楼前合影

浅析图书编校质量下降原因及对策^①

最近，新闻出版总署对 33 家良好出版社 2001 年度出版的图书进行了编校质量抽查，其结果是不合格率为 33.3%。对这个检查结果，社会反响强烈，出版界也感到震惊。作为一名出版单位的实际工作者，笔者并不感到惊讶。这次检查的仅仅是良好出版社，普通出版社的图书质量问题可能更多。许多出版社都在暗自庆幸没有抽查到自己头上，但侥幸之余如果不进行反思，找出图书编校质量下降的原因，并采取相应的对策，就很难从中吸取教训，引以为戒。本文试图从两个方面谈一些意见。

一、图书编校质量下降的原因

图书编校质量下降的原因是多方面的，比如有作者原稿质量不高、修改凌乱的原因，有工厂排版错误的原因等，但主要原因还是来自出版单位。出版社自身的原因，才是问题的症结所在。编校质量下降的原因主要有以下三个方面。

1. "三审制"未落到实处。"三审制"是贯穿于整个图书出版过程的一种编辑活动，要想保证图书质量，必须坚持书稿的"三审制"，这也是新闻出版总署对出版单位的一贯要求。但是，现在的实际情况是，一些出版社口口声声喊着坚持"三审制"，却从未把"三审制"真正落到实处。首先，初审的编辑人员在工作中并没有很好地尽职尽责。现在一般出版社的编辑都有利润指标的任务，这个利润指标与年终考核、奖金分配直接挂钩。编辑对利润指标倒很重视，为了完成利润指标，可以说是煞费苦心、绞尽脑汁，什么书赚钱搞什么书，什么书来钱快做什么书，而对书稿的编辑加工就不那么重视了，粗心大意，得过且过，甚至连通读这道工序也懒得做了，打着"文责自负"的旗号，就让作者代劳了。其次，复审、终审没有严格把关。担任复审工作的通常都是编辑室主任，他们除了管理编辑室的日常事务外，同编辑一样也有自己的任务指标，因此很难一心一意静下

---

① 此文刊载于《出版发行研究》2002 年第 12 期。

心来对书稿进行复审，一般情况下大多是草草签字了事。担任终审工作的大多是社领导，他们工作确实很忙，很难抽出足够的时间来认真审阅书稿，有的甚至连书稿都不看，询问一下编辑室主任，只要没有政治问题就放行了。第三，个别出版社还在与书商合作出书，买卖书号或变相买卖书号。为了经济利益，有的甚至放弃了"三审制"，任凭书商摆布。书商的目的非常明确，赚钱第一，全然不顾社会效益。有的图书还以其虚假的豪华包装来欺骗读者，编校质量却很低劣。放弃"三审制"的书稿得以出版，图书编校质量怎么能够保证。

2. 编辑、校对人员不到位。编辑、校对人员不到位有两层含义：一是指编辑、校对人员人数少，二是指编辑、校对人员素质差。随着图书市场的竞争日趋激烈，各出版社都在扩大出书规模。这种盲目地扩大出书规模的做法，势必造成编辑、校对人员短缺。为了多出书、快出书，有的出版社把校对人员变成了编辑，有的把行政人员转到了编辑岗位。转岗的编辑在不具备什么学历又未经过任何培训的情况下，就担当了书稿的编辑工作。这样的编辑发稿只是经过一下流程手续，对书稿并未起到编辑加工的作用，严重影响了图书质量。

校对工作是图书质量保障体系中的一个重要组成部分，可是有的出版社领导认为"校对不创造利润"，不是减少校对人员，就是不配备专业校对。有的还认为校对是简单工作，什么人都可以干，出版社没有必要养着专职校对人员。因此，所用的校对人员或是业余的，或是社会上临时聘的。这种不重视校对工作，不注意校对人员素质的培养的行为，导致了图书质量保障体系的残缺，加上在实际操作中校对工作普遍粗放，专业化程度不高，图书编校质量必然难以得到保证。

3. 编辑发稿量大，出版周期短。过去出版社的编辑每年发稿量多少是有规定的，出版周期也有期限。随着市场经济的发展，人们追求高效率、高速度。但是图书出版的高效率、高速度如果以图书质量下降为代价，那是万万要不得的。现在有的出版社往往片面追求高效率、高速度，而忽视编辑人员的编辑加工承受能力，不考虑必要的出版周期，如有的编辑一年可编辑几百万字，甚至上千万字的书稿，出书周期也由原来的几个月缩短至一个月、二十天，甚至十几天。这种编辑加工的超负荷运转，出书周期超常规运作，必然导致编辑加工时间短，审稿不细，而校对人员在时间上也得不到保证，校对次数也会大打折扣。盲目发稿、快速出书，致使书稿中的很多问题不能被发现，更谈不上对书稿进行补漏、删繁、润色、升华。这种条件下出版的图书，编校质量怎么会高。

二、提高图书编校质量的对策

质量是出版物的生命，图书编校质量作为图书质量的一个重要标志，无疑对图书的社会效益和经济效益产生重要影响。要想提高图书编校质量，改变目前图书质量大幅度下滑的局面，必须要在出版社自身下功夫，应从以下几个方面入手。

1. 领导要高度重视。对图书编校质量重要性认识不足，特别是出版社领导思想认识不够，是导致图书编校质量下降的一个重要原因。现在有的出版社领导整天忙于出版社的改革、创新及开拓市场，而对出版社赖以生存的质量问题没有给以足够的重视。有的出版社领导则认为，出版社首先要求生存，没有效益便发不出工资，没有经济实力便无法立足，解决编校质量问题就不是首要的了，可能排到了第二、第三位。孰不知这种对质量问题的认识不足或偏差，虽然在短期内可以维持出版社的运行，但最终必将会影响到出版社的效益、改革与发展，甚至生存。因此，出版社领导要牢牢树立质量第一的理念。要把质量问题同社会效益一样看待，放在首位；要把质量问题同办社宗旨一样看待，常年坚持。只有这样，出版社才能从根本上解决领导高度重视质量问题、亲自抓质量问题。

2. 要抓编辑。编辑是图书质量保障体系中的重要主体，一部书稿从发稿到出书，在编辑手中至少要过两遍：一遍编辑加工，一遍通读。如果编辑每一遍都能认真负责，兢兢业业，就不会出现那么多的差错。现在的情况是有不少编辑心态浮躁，急功近利，以完成任务为目标，很难坐下来踏踏实实编书稿，创造精品。要加强对编辑的管理，同时要加强对编辑素质的培养。从某种意义上说，编辑的基本素质决定了出版社的出书品位和质量，有什么样的编辑，就有什么样的出版社。编辑的政治素质、业务素质对图书的质量起着至关重要的作用，编辑政治素质的强弱，直接关系着对书稿的政治敏锐性，及对书稿思想内容、政治倾向的审查；编辑业务素质的高低，直接影响着对书稿学术水平的鉴定，以及对书稿的文字加工能力，修改、润色能力。要想提高图书编校质量，必须从培养、锻炼编辑两种素质抓起。

3. 要抓校对。正常、规范的校对工作是保证图书编校质量不可或缺的重要条件。我们说的编校质量主要体现在编辑和校对这两个环节上，编辑加工的质量体现在书稿上留错的多少，而校对工作的质量则体现在出版物上的留错多少。编辑加工的疏漏，可由校对工作来弥补，而校对工作的失误则成为出版物中的差错，不可挽回。因此出版社必须重视校对工作，不断加强校对队伍的建设，不断提高校对人员的素质。那种认为"校对不创造利润""校对是简单工作"的思想

是要摒弃的，那种推行编校合一或完全依靠外校的做法是要改正的。出版社要设置校对科室，配备专业校对人员，编辑与校对人员的比例不低于 5 比 1。同时要利用电脑校对软件的优势，推行人机双项校对，这样既可以减轻校对人员的负担，又可以保证质量、提高效率。

4. 要抓管理。要想提高图书编校质量，没有一套严谨的管理体制是不行的。我们通常说管理出效益，管理出人才，管理也同样出质量。首先要建立健全各项规章制度，新闻出版总署下发的《图书质量保障体系》《图书质量管理规定》，出版社要很好地学习，认真贯彻执行。除此之外，要根据本社的实际情况，建立必要的补充规定，比如编辑资格的认定，校对资格的认定，什么样的人能当编辑，什么样的人能当校对，要有明确的说法。编辑人员的年发稿量，校对人员的年校对量也要有合理的规定。其次要建立必要的组织机构，专人负责质量检查，比如社领导要有专人检查"三审制"质量，总编室要有专人检查编辑发稿质量，校对科室要有专人检查校对质量，审读室要有专人检查成品书质量。同时要把图书质量和效益挂钩，引入编校质量奖惩制度，把质量作为收入分配的重要依据。只要出版社人人都重视质量，人人都以认真负责的态度，严格履行"三审制"和"三校一读制"，图书编校质量下降的局面就一定会改变。

作者在终审书稿

出版社干部人事制度改革与探索①

当今，中国出版业面对的是世界大市场背景下的前所未有的严峻形势，机遇和挑战并存。"入世"之后，中国将在更大的范围和更深的程度上参与经济全球化，进一步扩大对外开放；中办发17号文件明确了新闻出版业改革的方针原则和目标任务。这些都为中国的出版业在新世纪加快发展创造了有利条件。但同时也要看到，"入世"后的挑战是严峻的。一方面，国内媒体间竞争与融合的趋势日益明显，社会力量参与出版业的经营日趋高涨；另一方面，国外资本将利用其强大的资金优势，与我们展开激烈的市场竞争、人才竞争。逆水行舟，不进则退。我们的战略目标无疑是尽快发展壮大自己，确保在竞争中立于不败之地。要实现这一战略目标，必须走内涵式的发展道路。要通过出版单位内部深化改革，激发活力，增强凝聚力，提高竞争力，来最终实现实质性集团的跨越式发展。出版社干部人事制度改革对实现实质性集团的跨越式发展是至关重要的一步，必须走对、走好。

一、正确认识干部人事制度改革

要想搞好出版社干部人事制度改革，首先必须对中国的出版业有深刻的认识和了解。中国的出版业不同于一般行业，既有一般行业的属性，又有意识形态的特殊性；既是大众传媒，又是党的宣传思想阵地，关系国家安全和政治稳定，负有重要的社会责任。无论什么情况下，正确的舆论导向性质不能变，坚持社会效益第一不能变。因此，中国出版业的改革与发展，必须以"三个代表"重要思想为指导，从出版业实际出发，以为人民服务、为社会主义服务，满足人民群众日益增长的精神文化需求为出发点，认真落实"以科学的理论武装人，以正确的舆论引导人，以高尚的精神塑造人，以优秀的作品鼓舞人"这四项主要任务。那么，出版社的干部人事制度改革必须以此为前提。只有坚持这个前提，才能保证出版社坚持先进文化的前进方向。

---

① 此文刊载于《编辑之友》2003年第1期。

其次，也必须承认，出版单位又同时具有企业的性质，每一个出版社都要在市场竞争中求得生存和发展。出版社虽然应该把社会效益发在首位，但同时也不能忽视经济效益，要努力追求社会效益和经济效益的最佳结合。这就要求出版社的干部人事制度改革要按照现代企业制度的标准来进行，建立"事业法人"管理体制，确保出版产业的经营符合社会主义市场经济规律。

二、干部制度改革要做到"能上能下"

随着出版社内部机制改革的深入，领导干部的管理使用已经成为干部制度改革的重要课题。现在干部使用中普遍存在的问题是：终身制、能上不能下，学历低、年龄大，领导职务多年一层不变，致使有的干部安于现状，不思进取。干部制度改革包括两个方面：一是中层干部，二是社级干部。这两个方面的干部制度改革都要通过扩大民主，引入竞争机制，促使优秀人才脱颖而出。这样，才能真正做到废除领导职务终身制，达到能上能下。

中层干部可采取竞争上岗的方式，实行聘任制，一般聘期为两年，力度大一点也可一年一聘。具体做法为：（1）根据本社的生产能力和规模，按市场化和行业规律要求设置机构和岗位职数。（2）公开公布处室岗位和职务指数，公布岗位职责、任务目标及任职条件。实行公开报名，人人平等，只要是本社职工，符合任职条件，都可报名竞争适合自己担任的领导职务。（3）公开演讲答辩，使优秀人才脱颖而出。演讲时间可考虑20分钟，5分钟简述个人工作经历和工作业绩，15分钟阐述个人对竞争岗位工作的设想。演讲结束后由答辩小组随机提出相关问题，竞聘者进行答辩。（4）择优录用。由社领导和人事部门组成评议小组，在对竞聘者全面考察和广泛听取群众意见之后，择优聘用。中层干部实行竞争上岗，既可以打破传统用人制度上的"能上不能下"，又可以杜绝用人上的不正之风。

社级干部也要废除领导职务终身制，解决能上不能下的问题。条件成熟的单位可将竞争上岗的职位扩大到副社长、副总编辑、副总经理，竞聘程序和中层干部相同。不过，社级干部的竞聘范围应扩大一些，可考虑面向社会或本系统，否则，不易招聘到合适的人才。社级干部竞争上岗要实行任期制，任期内要有任期目标。社级干部实行竞争上岗，从制度上废除了领导职务终身制，解决了领导干部"安于现状，不思进取"的问题。

三、人事制度改革要做到"能进能出"

出版社人事制度改革的目标就是做到人员能进能出。实际上，由于种种原因，

人事制度改革中出现的难点之一就是人员能进不能出，也就是说，多年来由于计划经济体制遗留下来的一些问题，出版社编余人员、闲散人员分流不出去，造成人员负担过重，严重阻碍出版事业的整体发展。这个问题不解决，出版社不可能在市场竞争中轻装上阵，快速发展，中国的出版业也不可能做强做大。2000年中央组织部颁布了《深化干部人事制度改革纲要》，《纲要》对事业单位人事制度改革提出了明确要求，这就是全面推行聘任制度。出版社要根据《纲要》精神，尽快建立充满生机与活力的用人制度，主要包括以下方面的内容：

1. 全面推行全员聘用制度。单位法人代表与职工按照国家关于事业单位聘用制的有关规定，通过签订聘用合同，确立单位与职工的人事关系，明确双方的责任、权利和义务。单位与职工聘用关系的建立或延续，以职工与岗位的双项需求关系为基础，以履行岗位职责业绩考核结果为依据。

2. 建立岗位管理制度。根据出版社工作的性质、任务、特点，科学、合理地设置领导岗位、普通管理岗位、专业技术岗位、后勤岗位，不同的岗位实行不同的管理办法。

3. 专业技术人员也实行岗位聘用制度。出版社根据编、印、发业务工作需要，自主设置专业技术岗位，并确定任职条件，实行竞聘上岗。对获得任职资格的专业技术人员可双项选择，择优聘任，亦可低职高聘或高职低聘。

4. 建立未聘人员分流安置制度。在社会保障体系尚未健全之时，不妨采取"老人老政策，新人新办法"，把职工按进社先后分成几档，一部分人员的档案直接放在当地人才交流中心。也可建立出版人才交流服务中心，对未聘人员进行统一培训、统一管理，为未聘人员再就业创造必要的条件。

四、分配制度改革要做到"能升能降"

建立出版社内部自主灵活的分配激励机制是分配制度改革的重要内容，许多出版社做过不同程度的探索。但到目前为止，大多还停留在采取按超额利润提成计奖的办法，而对职工收入的主体——工资这一块，多少年来一直延续计划经济体制下的工资办法，一般是能升不能降，这无疑不符合市场经济体制下"多劳多得、优劳优得、按效分配"的分配原则。传统的大锅饭分配形式不打破，就不可能最大限度地调动职工的积极性，也不可能留住各方面人才。因此，出版社要探索建立按岗定酬、按任务定酬、按业绩定酬、岗变薪变、以岗位工资为主要内容的分配办法。根据不同的工作岗位，建立相应岗位工资及管理办法，收入分配要向优秀人才、重要岗位和艰苦岗位倾斜。具体做法可考虑：

1. 以岗位为中心，按岗定薪。打破原有的工资体系，根据不同性质的部门

和不同岗位的特点确定岗位工资。岗位工资不搞平均主义，拉大档次，岗变薪变。

2. 收入分配向优秀人才、重要岗位、艰苦岗位倾斜。出版社招聘的优秀人才和原有业务骨干，在收入分配上要体现"优劳优得"，以高薪养人、高薪留人。同时对编、印、发等重要岗位、艰苦岗位，收入分配上要倾斜，他们的岗位工资要高于管理岗位和后勤岗位。

3. 效率优先，奖罚并重。对创造优异社会效益和经济效益的人给予重奖，即谁的图书获得了国家图书大奖、创出了名牌、取得了重大经济效益就奖励谁，同时对质量低劣，违纪违规，成本高、效益低的图书要给予处罚，奖罚并重，奖书到人，罚书到人。

总之，出版社干部人事制度改革，是中国出版业改革的重要组成部分。在这方面如能探索一条成功之路，无疑对出版社加快发展、壮大实力、提高竞争力将会起到积极的促进作用，也会为中国的出版业实现实质性集团的跨越式发展奠定坚实的基础。

中国广播电视出版社党委班子在研究工作，左起：宋培学、王克瑞、王敬松、王炳臣、戴存善

加快转变出版社发展方式[①]

一

党的十八大提出，以科学发展为主题，以加快转变经济发展方式为主线，是关系我国发展全局的战略抉择。其中以加快转变经济发展方式为主线是推动经济持续健康发展的重要途径，也是出版行业实现出版强国目标的重要路径。当前，中央部委出版社转企改制工作已经全部结束，但是，对脱胎于计划经济体制下的传统出版社来说，发展方式的转变不是一蹴而就的，而是一场深刻、艰难的产业变革。出版社要想实现可持续发展，要想在信息化时代成为文化产业发展的主力军，就必须加快发展方式的转变。

二

随着市场经济的发展，出版社的出书范围几乎放开。以新闻传播、广播电视类图书为例，十年前只有为数不多的几家出版社，而近几年已经有几十家出版社同时出版这类图书，其中包括大学出版社和地方出版社。出书品种的增多，一方面能更好地满足广大读者的需求，另一方面也带来了负面效应，即由于内容的同质化，导致读者认可度的下降，给出版社造成大量库存，发行进入瓶颈。

信息技术的广泛应用，不仅影响着经济结构与经济利益，而且对社会文化和精神文明也产生着深刻的影响。对出版社而言，信息技术已渗透到各个方面：编辑方面有计算机选题管理和发稿系统，成本核算有 ERP 系统，校对方面有黑马软件，发行方面有数据库交换技术，办公管理有 OA 系统。除此之外，出版社也正在利用互联网技术发挥着信息查询、网上图书销售等作用。

---

① 此文刊载于《广电党建》2013 年 1、2 月号。

三

从上面的情况来看，一方面随着传统出版业的竞争，出版社的压力越来越大。另一方面，随着信息技术的快速发展，正深刻影响着传统出版业的方方面面。如何在信息化时代的大潮中加快实现出版社发展方式的转变，是出版社主要领导要认真思考的问题。我认为，加快转变出版社发展方式可以从以下几个方面来考虑。

（一）转变经营方式

截至 2010 年年底，中央部委出版社 148 家已全部完成转企。虽然出版社形式上已经转企，但据了解，有相当一部分出版社并未建立起现代企业制度，走的仍然是事业的老路。因为经营理念没有变，经营方式没有变，体制机制没有变。这样的转企改制怎么能走向市场呢？怎么能发展壮大呢？要想转变经营方式，必须转变经营理念，必须深化体制机制改革。

1. 转变经营理念。在信息技术革命的背景下，传统出版社必须转变观念，树立现代企业意识、经营理念。数字出版技术的发展是对传统出版技术、阅读方式的革命，它带来的不是阅读体验的消亡，而是无限阅读的诞生。出版社主要领导要跟上科技发展的步伐，认清出版业发展的大势：第一，随着互联网技术的发展，依靠地域性、行业性的保护作用将会越来越小，因为互联网最大的特点就是跨地域、跨行业的。第二，互联网技术的进步使得出版内容越来越贬值。在这种大势面前，出版社如果还固守旧的"渠道为王""内容为王"的经营模式，必然会走向失败的道路。

2. 深化体制机制改革。深化体制机制改革，是加快发展方式转变的必由之路。出版社在完成转企改制的基础上，要按照"三改一加强"的要求，继续深化体制机制改革，加快建立完善现代企业制度。一是要完善法人治理结构，建立符合现代企业制度要求、体现文化企业特点的资产组织形式和经营管理模式，提高出版社的市场竞争能力。二是加快转换内部经营机制，深化以劳动、人事和分配三项制度为核心的内部改革，建立完善的企业领导、企业职工考核制度和激励制度。通过体制改革、机制创新激发出版社全体员工的创造活力，实现出版社的跨越式发展。

3. 建立人才队伍，加强人才储备。在各种要素的发展中，人的自身发展无疑是最重要的。出版社转企改制后，由事业身份转变为企业身份，加快了人员流动，甚至出现了人才流失。人才的发展与储备直接影响和制约着出版社的发展，可以说出版社的建设与发展，队伍是基础，人才是关键。因此，出版社要建立人

才队伍，加快完善人才培养、选拔、考核、激励机制，加大创新型人才、管理和经营型人才引进的力度，建立起一套培养人才、笼络人才、吸引人才的办法和制度。

（二）转变出版方式

传统的图书出版在今后一个时期仍然是出版社的主业。尽管出版社还将以出版图书为主，但需要利用科技发展成果，提高经济效益，让科学技术成果为出版社服务。

1. 提高选题决策的科学性。选题策划是出版的龙头，是出版社出精品的关键所在。选题策划的关键在于前期调研，传统的调研方式只是编辑到书店看看、问问读者，缺乏全面性、科学性和前瞻性。信息化时代出版社可以充分利用互联网，与各书店、卖场、书网建立起通畅的网络连接，按时交换数据。编辑随时能掌握各种图书的销售动态，及时了解读者的需求，使选题策划更加科学、合理。

2. 开拓数字出版模式。随着互联网的普及，越来越多的读者正在通过互联网获得大量的知识和信息。出版社也应该顺应这一潮流，把自己出版的图书、杂志、报纸数字化，并通过网络向读者提供简便、详细的信息，从而实现发展模式的多元化。

3. 建立书网互动模式。随着电脑的普及，不仅可以把大量的图书书影等内容放到网络上让读者下载，还可以把图书中更新的知识以增值服务的形式提供给读者，让读者及时接受到最新的知识。

4. 提高编辑与读者联系的信息化程度。传统意义上的交稿，是作者把齐、清、定的稿子交到出版社，再由出版社提出修改意见。信息化时代，出版社可以通过 ERP 系统建立约稿、审稿平台，让作者写一部分内容给编辑传一部分内容，编辑可以及时对稿子提出相应的修改意见，把握整体写作方向，提高效率。

（三）转变营销方式

营销对出版社来讲是一项极其重要的工作，营销的成功与否直接关系到出版社的回款和效益。在信息化时代，营销方式也要做相应的转变。

1. 销售信息的对接。营销的最终目的是销售，但销售是动态的。传统的信息反馈仅靠图书的回款才能确认图书是否销售出去，这就使信息滞后少则几个月，多则一年半载。如果能在出版社和书店之间实现图书销售数据的实时对接，就能使出版社更加主动地调配货源，及时了解掌握书店的信息，科学、合理地组织生产。

2. 开展网络营销。网络营销目前已经被许多企业所使用，图书作为一种文化产品，更适合这一销售形式。目前图书网络营销的关键是要找到适合的读者，也就是说要在营销中不断掌握准确的读者信息，并要细分读者市场，做到每一本

书都能找到最需要的读者群，这样才能更好地实现网络营销。

3. 打入国际市场。随着经济全球化，我国的图书向海外销售也越来越多，我国的古老文明和先进的思想、知识正逐渐为其他国家所接受。出版社更有机会把自己的图书推向海外市场，因此要放眼世界，通过互联网可以直接同国外出版社、书店建立联系，把中国文化传向世界。目前，中国文化、艺术、书法、中医、建筑类图书很受国外书商的欢迎。

<h2 style="text-align:center">四</h2>

综上所述，虽然出版社已经完成转企改制工作，但是内部经营机制还不完善，现代企业制度还没有建立起来，企业活力还没有激发出来。这些都与出版社发展方式直接相关。因此，加快转变出版社发展方式是当务之急，重中之重。只有加快发展方式的转变，才能实现出版社的跨越式发展，才能为建设出版强国打下牢固的基础。

李伟副部长来中国广播电视出版社检查工作时与中层以上干部合影，前排左起：杨杰、梁刚建、李伟、金德龙、宋培学、王小亮

新闻出版业务篇

他山攻错①

中国文化历史悠久，色彩斑斓。她不仅为炎黄子孙引以为骄傲与自豪，也正受到世界各国学者的重视与青睐。当今西方一些国家（包括日本）汉学盛行，西方的汉学家通过研究中国的历史、文化、语言、文学等来达到了解、认识中国的过去、现在与未来。反过来，国外汉学的发展，又为中国学者研究本民族的文化提供了他山之石。从某种意义上讲，介绍国外汉学名著这块"他山之石"，对我们深入研究华夏文化之历史渊源，认识其深层结构，探寻"不识庐山真面"的原因所在，将会起到更积极的作用。正是基于这个目的，译者翻译了这本书。

本书的作者中野美代子女士是日本当代著名的中国文学研究者。她1933年生于日本北海道札幌市，1956年毕业于北海道大学文学系中国文学专业。毕业后历任北海道大学助教、澳大利亚国立大学助教、北海道大学副教授等职，现任北海道大学语言文化部教授。中野美代子女士专攻中国文学，研究方向为中国近、现代小说。她先后出版了《被沙漠埋没的文字》《孙悟空的诞生》《食人主义论》《海燕》《没有魔鬼的文学》《中国的妖怪》等多部著作。

《中国人的思维模式》是中野美代子女士一本有分量的论著。此书不但题目新颖，而且内容也饶有趣味，引人入胜，阅后令人耳目一新。书中，作者通过对中国文学中的小说研究，通过剖析中国近、现代小说的结构特点、小说家的思想观念、欲求动机及小说中所展示的人物的内在意识、行为规范，透视了中国人的思维模式，探究了中国文化的深层结构。作者以一个外国人的眼光来观察我们这个不久前还残留着宦官、缠足、科举制度的社会，以其独特的角度，评议了我们这个已有深刻变化的民族文化。作者全书的写作特色是以比较取胜。比较之中有横有纵，横向比较以中国与西方比较为主，中国与日本比较为辅；纵向比较贯穿于整个中国古代、近代至现代社会之中。全书观点鲜明，论述精确。虽然有些观点带有片面性，我们难以赞同，但不失为一家之说，可为我国读者提供一定的借

---

① 此文为《中国人的思维模式》（［日］中野美代子著，北雪译，中国广播电视出版社1992年2月第一版）撰写的译者后记，题目后加。

鉴作用。

作者的基本立场对中国及中国人民是友好的，书中对我国一些著名作家如老舍、郭沫若、郁达夫等给予了充分肯定与称赞。本书写作于1974年之前，书中对我国当时社会及文学创作大胆地提出了质疑，而这一时期正是我国的"文化大革命"时期，现在回过头来看，作者十多年前的质疑恰是难能可贵之处。

本书初版发行于1974年，这次翻译是根据1986年第七次印刷本。12年间此书在日本印刷了七次，但作者并没有做任何修改。

本书的翻译工作并不是一帆风顺的，主要是作者广征博引，书中大量出现一些外国人名、书名，而这些人名及书名又是我国编写的外国文学史中一般不收的，这就给查找外国人名、书名的工作带来很大困难。有些个别人名甚至查遍国内工具书也找不到，无奈最后查找日本《西洋人名读法辞典》中的原名写法，再根据商务印书馆出版的《英语姓名译名手册》《法语姓名译名手册》等翻译成中文。

本书的翻译除在忠实于原文的基础上力求完美外，还做了以下几项辅助工作。

1. 对书中与主题无关的个别内容作了少量删节。

2. 增加了注释。全部注释为译者所加，目的是为了非专业读者阅读方便。

3. 对书中出现的笔误直接作了订正。如"元明两代（13—17世纪）"，原书写为"（14—17世纪）"；"贡嘎山（7556米）"，原书写为（7590米）；1954年的《红楼梦》论争，"批判胡适以来的资产阶级文艺观"，原书写为"小资产阶级文艺观"，等等。

由于译者才疏学浅，译文一定会有错误和遗漏之处，恳请读者批评指正。

本书翻译过程中，得到了好友尹成奎的帮助，全书译出后得到了中国广播电视出版社特约编辑李宿哲同志的审校，在此表示诚挚的谢意。

（1991年4月于北京）

文学名著的兼收并蓄①

中国的古典文学，不仅源远流长、浩如烟海，而且种类繁多、体裁丰富。为了让广大的青少年能够在较短的时间内阅读、了解和掌握祖国几千年的优秀文学遗产，初问樵、刘松岭主编的《中国文学名著故事大观》由中国广播电视出版社出版。这套书共分十集，通俗、普及，共230万字，可谓是古典文学名著的兼收并蓄。

这套书的特点之一是文学样式的转换。古典文学名著，其内容的博大、文字的艰深，不能不说是广大青少年阅读的一大障碍，如何将其以浅显易懂、具体形象的形式反映出来，编者们经过深思熟虑，选择了文学样式的转换，即把文学名著改编成文学名著故事。这是一项艰巨的工程，特别是有些文学样式不易改编成故事，如诗歌、戏曲等。但是编者们还是做了不懈的努力。从改编的结果来看，是成功的，不能不说是一个创举。

内容丰富是这套书的另一特点。这套书涉及文学名著100多部，精选出520篇有价值、有趣味的文学故事，包括神话、寓言、传说、诗歌、散文、小说、戏剧等多种文体。阅读全书可知，它不单单以讲故事的形式表现出来，而且将古典文学名著精华完整、系统地呈现在读者面前。特别是广大青少年阅读后，能对中国古典文学名著有一个整体的把握、理解及认识。

可读性强是这套书的又一特色。这套书的读者对象是广大青少年。读者对象的限制，使得这套书不能不考虑它的通俗性和可读性。为此，编者们在不改变原著基本史实、故事情节和人物关系的前提下，作了结构、详略等方面的处理，合情合理地增加了一些细节描写，使得原故事更加生动、有趣，如唐传奇、《三国演义》《西游记》《型世言》中故事改编得精彩夺目、脍炙人口。改编后的故事有头有尾，独立成篇，每篇开头作了简要的背景介绍。并且这套书每集都配有插图，插图画面形象、具体，为读者理解故事内容起到了画龙点睛的作用。

当然，如此大的开创性工程不可能完美无缺，尽管编者们力图反映出中国古

---

① 此文刊载于《光明日报》1995年7月13日第7版。

典文学名著的全貌，书中还是有遗漏，但是它的独到之处还是显而易见，它为文学名著的改编做了可贵的探索。

《中国文学名著故事大观》书影，中国广播电视出版社1995年出版

让中国名人传说代代相传①

我们伟大的祖国，疆域辽阔，历史悠久，文化昌盛，人才辈出。在中华民族数千年的发展进程中，曾产生过无数的著名人物，包括伟大的思想家、政治家、军事家和杰出的文学家、艺术家、科学家。他们的出现，对社会的前进、历史的发展、文化的繁荣、科学的进步曾起过巨大的推动作用；他们的业绩，宛如灿烂的群星，闪耀在华夏的上空，发出美丽、奇异的光彩。

中国名人的事迹，大都赫然载入史册，如司马迁的《史记》中就有"本纪""世家""列传"等，为汉以前的各代名人立下专传，以后历代正史如《汉书》《后汉书》《三国志》《晋书》等，也都为名人树碑立传。中国历代名人在文人笔下大都已经有了固定的模式，他们的形象和功绩将通过史籍流传百世，这方面勿须赘述。然而，中国名人在劳动人民口头中又是如何流传的呢？这是劳动人民的口头创作——民间文学所反映的问题，也是本书所编辑的宗旨。

劳动人民是历史的创造者，他们具有丰富的生产实践经验，朴素的唯物主义思想，无穷的智慧和奇特的想象力。在人类与大自然的斗争过程中，他们对天地的开辟、万物的起源、民族的由来不断形成自己的观念和认识，创作出大量的口头文学。同样，他们对历史的创造者本身也给予极大的关注，并满腔热情地加以讴歌和称颂，这正是为数众多的中国名人传说的由来。

本书所选编的这些由劳动人民口头创作并在广大人民群众中广泛流传的中国名人传说，大多是史籍上找不到的，它们是活的史籍，是活跃在劳动人民口中的一代一代流传下来的史籍。中国名人传说属历史传说的范围，它是劳动人民在历史前进过程中创造的一种口头文学，在很大程度上反映了历史的真实面貌，但是它不等于历史。这些中国名人传说，有的以特定的历史为基础，有的以历史人物为依据，有的则带有幻想和虚构的成份。因此，对它们的价值的认识，不能光从史学的角度，还要从政治学、社会学、民俗学、心理学等角度来加以评判。史籍

---

① 此文为"中国民间故事精品文库"《中国名人传说》一书撰写的前言，题目后加。该书由中国广播电视出版社 1996 年 11 月出版。

中的中国名人是统治阶级写的,而历史传说中的中国名人是劳动人民"写"的,阅读和欣赏劳动人民心目中的中国名人,不能不说另有一番滋味。

这些由劳动人民口头创作的中国名人传说,比起史籍上记载的名人列传来,在反映社会生活方面更为广阔,故事情节更为曲折,艺术风格更富于浪漫主义色彩。这也许是文人创作和劳动人民口头创作的本质差别吧。正因为如此,它也就显得尤为珍贵。

本书所选编的中国名人传说,主要展现以下几个方面的内容。

首先,这些传说反映了中国历代名人的政治理想、创业功绩、精明才干、非凡出身,以及他们为实现自己的政治理想而进行的不屈不挠的斗争。如秦始皇私访蒲州,看见一个商人和农民为使用货币而吵架,便断然进行货币改革,从而中国历史上出现了第一次统一的货币(《秦始皇访蒲州》)。赵匡胤年轻时有武无德,赌博成性,瓜摊王老头以"一文钱点醒英雄汉",使其改邪归正,憋出一番雄心壮志,做了宋朝的开国皇帝(《赵匡胤戒赌》)。朱元璋出身贫苦,从小放牛,要饭,当过和尚,几经磨难,最终做了明朝的皇帝(《朱元璋的传说》)。炎帝神农跟别人不一样,他只有娘,没有爹,他是他娘吃了仙桃所生的(《神农的出生》)。大禹是鲧的心变的。甘罗出身奇特,才干非凡,12岁便当了宰相。关于屈原的传说是名人传说的一个典型,他为了追求自己的政治理想,忠心耿耿,不屈不挠,人民对他的坎坷命运和不幸遭遇更是深切同情。他死以后,人民为了纪念他,编织了许多奇妙的传说,如《神鱼》等。

其次,这些传说讴歌了中国名人的廉洁清正,刚直不阿,不徇私情,大义灭亲。即使在遭受挫折之际,他们也不忘为人民做些有益的事情。包拯上任后,在起用新人时订了三条规矩:一是为事不正者不用,二是为人不智者不用,三是办案不公者不用(《包公清廉的故事》)。努尔哈赤的长子褚英欺君罔上,犯上作乱,努尔哈赤不徇私情,秉公执法,含泪处死了自己的儿子(《努尔哈赤怒斩褚英》)。柳宗元被贬永州,仍然念念不忘为人民兴利除弊,治理污染的溪水,铲除人民久惧的蛇患(《柳宗元改溪名》《妙计杀蛇精》)。人民不忘他,修建庙宇来表示永久的纪念。《白公堤》和《醉翁不醉》的传说,在一定程度上也反映了人民对白居易和欧阳修清明廉政的颂扬。

再次,有些传说称赞开明的君主选贤任能,招贤纳士,知人善用,重用人才。有的为了笼络人才,甚至不惜忍受个人屈辱、牺牲个人利益。尧王私访贤人,得到了才华绝伦的舜,便把君位禅让给舜,而没有传给自己的儿子(《尧王访贤》)。平原君为了得到天下贤士,不惜杀了自己最宠爱的娇妾丽姬(《平原君纳贤杀宠姬》)。曹操为了求得贤士荀彧,寒冬腊月,冒着鹅毛大雪亲自去请,冻得胡子上都结了冰茬(《曹操求贤》)。李世民起初不知勇将尉迟敬德,怠慢了

他，后悔恨自己有眼无珠，为了表示求将的诚意，竟从尉迟敬德的钢鞭下钻了过去（《李世民钻鞭》）。历代有名的帝王，大都以贤唯亲，得贤士者得智谋，得智谋者得天下。

第四，这些名人传说真实地反映了名人成名的艰难历程，热情赞扬了他们虚心求学、博采众长、刻苦钻研、磨练技艺的精神。如《鲁班学艺》讲述了鲁班青年时代不畏艰险，跑到万里以外的终南山去投师学艺，传说表现了鲁班在学艺中的耐心、决心和不折不挠、刻苦钻研的精神。张仲景年轻时在医学上就很有名气，但他还是勤奋好学，四处寻访名医。为了学到高超医术，他到了"王神仙"的同济药堂里当伙计，一边拿药，一边留心王神仙给人看病，终于学有所成（《襄阳访医》）。王羲之临池学书，天长日久，池水变黑，练就笔力千钧，入木三分（《墨池》）。李白到了晚年，还不满足于自己的学问，经常游历名山大川，寻师访友。当他听说高声吟诗的老翁许宣平隐居深山时，便长途跋涉，寻找三月，终于找到老翁，拜师探艺（《李白求师》）。

第五，这些名人传说也再现了传说中的一个永恒的主题——忠贞的爱情。中国古代传统婚姻爱情的模式是郎才女貌，才子佳人，这在名人传说中得到了充分体现。如《范蠡寻西施》描写了春秋时期越国的范蠡，英俊少年，足智多谋，他在走访民间途中遇见西施。两人一见钟情，但为了雪洗国耻，西施委曲求全，远嫁敌国，暗中与范蠡同操国事，不出数年，终于报仇雪恨。功成名全之日，双双又隐退湖光山色之中，成为千古美谈。明末复社书生冒辟疆，在一个偶然的机会中与著名歌女董小宛一见倾心，双双遁迹杭州，结为夫妻。谁知婚后不久，清兵攻陷杭州，董小宛被洪承畴掳走献给顺治皇帝，冒辟疆流落他乡。虽然顺治皇帝对董小宛十分爱怜，但董小宛对冒辟疆忠贞不渝，"玉石可碎，而志不可夺"。连顺治皇帝也感叹不已："我赫赫大清皇帝，不及一个民间书生啊！"（《董小宛忠贞不渝》）

尽管中国古代的传统婚姻注重外在美和自然美，但也不乏追求内在美和心灵美，《诸葛亮招亲》就是一个典型。诸葛亮的妻子阿丑长得黑面黄发，却知书达礼，才分过人，上懂天文，下晓地理。诸葛亮相中了她的才智，与之结为夫妻。此外，刘邦娶的吕雉、朱元璋娶的马氏，都是贫民女子，他们看中的也是人品和心灵。

纵观中国名人传说，可以说它是一部别开生面的中国名人的评传，它与史学家、作家的专门著作，可以互作补充，交相辉映，使广大读者从多侧面、多角度领略中国名人的形象与性格。

本书所搜集的中国名人传说上起史前，下迄清末，共计173篇，涉及中国著名人物百余人。全书分三大部分：帝王将相传说、才子佳人传说、文化科技名人

传说。每一部分按历史人物的时代顺序编排。中国名人传说属于历史人物传说的一部分，主要应包括帝王将相、清官、农民起义领袖、才子佳人、文学艺术家、能工巧匠、名医及科学家。因农民起义领袖这部分已收入《中国民间英雄传奇故事》一册，故本书省略。清官本书归入"帝王将相传说"部分，能工巧匠、名医及科学家统一归入"文化科技名人传说"部分。本书中的大标题"文化科技名人传说"的文化名人与"才子佳人传说"的才子有交叉，但我们的编排原则是：著名诗人、作家、画家、书法家归入文化名人，一般表现名人的才气、应变能力归入才子部分。另外，"才子佳人传说"部分侧重选入"佳人"。

由于本书编辑时间仓促，搜集工作还不够深入，致使许多中国名人传说遗漏，已收的自然科学家部分还显得比较单薄，这是深感不足的，敬请广大读者批评指正。

（1995年9月于北京）

1996年5月作者与剧作家史健全商谈图书《无悔追踪》出版事宜

索引编纂史上的里程碑①
——评介《大型古籍索引丛书》

一套《大型古籍索引丛书》，首批五种《十三经新索引》《史记索引》《汉书索引》《后汉书索引》《三国志索引》不久将与读者见面。近日，该丛书的两种《史记索引》（修订版）、《汉书索引》已由中国广播电视出版社出版，其余三种亦将于今年年底面世。看着眼前摆放的这两部鸿篇巨制，不禁使人望书兴叹。

给大型古籍编制索引，确实是一件有重大社会意义的工作，然而并非易事。从上世纪初始，曾有不少学人为之努力过。首先，30 年代叶圣陶先生手工编成《十三经索引》，为研究古代文史的学者提供了很大的方便，成为他们长期使用的工具书，自初版印行以来，多次重印。其次，40 年代哈佛燕京学社引得编纂处也曾编辑一些经书引得。这些经书引得可检索出经文的每字每句。新中国成立后，虽然也编辑出版过一些索引及引得，但大多是专项索引或是小篇幅典籍的索引，给大型古籍编制索引，特别是给大型古籍编制字索引，几乎无人问津。这套《大型古籍索引丛书》除《十三经新索引》外，前四史的索引可以说是开山之作，开创了索引编纂史上新的时代。

即使是《十三经新索引》，也与叶圣陶先生编制的《十三经索引》有所不同。《十三经索引》是句索引，它只能检索到以某字开头的句子，而无法检索出该字处于其他位置的情况。而《十三经新索引》却是逐字索引，它可以检索十三经中的任何一个字在句中任何位置的所有用例。

这套丛书是人工与计算机合作的一大成果。以往编纂索引、引得之类的书籍，完全是用人工。经验告诉人们，字数在 20 万字以上的典籍，用人工编纂详尽、准确的索引是非常困难的。而《大型古籍索引丛书》则是文理结合使用计算机编纂成的。所谓文理结合是指该套丛书的两位主编李波、李晓光先生。李波先生是广东嘉应大学中文系教授，长期从事古代文献研究工作；而李晓光先生则是北京联想集团的总工程师，计算机软件的设计者。他们一文一理，相得益彰，

---

① 此文发表于《中华读书报》2001 年 9 月 19 日第 11 版。

而且学风严谨，一丝不苟，埋头苦干，锲而不舍，经十余春秋编纂成这套丛书。这套丛书每部书除史料的输入，词的划分，编码对照表的设计采用人工外，其余的工作，如字、词查频，语料库的建立，排序、索引生成，检查及排版输出等，全部由计算机来完成。

这套索引功能齐备，检索方便。丛书的主要功能是单字索引，即每部索引都可以检索出该典籍中的任何一个字在所有句中任何位置的用例，且每个单字后边有该字在该典籍中出现的次数，《十三经新索引》除列出该字在十三经中出现的总次数，还列出每经分别出现的次数。这是丛书的每部索引都具备的功能。除单字索引外，《十三经新索引》还有人名、地名、职官、引书、其他专有名词（包括神名、天文名词、乐曲名、舞蹈名、诗文名）等五种专项索引，前四史索引还有人名、地名、援引著作、专有名词（包括天文名词、年号名、神仙名、学派名等）、补遗、衍文等专项索引。这些专项索引具有很高的学术价值和使用价值，为各学科的研究者从古代典籍中汲取自己需要的多种信息提供了极大的便利。每部索引后均有附录，附录列部首检字表、拼音检字表和四角号码检字表，还列人名、地名、援引著作、专有名词、补遗和衍文等检索表，检索简捷，使用方便。

《史记索引》1989年10月第一版，至今已过十余年；《十三经新索引》1997年4月第一版，至今也已过四年。经过研究者多年使用，屡试不爽，可见这两部书的质量非常过硬。这次出版的这套丛书中的《十三经新索引》《史记索引》是修订版，出版前编纂者又将索引与中华书局数种标点本一一核对，数次校订后用计算机重新处理而成，是几乎没有差错的索引。其他三种《汉书索引》《后汉书索引》《三国志索引》，虽然是第一版，但同样都是采取上述方法编纂而成的，可以说在图书质量上是足以信赖的。

当然，这套丛书也不是完美无瑕，正如丛书的顾问陈原先生在总序中所说，交叉检索的功能未能发挥得尽如人意，检索的速度也有局限，这只能寄希望于将来利用这个成果制成的光盘了。

《大型古籍索引丛书》书影，中国广播电视出版社2001年至2003年陆续出版

梁实秋与《莎士比亚全集》①

一

　　莎士比亚是英国文艺复兴时期伟大的戏剧家和诗人，他除了早期创作一些诗歌外，主要作品是戏剧，现存的剧本共有 37 部。莎士比亚的戏剧情节生动丰富，语言精炼优美，对欧洲文学和戏剧的发展有重大影响；他的诗集也以感情丰富、诗句绚烂而著称，可以说莎士比亚的作品是永恒的经典。

　　莎士比亚戏剧的最早中译本，是田汉的《哈孟雷特》，发表在 1921 年的《少年中国》杂志上。之后，1926 年张采真译《如愿》，1930 年戴望舒译《麦克倍斯》。然而，在中国翻译莎士比亚的作品最具代表性的人物当属两人：一位是朱生豪，一位是梁实秋。朱生豪从 1937 年开始翻译莎士比亚作品，至 1944 年先后译有喜剧、悲剧、杂剧等 31 种，可惜他英年早逝，有六个历史剧和全部诗歌没有来得及翻译。梁实秋 1930 年开始着手翻译莎士比亚的戏剧，从 1936 年商务印书馆首次出版他译的莎士比亚戏剧 8 种，至 1967 年最终完成《莎士比亚全集》的翻译并出版，共历时 37 年。梁实秋是中国独自一人翻译《莎士比亚全集》的第一人。

二

　　梁实秋是中国现代著名作家、文学批评家、文学翻译家。他 1903 年 1 月生于北京，1915 年考入清华留美预备校，1923 年 8 月赴美留学，专攻英语和英美文学。1926 年夏回国于南京东南大学任教，先后任暨南大学、青岛大学、北京大学、北京师范大学等校外文系教授、系主任。1948 年移居香港，1949 年到台湾，先后任台湾省立师范大学、台湾师范大学、台湾大学教授，台湾编译馆馆长。1987 年 11 月 3 日因心脏病病逝于台北。

　　梁实秋平生主要有三大成就：一是文学创作与文学评论，他出版的散文、小

品、杂文集多达20多种；二是编纂英汉词典，他编写了30多种英汉字典、词典及英文教科书；三是翻译《莎士比亚全集》，这也是耗时最长、用精力最大的一项工程。可以说梁实秋不愧为一代文学大师、翻译大师。然而，新中国成立后，梁实秋的作品并没有在内地继续出版，这是有历史原因的。

上个世纪二三十年代发生的文学论争，是在左翼作家和右翼作家之间展开的，而梁实秋是当时的新月派的代表人物，也是现代评论派的成员。1928年《新月》杂志在上海创刊，梁实秋发表文章，提出文学无阶级性，鲁迅和其他左翼作家多次撰文与之论战。抗日战争爆发后，梁实秋只身南下，在重庆《中央日报》编辑副刊，提出文学可以与抗战无关的主张，受到了进步作家的批评。两次论争之后，梁实秋在革命阵营和进步人士中的名声不大好。

1948年冬，梁实秋经过痛苦的抉择后作出了众所周知的选择。他几经周折，辗转到香港，翌年6月到台湾。

解放后，梁实秋的名字是与"丧家的资本家的'乏'走狗"联系在一起的，尽管梁实秋翻译和出版莎士比亚的戏剧都比朱生豪早，但梁实秋的译本并没有在内地流传。1954年人民文学出版社出版了朱生豪翻译的《莎士比亚戏剧集》，共12卷，收莎士比亚31部戏剧，此后内地一直沿用这个译本。1978年人民文学出版社又以朱生豪译本为基础，经方平等人补译，出版了《莎士比亚全集》11卷，所收剧目37部，现在流行的就是这个版本。然而，梁实秋翻译的《莎士比亚全集》不仅历时长、工程大，而且尚有鲜为人知的奇特经历。

三

梁实秋在晚年回顾他翻译《莎士比亚全集》的经历时说："使我能于断断续续30余年完成莎士比亚全集的翻译者，有三个人：胡先生、我的父亲、我的妻子。"

其实，翻译莎翁的剧作不是梁实秋个人的选择，而是胡适先生的倡导。正由于胡适先生的倡导合乎梁实秋读第一流书的主张，才使得梁实秋接受了这个挑战。1930年，任职于中华教育基金董事会翻译委员会的胡适，雄心勃勃地制定了一个翻译莎士比亚全集的计划。胡适共物色五人担任翻译，他们是闻一多、徐志摩、陈西滢、叶公超和梁实秋，计划五至十年完成。对这样一个庞大计划，梁实秋从一开始态度就十分积极，他不仅明确答应承担一部分任务，而且拟定了八条具体实施计划，得到了胡适的首肯。从此，梁实秋文学实践中极其壮丽辉煌的诗篇开始了，他个人的命运注定和伟大的莎士比亚的名字联系在一起。他没有辜负胡适先生的期望，以难以置信的毅力年复一年地工作着。特别是当闻一多、徐志摩等四人临阵退出，梁实秋便一个人把全部任务承担起来。胡适先生对梁实秋的翻译工作一直非常关心。有一次，他赴美国开会，临行前还带了梁实秋刚译完的《亨利四世》，说："我要看看你的译本能不能让我一口气读下去。"胡适还对梁实秋说，等全集译成之时他要举行一个盛大的庆祝酒会。可惜，全集译成开酒会之时胡适已经去世了。

抗战爆发前梁实秋完成了八部莎翁剧作的翻译工作，四部悲剧，四部喜剧。"七七事变"后，为了躲避日寇的通缉，梁实秋不得不逃离北京，抗战八年间他几乎中断了莎翁剧作的翻译。抗战胜利后梁实秋回到北京，在北京师范大学任教，课余之暇，他又把荒废多年的莎翁剧作翻译工作重新开始。这时父亲已满70岁。有一天，老态龙钟的父亲拄着拐杖走进梁实秋的书房，问莎剧译成多少，梁实秋很惭愧这八年交了白卷，父亲勉励他说："无论如何要译完它。"一句话，说得梁实秋心头发热，眼含热泪。他说："我就是为了他这一句话，下了决心必不负他的期望。"

梁实秋一个人承担起莎士比亚全集的翻译工作，在当时的情况下，一没有稳定的环境，二没有可查阅的资料，其翻译中的困难可想而知。如果没有妻子程季淑给予最直接的鼓励与支持，梁实秋不可能完成这项浩大的工程。妻子程季淑经常询问梁实秋一天译了多少字，当梁实秋告诉她译了3000多字时，她就一声不响地翘起她的大拇指。她虽然不看梁实秋的译稿，但很愿意知道梁实秋译的是些什么，所以莎士比亚的几部名剧故事程季淑都相当熟悉。当梁实秋伏案不知疲倦时，程季淑不时地来喊他："起来！起来！陪我到院里走走。"她这是让梁实秋休息。梁实秋回忆说："我翻译莎氏，没有什么报酬可言，穷年累月，兀兀不休，其间也很少得到鼓励，漫漫长途中陪伴我、体贴我的只有季淑一人。"

像漫长无尽的马拉松赛跑一样，梁实秋在经历了顽强拼搏之后，终于到达了终点。1967年，由梁实秋一个人独立翻译的莎士比亚37种剧本全部出齐。这个奇迹极大地震撼了台湾文化界。8月6日，台湾的"中国文艺协会""中国青年写作协会""台湾省妇女写作协会""中国语文学会"等团体联合发起，在台北举行了300多人参加的盛大庆祝会，向为中国文化建设事业建立功勋的梁实秋致敬。当天的《中华日报》报道说梁实秋是"三喜临门"："一喜，37本莎翁戏剧出版了；二喜，梁实秋和他的老伴结婚40周年；三喜，他的爱女梁文蔷带着丈夫邱士耀和两个宝宝由美国回来看公公。"

此后，梁实秋没有松劲，又用一年的时间译完了莎士比亚的三部诗集。至此，梁实秋翻译的《莎士比亚全集》40册算是名副其实地完成了。

四

梁实秋翻译的《莎士比亚全集》第一版由台湾远东图书公司1967年出版，

1968 年全集 40 册出齐。当年出版梁实秋的译本时轰动了整个台湾,高中、大学、社会人士几乎人手一本,甚至许多学校还指定其为阅读书籍。梁实秋在翻译出版《莎士比亚全集》过程中,与远东图书公司老板浦家麟结下了深厚的友谊,他们约定,莎氏全集译好后全部交给远东,远东出资一次买断,所以至今《莎士比亚全集》梁译本的版权仍归远东图书公司所有。

梁实秋的中英文造诣皆首屈一指,当年台湾中学生没有英文教科书上课,浦家麟即找到梁实秋,请求他编写英文教科书。梁实秋风趣地对浦家麟说:"您是食客,我是大师傅,您点什么,我就做什么!"因而与远东图书公司展开了一系列出版物的合作。

最近,中国广播电视出版社从台湾远东图书公司引进版权,出版了梁实秋翻译的《莎士比亚全集》中英文对照版,这是梁译本《莎士比亚全集》以中英文对照的形式首次在内地出版发行。梁译本的最大特点为:白话散文式的风格;直译,忠实于原文;全译,决不删略原文。除此之外,梁译本还有独到之处:一是加了注释。莎翁作品原文常有版本的困难,晦涩难解之处很多,各种双关语、熟语、俚语、典故也多,猥亵语也不少,梁实秋不但直译,而且加了大量注释,帮助读者理解原文。二是每剧前都加了序言。序言中对该剧的版本、著作年代、故事来源、舞台历史、该剧的意义及批评意见等均有论述。正因为梁译本有如此特色,广电社出版的中英文对照版《莎士比亚全集》将会受到读者和学界的广泛欢迎。

2000 年 3 月中国广播电视出版社与台湾远东图书公司签订梁实秋译《莎士比亚全集》出版合同,左起:宋培学、王敬松、浦永坚、浦夫人

梁实秋译中英文对照版《莎士比亚全集》书影，
中国广播电视出版社 2002 年出版

学林之盛事 学界之利器①
——评前四史索引

前四史索引中的两种《史记索引》《汉书索引》，已由中国广播电视出版社出版，其余两种《后汉书索引》和《三国志索引》亦将很快面世。看着眼前摆放的这两部厚重的大书，不禁使我欣喜异常，感慨良多。应该说前四史是中国古代典籍中四部最重要、最有价值的史书，它不仅是文史工作者必读的经典文献，也是研究工作中不可缺少的资料宝库。能够给这四部大型古籍编制成逐字索引的工具书，不能不说是当今学林的一件盛事，它也必将成为今后学界新的利器。

纵观前四史索引的编纂，它有以下几大特点。

第一，开创索引编纂史上新的时代。给大型古籍编制索引，确实是一件有社会意义的工作，然而并非是一件容易的事情。从上世纪初始，曾有不少学人为之努力过。30 年代叶圣陶先生编成《十三经索引》，为研究古代文史的学者提供了很大的方便，成为他们长期使用的工具书。40 年代哈佛燕京学社引得编纂处也曾编辑一些经书引得，这些经书引得可检索出经文的每字每句。新中国成立后，虽然也编辑出版过一些索引及引得，但大多是专项索引或是小篇幅典籍的索引，给大型古籍编制索引，特别是给前四史编制字索引，几乎无人问津。这套前四史的索引可以说是开山之作，开创了索引编纂史上新的时代。

第二，人工与计算机合作的一大成果。以往编纂索引之类的书籍，完全靠人工来完成。当年叶圣陶先生编制《十三经索引》时靠的就是手工，叶先生以通行的《十三经》刻本为底本，亲手断句，由家人共同剪贴编排而成，其事非常繁琐、艰巨。据说一天正在家中整理所记卡片，一阵风由窗而进，将桌上的卡片吹散，有的散落，有的丢失，可见其多么不容易。经验告诉人们，字数在 20 万字以上的典籍，用人工编纂详尽、准确的索引是非常困难的。而这套前四史索引则是文理结合使用计算机编纂成的。每部书除史料的输入，词的划分，编码对照表的设计采用人工外，其余的工作，如字、词查频，语料库的建立，排序、索引

---

① 此文发表于《光明日报》2002 年 10 月 10 日 C1 版。

生成，检查及排版输出等，全部由计算机来完成。

第三，功能齐备，检索方便。前四史索引的主要功能是单字索引，即每部索引都可以检索出该典籍中的任何一个字在所有句中任何位置的用例，且每个单字后边有该字在该典籍中出现的次数。除单字索引外，还有人名、地名、援引著作、专有名词（包括天文名词、年号名、神仙名、学派名等）、补遗、衍文等专项索引。这些专项索引具有很高的学术价值和使用价值，为各学科的研究者从古代典籍中汲取多种信息资料提供了极大的便利。每部索引后均有附录，附录列部首检字表、拼音检字表和四角号码检字表，还列人名、地名、援引著作、专有名词、补遗和衍文等检索表，检索简捷，使用方便。

最后，无讹无误，可以信赖。《史记索引》1989 年 10 月第一版，至今已过十余年。经过研究者多年使用，屡试不爽。这次出版的前四史索引中的《史记索引》是修订版，出版前编纂者又将索引与中华书局数种标点本一一核对，数次校订后用计算机重新处理而成，是几乎没有差错的索引。另外，在版式上也做了调整，索引的字或词在引文中用圆圈来表示，使索引更加规范。其他三种《汉书索引》《后汉书索引》《三国志索引》，虽然是第一版，但同样都是采取上述方法编纂而成的，可以说在编纂质量上是足以信赖的。

当然，前四史索引的编纂也不是十全十美，如索引引出的文句是按部首笔画顺序排列的，而不是按在该典籍中出现的先后次序排列的，这样对史学研究者查找资料稍有不便。另外，交叉检索的功能未能发挥得尽如人意，检索的速度也有局限，这只能希望在以后的修订版中有所改进。

2001 年 5 月作者与《大型古籍索引丛书》主编李波合影

出版史上的旷世之作①

今天，我们在这里隆重集会，举行《资治通鉴书法卷》的首发仪式。在此，我谨代表中国广播电视出版社向该书的正式出版、发行表示热烈的祝贺，向该书作者陈木香先生表示崇高的敬意。

《资治通鉴》是北宋著名史学家司马光主编的一部多卷本编年体史书，共294卷，历时19年才完成。它以时间为纲，事件为目，记载了从周威烈王二十三年（公元前403年）起，到五代后周世宗显德六年（公元959年）止，包括16朝1362年的历史。它是我国第一部编年体通史，在我国官修史书中占有极其重要的地位，与西汉司马迁的《史记》一起被誉为我国史书的"双碧"。书中揭示了深刻的儒家思想和人类社会发展演变的规律，是我国传统文化的重要组成部分，对我国政治、经济、文化、科技、军事等各个方面均产生了深远的影响。

陈木香先生从小立志从文，酷爱文学、史学、书法，自学成才，从事文化工作30余年。用优秀的文化艺术报效祖国、服务社会，是他不懈的追求和奋斗目标。陈木香先生对《资治通鉴》情有独钟，工作之余，研读30余年，精心打造《资治通鉴》文化工程是他的人生梦想。为了这个梦想，他辞去职务，隐居山东平度，在极其艰难的困境中，奇迹般地完成了400多万字的《资治通鉴》小楷书法6000余米长的旷世之作。可以说，创作《资治通鉴》小楷书法长卷，他是第一人。充分体现了他对祖国的无限热爱，对文化艺术的痴迷追求。陈木香先生的文化苦旅，执着情怀，实在令人赞叹和钦佩。

鉴于《资治通鉴书法卷》重要的文史学术价值和书法艺术价值，由中国南方文化信息传播中心出资，中国广播电视出版社面向社会正式出版了这部旷世之作。在这部浩瀚的书法卷中，陈木香先生编入了历代帝王、名人插图365幅，并编写了各朝代简介。全书共14720页，古籍线装92册。《资治通鉴书法卷》的出版、发行，不仅是出版界的一件大事，也是文化艺术界的一件大事。这是推动社

---

① 此文为在"《资治通鉴书法卷》出版发行仪式暨陈木香个人书法展"上的讲话，题目后加。

会主义文化大发展、大繁荣的重要举措，也是提高我国文化软实力、推进社会主义文化强国建设的重大成果。它的出版、发行，不仅有良好的社会效益，而且具有极其高雅的欣赏价值和极其珍贵的收藏价值。

再次感谢各位来宾的光临，感谢陈木香先生，感谢中国南方文化信息传播中心，感谢新华网书画视频制作中心，感谢各位同仁的共同努力，感谢为此书的出版、发行付出了心血与汗水的所有的朋友们。

（2013 年 3 月 23 日于全国政协礼堂）

我国将帅文化的一项重要成果①

今天，我们在这里隆重集会，举行《古代将帅演义》的出版座谈会暨向国防大学、军事科学院、解放军报社赠书仪式。在此，我谨代表中国广播电视出版社向该书的正式出版、发行表示热烈的祝贺，向该书作者李荣泰先生表示崇高的敬意。

李荣泰先生所著的《古代将帅演义》，全书共8卷，310余万字，2863页。2012年12月已由中国广播电视出版社出版、发行。该书是我国第一部全方位描写、歌颂古代将帅文化的长篇文学作品，是我国第一部完整的武将英雄史诗。书中塑造了华夏历史上240位主要将帅、3600余位次要将领的光辉形象。小说以历史演进为经线，以人物事迹为纬线，在叙述战争的起因、经过、结局等过程中，刻画了历代将帅在保家卫国的战争中英勇顽强、刚毅睿智的性格，描写了他们"运筹帷幄之中，决胜千里之外"的传奇故事和战略战术，讴歌了他们为了国家、民族、人民的正义事业血战沙场、马革裹尸的高尚情操和凛然正气。在这些将帅的身上，深深体现了我国传统文化中仁、义、礼、智、信的精髓，显示了中华民族的脊梁、风采。他们是中华5000多年文明史的中流砥柱，他们是中华民族的磅礴气、精气神、主力军、先锋队。

这是一部展示我国5000多年将帅文化的百科全书，也是学习我国古代兵法的重要资料，对弘扬我国古代优秀的军事文化、对青少年进行传统文化教育具有重要价值。该书的出版，填补了我国长篇将帅章回小说的空白，是我国将帅文化出版史上的一件大事，也是我国新时期文化强国建设的一项重要成果。

作者李荣泰先生原是河南省南阳市国资委政治部副主任，曾写过大量公文，又业余从事新闻写作30余年，文字功底非常扎实。他从小对冷兵器时代的武将情有独钟，几十年痴迷于将帅文化的探索和研究。在繁忙的工作之余辛勤地收集、整理各种关于我国古代将帅的资料，跑遍了全国大大小小的图书馆、新华书店，用古人所说的"三余"时间进行该书的创作。作者兢兢业业、锲而不舍、

悬梁刺股、滴水穿石，几十年如一日，从诸子百家、二十六史、古代白话小说等数百种正史、野史、杂史中收集、整理、总结了上千万字的古代将帅资料，花费十余年时间，历经千辛万苦，最终完成了这部 310 余万字的巨著。该书的创作经历充分体现了作者对祖国优秀传统文化的无限热爱，对我国古代将帅文化的痴迷追求。李荣泰先生的写作苦旅，报国情怀，实在令人赞叹和敬佩。

该书的出版、发行得到了社会各界的大力支持，同时也得到许多领导、将军、朋友以及河南南阳市委、市政府的指导、关心、帮助和资助。在此一并向他们表示衷心的感谢。

（2013 年 5 月 10 日于解放军报社）

一代大师的书写精神①

今天，我们在这里隆重集会，举行"陈木香先生书法艺术作品展"开幕式。在此，我谨代表中国广播电视出版社向此次展览表示热烈的祝贺，向陈木香先生表示崇高的敬意。

陈木香先生从小立志从文，酷爱文学、史学、书法等，自学成才。小时候在父亲的教诲下开始练习书法，五六岁就能为左邻右舍写春联。1968 年 10 月起他先后在临湘市教育局、文化宫、市委办公室工作，后任市文化局副局长，从事文化工作 30 余年。用优秀的文化艺术报效祖国，服务社会，是他不懈的追求和奋斗目标。陈木香先生对《资治通鉴》情有独钟，工作之余，研读 30 余年，精心打造《资治通鉴》文化工程是他的文化梦想。为了这个梦想，他辞去职务，隐居山东平度，在极其艰难的困境中，奇迹般地完成了 400 多万字的《资治通鉴》小楷书法 6000 余米长的旷世之作。大家知道，《资治通鉴》是北宋著名史学家司马光撰的一部多卷本编年体史书，在我国官修史书中占有极其重要的地位，与西汉司马迁的《史记》一起被誉为我国史书的"双碧"。书中揭示了深刻的儒家思想和我国社会发展演变的规律，是我国传统文化的重要组成部分，对我国政治、经济、文化、科技、军事等各个方面均产生了深远的影响。

鉴于《资治通鉴》具有如此重要的史书地位，那么用小楷书法的形式书写《资治通鉴》就显得尤为珍贵。为此，中国广播电视出版社于 2012 年 11 月出版了陈木香先生撰写的《资治通鉴书法卷》，这套书共 92 卷，大 16 开，古籍线装，分平装和精装两种版本。2013 年 8 月我社又出版了陈木香先生编撰的《资治通鉴锦言妙语》一书。不久我社还将出版陈木香先生编撰的《资治通鉴名人简编》等图书。《资治通鉴》系列图书的出版、发行，充分证明了陈木香先生对祖国的无限热爱，对优秀传统文化的痴迷追求。陈木香先生的文化苦旅，壮烈情怀，实在令人赞叹和钦佩。

---

① 此文为在湖南岳阳市文化艺术会展中心举办的"陈木香先生书法艺术作品展"开幕式上的讲话，题目后加。

陈木香先生撰写的《资治通鉴》系列图书的出版、发行，不仅是出版界的一件大事，也是文化艺术界的一件大事。这是推动社会主义文化大发展、大繁荣的重要举措，也是提高我国文化软实力、推进社会主义文化强国建设的重大成果。这些图书的出版、发行，不仅具有良好的社会效益，而且具有极其高雅的欣赏价值和极其珍贵的收藏价值。

陈木香先生是湖南岳阳人，虽然多年在外，但对岳阳、对家乡人民时时刻刻不忘，"谁言寸草心，报得三春晖"。这次借举办个人书法艺术作品展览之机，特意书写北宋文学家范仲淹的名篇《岳阳楼记》（长两丈五，宽一丈），献给岳阳市人民，充分表现了他对故乡人民魂牵梦绕的情怀。

再次感谢各位来宾的光临，感谢陈木香先生，感谢湖南岳阳市委、市政府，感谢岳阳市委宣传部，感谢各位同仁的共同努力，感谢为《资治通鉴》系列图书的出版、发行付出了心血与汗水的所有朋友们。

祝"陈木香先生书法艺术作品展"圆满成功。

（2013 年 11 月 14 日于岳阳市文化艺术会展中心）

对两篇论文的评价①

《"五四"时期初步觉醒的青年自身弱点的深刻而丰富的揭示——〈伤逝〉悲剧原因试析》《市场意识与文化自觉——对电影合拍的两点战略思考》，是王卫平同志两篇很有分量的论文。说其有分量，不仅仅因为其字数多（前者一万余字，后者8000余字，在《电影通讯》上两期连载），而且因为其内容丰富，思想深刻，论述精辟，见解独到，对名家的作品分析和电影行业的战略思考确实有重要的指导意义。

第一篇论文是对鲁迅的作品《伤逝》进行分析。《伤逝》是鲁迅唯一的一部反映青年男女爱情的短篇小说，它描写了涓生和子君恋爱、同居，以至爱情破灭的全过程。论文重点对《伤逝》悲剧原因进行分析，但作者不是简单地满足和停留在揭示悲剧的社会、经济原因，而是通过作品展示的当时社会的诸种复杂因素是怎样渗透和作用于人物本身，人物又是怎样在自己的生活环境中自己酿造了自己的爱情悲剧的，从而探究作品的社会意义。通过对涓生、子君人物形象、性格分析，作者得出他们爱情悲剧形成的过程有以下因素：一是小知识分子自身局限；二是个性解放主义思想给他们带来了不良影响；三是封建礼教对他们灵魂潜移默化的啃噬；另外也包含着性的因素。《伤逝》悲剧原因分析独到、透彻，作品思想内涵揭示深刻，堪称一篇名家作品分析的佳作。

第二篇论文从市场意识和文化自觉两个方面提出了对电影合拍的战略思考。上个世纪90年代前半期，与境外合作制片成为大陆影业关注的热点，全国几乎所有故事片厂家一致认为电影对外合拍是一条迅速熟悉、掌握并进入市场的捷径，也是救赎乃至振兴大陆影业的一个机遇。然而，令人遗憾的是：就整体情形上看，电影合拍的发展，并未形成自觉的战略态势，究其原因，是未能具备自觉的市场意识。作者从市场意识和文化自觉两个方面对电影合拍提出了战略思考，作者认为电影对外合拍的指导原则是"以我为主"，具体的表现就是"拿"进来和"打"出去。"拿"进来的应该是有益于我们面对市场、振兴影业的技巧、办

---

① 此文为给中国广播影视出版社王卫平社长申报副高职称的两篇论文的鉴定。

法、手段和经验，而其相应的准备则是充分的市场意识。"打"出去的应该是我们的文化，是文化中的精华。对此在战略上，则应有一种文化的自觉。这两个方面都是"以我为主"的战略步骤，能否对这两个方面给予并重和自觉，将是对我们电影合拍得失功过的检验。论文思路清晰、明确，观点阐述深刻、到位，对电影合作制片具有重要的指导作用。

通过对上述两篇论文的鉴定，我认为作者完全具备副高职称的水平。

（2014 年 8 月 5 日于中国广播影视出版社）

汉字快速记忆的可贵探索①

今天，我们在这里举办《世民汉字快速记忆法》研讨会，首先我代表中国广播影视出版社向这本书的出版及研讨会的召开表示祝贺，向各位来宾、专家学者的光临表示欢迎。

其次，谈谈赵世民先生。赵先生与我们出版社有着很深的渊源。1995年我社罗林平副社长在《人民文学》杂志上看到赵先生发表的随笔《汉字悟语》，就主动与赵先生联系，要为他出书。1997年《汉字悟语》在我社出版，这是赵先生的第一部学术著作。2003年，中央电视台就是凭着《汉字悟语》这本书，邀请赵先生到中央电视台《历史长河·文字篇》里担任主讲嘉宾。2005年，中央电视台《百家讲坛》又凭《历史长河·文字篇》，邀请赵先生在《百家讲坛》担任主讲专家，主讲《探秘中国汉字》。2007年，美国哥伦比亚大学又因《百家讲坛》邀请赵先生去哥伦比亚大学担任《文化中国》主讲专家，主讲《汉字是中国文化的基因》。2014年我社科教编辑室主任任逸超又根据《百家讲坛》，主动找到赵先生诚恳求稿，于是赵先生就将《世民汉字快速记忆法》交给任逸超编辑出版。2015年2月，我社正式出版了《世民汉字快速记忆法》。所以我说赵先生与我社有很深的渊源，从1995年至今已有20年的历史。

再次，谈谈这本书。《世民汉字快速记忆法》是赵先生潜心30年研究的一种快速识字的方法。它依托汉字原创象形、象声、象事、象征四种方法，挖掘汉字的内在规律，发现了"一音多字求同义""一根多字求同性""一字多义求同源"的"三求同"方法，解决了汉字难识、难读、难用的"三难"问题。这无论是对小学生识字，还是对外汉语教学，都能极大提高认识汉字的速度。如果一个初学汉语的人，能在一年之内认识5000个常用汉字，就能为他以后学习中国历史、文化扫清识字障碍，这对提高中国文化的世界地位有着深远的意义。

《世民汉字快速记忆法》，对700多个音节、5624个汉字作了生动、独到的诠释。在多年的教学实践中，确实起到了神奇的效能，达到了多快好省的效果。

---

① 此文为在《世民汉字快速记忆法》学术研讨会上的讲话，题目后加。

这对推动汉语语言文字走出国门，面向世界有着极其重要的意义。

《世民汉字快速记忆法》，不仅是赵先生的一部学术专著，而且是一部很实用的工具书，无论是对中国的小学生，还是外国留学生，除了认字、识意之外，还能起到查阅、检索的作用。对出版社来讲，出版这样的书，不仅有实用价值，而且有重要的社会意义。我相信，这部书的出版一定会取得不同凡响，获得良好的社会效益。

我作一个简短发言，就算一个开场白吧。

最后祝研讨会圆满成功。

（2015 年 4 月 9 日于中国广播影视出版社）

2015 年 8 月中国广播影视出版社在中国国际影视节目展上举办图书和影视优秀作品推介会，图为会后合影

充分发挥评论的应有作用①
——2016 年评论类优秀作品点评

　　新闻评论在广播电视报刊中占有举足轻重的地位，它是报刊的旗帜、报刊的方向、报刊的灵魂、报刊的生命。广播电视报刊有两大主要功能：一是新闻报道，一是新闻评论。新闻报道叙述客观事实，新闻评论发表主观评价；新闻报道的力量在于摆出事实，新闻评论的力量在于讲出道理。真实是报道的生命，真理是评论的生命。因此，好的评论，就是讲明道理，以理服人，有理才有力。评论是广播电视报刊发声的主要手段之一，也是外界判断广播电视报刊的政治导向和衡量广播电视报刊的思想水准的主要标准之一。没有评论的广播电视报刊，不能被认为是有名气、有影响力的广播电视报刊。

　　多年来，评论一直是中国广播影视报刊协会新闻作品评选中的重要体裁之一。今年入选的 2016 年度优秀评论作品共 22 篇，评委会严格按照评选要求和评选标准，经过认真分析、评估、讨论、研究，最终投票，评选出一等奖 5 篇，二等奖 7 篇，三等奖 9 篇，淘汰 1 篇。

　　2016 年度中国广播影视报刊协会各专业委员会推荐入围的评论作品，基本体现了立足广电、服务声屏、反映业界声音、关注行业发展、关注社会热点问题的特点，入围作品整体水平有所提高。

　　2016 年度的一等奖作品，主要针对当前的收视造假、电视剧低俗现象，以及网剧监管、广播声音艺术的品牌建设、影视剧质量唯上等热点问题进行了评论，其中一等奖作品《收视造假何时悬崖勒马》（《中国电视报》），针对收视率造假（部分电视剧被爆出购买收视率费用高达 50 万一集）这个惊人话题，分析了收视率造假产生的原因：与金钱直接挂钩；收视率造假产生的恶果：破坏整个行业生态，致使劣币驱逐良币；提出从制度入手严格管理措施，打破收视调查市场垄断，利用先进技术手段打造开发、透明的收视数据采集环境，彻底铲除收视率造假这颗毒瘤。有理有据，分析透彻，整治措施也令人信服。

---

　　① 此文为中国广播电影电视报刊协会 2016 年度优秀新闻作品评选撰写的点评文章。

一等奖作品《贴近生活还是贴近私生活——为电视剧限制低俗情色点赞》（《北京广播电视报》），作者对电视剧管理部门发声禁止在电视剧宣传上炒作低俗话题、更不能宣传被删减的内容表示称赞，针对影视圈内流行的两句话："不肉搏，不成活""不销魂，不成戏"及某些人拍戏时遵循的"潜规则"，论述了电视剧低俗和情色给电视剧创作带来严重后果——倒退，提出电视剧应该贴近生活而不是私生活，加强网剧、电视剧监管至关重要。紧扣电视剧热点问题，标题新颖，文笔辛辣，体现了作者的评论功力。

一等奖作品《监管疏堵结合，网剧才有更好未来》（《潍坊广播电视报》）分析了当前网剧发展飞速，影响越来越大，问题越来越多，致使监管部门不得不祭出狠招儿：下架整改。为了网剧有更好的未来，作者从疏堵结合的角度提出监管措施，并重点在疏的方面提出了可供探讨的解决之道。论据论证充分，文笔生动，行文流畅。

一等奖作品《留住好声音》（《声屏经纬》），作者对广播中的声音价值进行了思考与探讨。怎样留住好声音，如何生产好声音，从历史价值和艺术价值两个层面，探讨了口水化的广播时代，更应该留住好声音，创作好声音，这不仅是广播的优势所在，更是历史使命所在。文章虽短，不足千字文，但思考却很深刻。

一等奖作品《影视剧为何看脸不走心》（《光明日报》），以时下演艺界盛行的小鲜肉崇拜、颜值崇拜为批评对象，分析了许多影视剧制作只重颜值、忽视质量的症结所在，提出了影视剧创作者不要做IP的跟风者，而要重视质量，做IP的引领者。文章论说有理有据，分析透彻，文笔犀利。

与一等奖作品相比，二等奖作品稍显逊色，不如一等奖作品论述深刻，发人深省，但选题、立意等方面也有所创新。二等奖作品《别让孩子为成人的娱乐世界买单》（《浙江城市广播电视报》），立足社会热点，指出当下某些综艺节目盲目追求收视率，而忽视了电视节目的社会责任。尤其是亲子综艺节目，更应该将儿童的安全放在首位。即便只有一位孩子因为看了节目放松了性意识警惕而出了问题，对于父母来说都是不可承受之痛。针对《爸爸去哪儿了》第四季大肆炒作成年男子与非血缘关系女孩的关系，作者大声说不。文笔犀利，痛彻痛悟。文章刊发后，受到读者一致好评。

二等奖作品《"工匠精神"的南通样本》（《南通周刊》），叙述了南通籍的普通瓦工葛建华，凭着一手高超的砌筑技艺，最终获得享受国务院特殊津贴的"全国技术状元"，他的身上体现着时代所呼唤的工匠精神。本文以葛建华的典型案例为样本，深刻探究了这位普通匠人的成功秘诀，精准阐述了工匠精神的时代内涵，呼吁人们心怀信仰，足履实地。语言生动，逻辑严密，论证清晰，层次分明，不失一篇较好的评论。由于篇幅所限，二等奖的作品不能一一点评。

　　三等奖作品从立意到选题，从论点到论证，从结构到行文，从逻辑到语言，比起一二等奖来都稍有欠缺。有的评论观点不鲜明，论据不充分，论证过程繁琐，不简明；有的评论逻辑关系比较混乱，语言表达不生动，在一定程度上削弱了评论的力量。但仍有可圈可点之处，这里就不举例点评了。

　　近年来，由于受到互联网和新媒体的冲击，作为传统媒体的广播影视报刊遭遇空前的挑战，面临巨大的生存压力，一些报刊社不得不重新定位，另谋出路。有的谋求与新媒体融合发展之路，有的另辟蹊径，拓展新领域，热衷于大型活动，有的甚至搞起了产品代理、网上销售。这种忽视报刊媒体主流业务，一门心思抓效益、搞创收的做法，直接导致报刊社写评论少了，发评论也少了。长此以往，评论的旗帜何在？评论的功能何在？写评论的人才何在？这是值得我们关注的一个问题。

（2017 年 6 月 16 日于北京）

电　影　篇

岁寒知松柏 患难见真情①

今天，我很荣幸能够来到奥地利这个美丽的、富有艺术气息的国度，代表中国电影资料馆（中国电影艺术研究中心）参加这次影展活动。这次影展得到了奥地利电影资料馆、未来基金会和中国驻奥地利大使馆的大力协助，特别是得到魏德夫人和伊莎贝拉女士的专业的、积极的筹备，在此一并向你们表示诚挚的谢意。

今年是纪念世界反法西斯战争胜利 70 周年，包括中国在内的很多国家都举行了多种形式的纪念活动。在那场史无前例的战争中，中国人民为国家独立、民族解放进行了艰苦卓绝的斗争，在国际正义力量的援助下，中国动用举国之力最终赢得了东方主战场的胜利。为了和平的到来，中国也付出了 3500 万人伤亡的巨大代价。

中国人民热爱和平，在自身遭受战争灾难的同时，我们对于同样受到法西斯残害的其他国家人民也伸出援手。战争期间，上海是世界上仅有的几座愿意接纳犹太难民的城市之一。从 30 年代后期到 40 年代，上海收留了超过两万名犹太难民，中国人与犹太朋友们友好相处，度过了最困难、也是最难忘的岁月。在这些犹太难民中，很多来自奥地利。中国有一句古语，叫做"岁寒知松柏，患难见真情"。中国人相信，经过了患难的朋友一定是真朋友。珍惜和平、互相尊重、荣辱与共的历史，正是两国人民友好邦交的基础，也是我们共同创造美好未来的牢固基石。

今天，大家将要看到的电影《世界儿女》完成于 1941 年，它的导演就是当时来到上海的两位奥地利的犹太夫妇，杰克·弗莱克和路易斯·弗莱克。他们来到中国以后，得到了上海文化界尤其是电影界的热情款待，中国著名导演费穆将自己的剧本《世界儿女》交给他们执导。于是，这部电影成为了第一部由外国人导演的中国电影，在各方的努力下，影片最终得以完成，并在中国公映。此后，弗莱克夫妇在上海电影同行和戏剧界朋友的帮助下，还筹建了一所电影学校，在当时环境下，学校的软硬件条件都堪称最优。然而，由于 1941 年底太平洋战争爆发，日本侵略者进入了上海租界，即将开学的电影学校被迫停办。

《世界儿女》可以说是中奥两国友谊的历史见证，这部电影附带的历史、文

---

① 此文为在奥地利"中国石挥电影展"《世界儿女》首映式上的致辞，题目后加。

化信息丰富。影片突破了此前中国家庭伦理电影的传统思路，将家庭的兴衰与国家甚至世界的命运联系在一起，表现出了更为普世的人道主义精神。石挥、张翼、蓝兰、英茵、司马英才、陈绍周等一批优秀的电影人都参与其中。特别要提到的是著名电影人石挥，他在这部影片中只是饰演一个配角，但是这部电影是石挥走上银幕的处女作。

石挥是中国电影史和话剧史上值得纪念的优秀艺术家，今年是他诞辰 100 周年。在上世纪 40 年代后期，石挥从话剧界进入电影行业，在短时间内，成为最为耀眼的电影明星。同时，石挥也尝试担任电影的制片和导演。他的成长极为迅速，到了上世纪 50 年代，石挥跻身中国最优秀的电影导演行列。他的电影《假凤虚凰》《哀乐中年》《太太万岁》《我这一辈子》《关连长》《美国之窗》《宋景师》《姊姊妹妹站起来》《夜店》《腐蚀》《太平春》《雾海夜航》《天仙配》《鸡毛信》等都是中国经典电影。由于石挥离世过早，他的影片逐渐远离了观众。本次影展能够选择石挥电影作为放映主题，体现了策划者敏锐而独到的眼光。

本次影展将放映石挥的几部代表作，包括他导演的第一部作品《母亲》，据我所知，这部电影对中国观众来说，都很少可以看到。今晚放映的《世界儿女》更是几十年来极少公映的影片，我个人认为这次影展无论从石挥电影的放映数量，还是从选片的稀缺性上来说，都是具有历史意义的。

2015 年 11 月在奥地利中国电影回顾展开幕式上致辞

为了办好这次影展，我所在的中国电影资料馆的同事们也做出了努力，所有影片都经过了我们的专业修复。中国电影资料馆成立于 1958 年，是中国唯一的国家级电影档案收集、保存、研究单位。目前馆藏电影 3 万多部，共计 25 万本电影拷贝，40 万本电影素材。我们是国际电影资料馆大家庭中的一员，一直以来都在为保护影像遗产，推动文化交流努力工作着。

中国人民对奥地利的认识，很多来自音乐，每年在金色大厅的音乐会都会在中国电视中转播。我想，今后中奥人民的认识还会因为电影而更加密切。我祝愿，在这次影展之后，中奥文化界在电影领域的合作和友好往来会迎来新的局面。

再次感谢主办方的热情邀请！感谢所有为这次影展辛勤工作的人们！感谢大家的光临！我也代表中国电影资料馆欢迎你们来中国做客！

预祝影展取得圆满成功！

（2015 年 11 月 24 日晚于维也纳奥地利电影资料馆）

奥地利出访工作纪实

2015 年 11 月 23 日至 27 日，应奥地利电影资料馆之邀，以中国电影资料馆党委书记宋培学为团长、电影史学研究室副主任李镇和事业发展部项目负责人张岚为团员的三人代表团，赴维也纳出席了由两馆联合举办的"流亡上海——重拾记忆"中国电影回顾展。

此次影展的策划和筹备历时三年，以第一部中奥合拍电影《世界儿女》（1941 年）的修复和重映为契机，我馆选送了十部由石挥导演或主演的经典影片。此次影展的主题选定为"石挥与中国电影"，具有双重意义。首先，《世界儿女》是电影艺术家石挥走向银幕的处女作，而这部电影也是中奥两国艺术家共同完成的第一部电影。这一合作发生在战火纷飞的 1941 年，更加非同寻常。当年，来自奥地利的犹太夫妇杰克·弗莱克和路易斯·弗莱克抵达上海后，和当时两万多名犹太难民一样，得到了中国人民的慷慨接纳，同时也得到了上海文化界和电影界的热情款待。中国著名导演费穆将自己的剧本《世界儿女》交给他们执导，在各方的努力下，影片最终得以完成，并在中国公映。这部电影随即成为了第一部由外国人导演的中国电影。今年是世界反法西斯战争胜利 70 周年，这部电影可以说是中奥友谊的历史见证，也是中奥文化交流的完美范例。其次，石挥在中国电影史上占有重要地位，今年也正值石挥诞辰 100 周年。两馆都希望通过举办此次活动加深了解、巩固友谊、拓展两国邦交的美好未来。在参展的十部影片中，不仅有石挥导演的首部作品《母亲》，还有根据外国文学作品改编的《美国之窗》，多年未与中外观众见面的《关连长》，以及石挥最重要的影片《我这一辈子》等。这些影片不仅具有学术研究价值，同时又是兼具观赏性的经典作品。

为了给海外观众提供优质的视听感受，我馆对所有参展影片进行了数字修复，在经过清洗、除颤、调色、声画同步等诸多步骤的处理后，这些老片以崭新的姿态重新登上了银幕，为观众带来了耳目一新的观感。除此之外，为方便国外观众的理解，我馆还特意为所有影片制作了中文、英文和德语字幕。

此次活动主要由特别放映、学术研讨会、影展开幕式和影片展映四部分组成。24 日上午，主办方首先放映了一部由保罗·罗斯蒂拍摄的纪录片《最后的

港湾》。影片通过五位遭纳粹迫害而流亡上海的难民的亲身经历，还原了两万多欧洲犹太人于 1937 至 1941 年期间逃亡到上海的那段痛苦的历史。在当时，上海是唯一一个无条件为犹太难民提供临时庇护的港湾。这部纪录片如同一把打开记忆长廊的钥匙，带着大家回到了战火纷飞的年代，为后面的活动起到了良好的铺垫。

24 日下午的学术研讨会围绕着"历史与记忆"的主题进行，共有来自多个国家的七位研究者就主题发言。我馆电影史学研究室副主任李镇代表中国电影资料馆作了题为"打捞历史——中国电影人口述史"的发言。比较详细地介绍了我馆开展了八年的口述历史工作，并就一些工作中的理论问题经行了宣讲。发言引发了到场者的极大兴趣，大家对于我馆能够从事这样一件有意义的工作表示赞赏。十余位到场的专家学者就这项工作中的实践和理论问题积极提问，李镇均给予了耐心细致的解答。此后，英国国王大学的著名学者裴凯瑞的发言也对李镇的发言有所回应。会后，大家纷纷表示，这次研讨会中，关于中国电影资料馆口述历史的发言给人印象最为深刻。

影展的开幕式于当晚在奥地利电影资料馆一层影院隆重举行，活动现场座无虚席。中国驻奥地利大使赵彬先生、奥利地文化部官员努斯鲍玛女士、奥地利电影资料馆副馆长尼古拉斯·沃斯奇特先生，以及前奥地利驻华大使魏德先生等嘉宾出席了开幕式。值得一提的是，《世界儿女》的导演路易斯·弗莱克的孙女也亲临活动现场，见证了这一重要的时刻。中国电影资料馆党委书记宋培学受邀致开幕辞。宋培学对于这次影展中的各方支持表达了诚挚的谢意，介绍了影展的缘起和筹备过程；他表示，今年是纪念世界反法西斯战争胜利 70 周年，我们要不忘历史，珍惜和平。此次影展的开幕影片《世界儿女》正是中奥两国人民团结互助的产物。我们希望通过此次影展，开拓中奥两国在电影领域合作的新局面。

《世界儿女》作为此次影展的开幕影片，迎来了满场的观众。赵彬大使从头至尾看完了整部影片，他和很多观众一样对这部电影充满兴趣。放映结束后，很多观众纷纷表示这次的活动和影片放映都非常成功。

根据影院排片的安排，本次电影回顾展的正式放映将于 2015 年 12 月中旬至 2016 年 1 月中旬举办，十部影片将会在奥地利电影资料馆各进行两场放映。德国慕尼黑电影博物馆也向我馆发出了邀请，计划于 12 月 16 日起在慕尼黑电影博物馆的影院进行一轮的放映。

出访期间，代表团除配合出席影展的相关活动外，还充分利用空余时间，先后走访了奥地利的两家国际电影资料馆联合会成员馆：奥地利电影资料馆和奥地利电影博物馆。奥地利电影资料馆属于半政府性质的文化机构，财政上得到奥地利政府的资金拨款，负责奥地利影片的收集和保存。同时，几十万部纪录片的藏

量更是该馆的一大特色。该馆于今年 10 月刚刚整修完毕，再次面向公众开放，影院由原先的剧院改造而成，两侧分别设有三层的包厢，是剧院和影院的完美结合。二层和三层用来陈设与电影发展史相关的展品。简单的布置却难掩珍品的光芒，有很多只在书本上才能看到的放映设备，在这里都可以看到原件。令人印象最为深刻的是一台早期的手动 16 毫米胶片放映机，沃斯奇特副馆长亲自操作这台放映机，在墙面上投影出卢米埃尔兄弟拍摄的一段维也纳街头的片段。另外一台酷似"拉洋片"的装置，可以通过小孔看到里面彩色的 3D 照片，据说这样的装置全世界只有五台。参观之余，李镇还向同样做电影研究工作的沃斯奇特副馆长展示了他收藏的关于石挥和弗莱克夫妇的文图资料。原奥地利驻中国大使魏德先生的夫人也是中国电影研究者，作为整个活动的策划者之一，她对于《世界儿女》更是情有独钟。在回国前，李镇将文图资料的副本作为特殊的礼物送给了魏德夫人。

奥地利电影博物馆在职能上与奥地利电影资料馆有较大不同，该馆主要从事专题性较强的影片收集和放映，收集来的影片并不仅局限于奥地利影片，还有大量外国影片。此外，奥地利电影博物馆还藏有大量与电影相关的书籍。无论影片还是图书，都可以通过会员制的方式向公众开放。该馆对自己拥有版权的部分影片还会进行 DVD 发行。在奥地利电影资料馆或者电影博物馆，看一部影片的票价基本相同，都在 6 欧元左右（会员价）。奥地利电影博物馆只有一个影厅，每天都会有两三场放映，每个月策展小组都会印刷精致的观影指南提供给观众，还会贴心地将观影指南寄给有需要的会员，周到的服务意识和专业的策展团队给中国代表团留下深刻的印象。

尽管在很多业务上三馆都有相通之处，但是在影片数字化的问题上，奥地利的这两家机构却与我馆有着截然相反的态度。虽然本次影展放映的是经数字化修复的影片，且奥地利电影资料馆有数字放映设备，但沃斯奇特副馆长表示，他们更支持胶片电影。而奥地利电影博物馆的负责人对影片数字化的态度则更加强硬，他们认为，中国在电影数字化的进程中过于"激进"。奥地利电影博物馆仍旧坚持只收集和放映胶片电影，甚至拒绝放映数字格式的影片。在数字化的大趋势下，奥地利电影博物馆依旧坚守着电影档案工作者的初心。亚利桑德拉女士表示，如果连我们这些从事电影档案工作的人都不再放映胶片了，那么还有谁会放呢？是胶片还是数字，这个问题一直饱受争议，但是奥地利电影博物馆人的这种执着与坚守确实令人赞叹。

虽然出访时间看上去有五天，但是除去来回路途的时间，真正在奥地利工作的时间只有短短三天。这三天是美好而充实的，团队气氛融洽，彼此配合，行动守时高效，既顾全大局也不失小节。我们圆满地完成了预定的开幕式、研讨会、

馆际交流等任务，对奥地利电影博物馆的访问是额外的收获。代表团传播了中国的优秀文化，收集了资料，还认识了新朋友。我们相信，这次出访对于促进今后中奥两国电影文化的交流将大有裨益。

（2015 年 12 月 9 日于中国电影资料馆）

2015 年 11 月访问奥地利电影资料馆，左起：李镇、宋培学、沃斯奇特、张岚、伊莎贝拉、魏德夫人

倾力培养复合型电影人才^①

经过 16 个月的紧张学习，我们共同迎来了中国电影艺术研究中心（中国电影资料馆）与河南文化集团有限公司联合举办的戏剧与影视学硕士学位教育项目第二期课程班的结业典礼。在此，我谨代表中国电影艺术研究中心党委，向关心支持本次课程班的各级领导、老师致以亲切的问候！向为课程班举办付出辛勤劳动的河南文化影视集团的全体领导和集团企业战略与人力资源部的全体同志，以及中心研究生部的全体老师表示诚挚的谢意！向认真参加本次课程班并即将顺利结业的学员朋友们表示热烈的祝贺！

此时此刻，在黄浦江畔，正在举办"全球成长最快的国际电影节"——上海国际电影节，全球明星云集，各种论坛、发布会、见面会、交流会、沙龙活动盛况空前，所有这些都在进一步向我们昭示：中国电影正在迎来属于自己的"黄金时代"！

所谓"黄金时代"，一方面表现为电影艺术、技术和产业的兴旺发达，另一方面则体现电影人才的有序衔接，长江后浪推前浪，一浪更比一浪高。而中国电影艺术研究中心作为国家新闻出版广电总局系统内唯一一家研究生培养单位，多年来一直致力于复合型电影人才的培养，在众多培养单位中，我们的培养模式以精英化、专业化、复合化为鲜明特色，在电影教育领域独树一帜。而在座的各位，就是我们献给中国电影黄金时代的又一批优异的复合型人才！

借此机会，我想对大家提出几点希望，以期共勉。

一、用理论的智慧擦亮眼睛

繁荣的中国电影市场有目共睹，这其中有的是海绵、有的是水分，甚至还有危险的泡沫！研究生学习也许教不会你们怎么去挤干水分，但至少教会你们擦亮

---

① 此文为在中国电影艺术研究中心戏剧与影视学硕士学位教育项目第二期课程班结业典礼上的讲话，题目后加。

眼睛，看懂了水分和泡沫是怎么来的。大家都来自中国电影产业一线，实践经历丰富，接下来，希望大家把理论知识和实践经历紧密结合，更加丰富自己的工作内涵。

二、用更多的疑问打开思路

很多研究生在讨论自己的学习经历时都很感慨，好像学了很多东西，但又好像什么都不知道。这种感觉是正常的，学习的最大益处在于不断打开你的未知空间，在于不断给你带来新的疑问，进而催促你打开新的思路，希望大家永远保持这种疑问的心态。

三、用键盘和文字学以致用

键盘和文字是当今社会的重要生产工具，资讯和文章是当今社会的重要生产力。经过研究生学习，你们拥有了通过文字学以致用的渠道。接下来需要做的就是多读书，多写作，把实践感知理论化、系统化。而能够笑到最后、顺利拿到硕士学位，甚至博士学位的，必然是那些善于通过多读书、勤写作来提升自己的学员。

各位学员来自电影产业链条的最重要的一端——电影发行，希望你们能够学以致用，将这次课堂上学习到的知识运用到实践中，在今后的工作中探索新思路，提出新举措，创造新经验，做理论和实践相结合的探索者，为中国电影事业的腾飞作出更大的贡献。

最后，祝各位学员身体健康，学习进步，家庭幸福。

（2016 年 6 月 16 日于中国电影资料馆）

通过影像展现中国藏地风情①

非常感谢大家在百忙之中参加此次由全国艺术电影放映联盟举办的"藏地密码：中国藏地影像展"开幕活动，我仅代表全国艺术电影放映联盟主办方，对大家的到来表示热烈的欢迎，对长期以来关心、支持全国艺术电影发展的各位朋友表示衷心的感谢！

全国艺术电影放映联盟是在我国电影产业经历了十余年快速发展，逐渐形成了市场分层化、创作多样化、观众需求个性化的背景下，在中宣部、国家新闻出版广电总局的支持下成立的。截至目前，全国艺术电影放映联盟在六家发起单位共同努力下，已完成了分布全国五大片区，覆盖31个省、自治区、直辖市的艺术电影市场布局，全国参与艺术电影放映的渠道方也积极、踊跃，目前联盟已完成了首批116个影厅筹建工作，合作方将采取每周每厅不少于21场的放映量，全年共计不少于10万场的艺术电影放映规模进行艺术电影放映。

前不久，全国艺术电影放映联盟试映工作在北京、上海两地启动，通过有针对性地开展专题化展映，为广大影迷朋友们提供欣赏艺术珍品的机会。其中上海的"绝世风华：中国早期珍宝电影展"、北京的"藏地密码"特别展映活动均得到了社会、业内、影迷广泛关注，在未经大范围宣传的前提下，获得了令人惊讶的展映效果。其中印象特别突出的是，《盘丝洞》导演的后代家属，得知我们要公映这部影片时，自发自费从世界各地飞抵上海，组团观看这部难得一见的佳作。

在此次活动中，我们也同样带来了由中国电影资料馆修复的珍贵影片《盗马贼》2K版。并在此宣布《盗马贼》的4K版精致修复正式启动！中国电影资料馆自2007年承担国家电影档案影片数字化修护工程以来，至今已完成了对300余部珍贵国产经典影片的2K精致修复工作，在今后的放映过程中，这些影片也都将成为全国艺术电影放映联盟的重要片源，陆续与观众见面。中国导演协会也将从这部影片开始，协助我们邀请原片导演参与影史经典影片的修复工作，最大

---

① 此文为在"藏地密码：中国藏地影像展"开幕式上的讲话，题目后加。

程度地保证影片的修复质量。

四川是全国第二大藏区，置身于祖国西南腹地，与西藏紧密相连，有着深厚的地方文化底蕴与民族文化特色，联盟专门在这里设置了以"藏地密码：中国藏地影像展"为主题的展映活动，除刚刚介绍过的《盗马贼》外，我们还为广大观众带来了同样展现藏族风情的 12 部新老佳片。活动中我们还将配合放映主题开设形式多样的线下活动，如藏地影像短片及纪录片的放映、以影像人类学为题的讲座及沙龙、为高校学生举办的专家学者所授的藏文化普及讲座等学术性活动，多视角、多侧面、多向度展示藏地风情，最大程度地将电影本身的艺术性展现在观众面前。

作为主办方，我们真诚地希望此次在蜀地举办主题展映活动能够为观众们带来优秀的影片，从而了解电影艺术、了解艺术电影，为喜爱藏地民族文化的朋友们搭建平台，为热爱艺术电影的影迷朋友们带来更多文化给养。

预祝此次"藏地密码：中国藏地影像展"在蜀一切顺利，取得圆满成功！

最后，我还带来了一段电影档案影片修复前后的对比短片，请大家欣赏。

（2016 年 12 月 8 日于成都峨影 1958 电影城）

学习好、宣传好、贯彻好
《电影产业促进法》①

　　2016 年 11 月 7 日，国家主席习近平签署第 54 号主席令，公布了《电影产业促进法》。该法经过全国人大常委会第二十四次会议审议通过，自 2017 年 3 月 1 日起正式实施。《电影产业促进法》的颁布，是我国加强宣传思想文化领域立法的重要成果，充分体现了以习近平同志为核心的党中央对电影产业的高度重视与关心，适时反映了广大人民和电影行业对电影立法的广泛关注与呼声。《电影产业促进法》是我国宣传思想文化领域第一部促进产业发展的法律，对电影产业发展具有划时代的重要意义。因此，学习好、宣传好、贯彻好《电影产业促进法》，是当前电影系统和行业的一项重要任务。

一、深刻认识《电影产业促进法》颁布的重大意义

　　当前，我国正处在从电影大国向电影强国的转变，但与社会经济整体发展需要和人民群众不断增长的精神文化需求相比，我国电影产业发展还有很多不足，还面临着一些亟待解决的问题：一是电影市场活力有待进一步激发；二是电影市场秩序需要进一步规范；三是电影产业发展水平有待进一步提高。为了促进电影产业发展，规范电影市场秩序，广电总局从 2003 年开始着手电影促进法的起草工作，2008 年电影促进法草案定稿，报送国务院法制办，后正式定名为《电影产业促进法》。2011 年 12 月 15 日国务院法制办就该法草案面向社会公开征求意见，后又进行了反复多次调研和修改。2015 年 9 月 1 日国务院常务会议通过了《电影产业促进法》（草案），并决定提请全国人大常委会审议。2015 年以来全国人大常委会进行了三次审议和两次面向社会公开征求意见，不断调整完善。2016 年 11 月 7 日第十二届全国人大常委会第二十四次会议审议通过了《电影产业促进法》。由此可见，《电影产业促进法》的出台是一个漫长的过程，前后历经 13

---

　　① 此文刊载于《中国电影报》2017 年 3 月 15 日第 3 版。

年的精心打磨，充分显示了党和国家立法的决心和对重大决策的慎重。

《电影产业促进法》的颁布意义重大，它是贯彻落实习近平总书记关于宣传思想文化工作系列重要讲话精神和中央大政方针取得的重大成就，以法律的形式固化和升华电影产业改革发展的成功经验，用法制的手段规范和解决电影产业发展中遇到的问题。《电影产业促进法》第一次从法律层面明确了电影产业的重要地位、发展方针、指导原则和扶持措施，为电影产业持续、健康、繁荣发展提供了全面的制度保障，对于激活电影市场主体、规范电影市场秩序、促进电影事业产业发展都具有十分重要的意义。《电影产业促进法》是十八届四中全会提出的"建设中国特色社会主义法制体系、建设社会主义法制国家"的重要成果，对于文化领域的其他立法工作也将产生积极的影响。

二、精准把握《电影产业促进法》的精神实质和主要内容

电影是一门视觉和听觉的现代艺术，也是一门可以容纳文学戏剧、摄影、绘画、音乐、舞蹈、文字、雕塑、建筑等多种艺术的现代科技与艺术的综合体。同时电影具有穿越时空的艺术魅力和引领风尚的独特作用，文化标志特征十分突出，既具有认识、教育的功能，又具有观赏、审美和娱乐的功能。与此同时，电影也是人民大众喜闻乐见的艺术形式，随着现代社会的发展，电影已深入到人类社会生活的方方面面，是人们不可或缺的一部分。

电影一旦进入市场就具有了双重属性，即社会文化属性和产业市场属性。党的十八大以来，我国电影事业进入繁荣发展的"黄金期"，创作活力持续增强，市场主体实力竞争力进一步提升，电影产业的发展也迎来了难得的机遇，尽管去年的票房提升幅度不大，但整体上保持了健康、稳定的良好发展态势，有效带动了关联产业的发展，已经成为文化领域拉动内需、促进就业、推动国民经济增长和转型升级的重要产业之一。电影产量逐年增长，故事片已稳定在每年600余部，各类影片年产量达到近千部；电影产值持续攀升，2016年票房已达493亿元；电影技术日新月异，已进入全面网络化和信息化的发展时期；影院、银幕数量呈爆发式增长，影院银幕总数已达4.1万块，位居世界第一。电影产业的强劲发展态势，反过来证明了电影应当运用产业的经济规律，解放和繁荣艺术生产力，壮大产业实力和规模，将电影产业的文化艺术价值和经济价值统一于电影市场之中，从而更好地为社会主义现代化建设服务。《电影产业促进法》正是基于这个立足点和出发点，根据我国电影产业发展的自身规律和特点，明确以促进电影产业健康繁荣发展、弘扬社会主义核心价值观、规范电影市场秩序、丰富人民

群众精神文化生活为立法宗旨，颁布了共六章60条法律条文。学习好《电影产业促进法》，就是要准确把握本法的精神实质和主要内容。本法从总则、创作摄制、发行放映、支持保障和法律责任五个方面为电影产业发展保驾护航。这五个方面可归纳为以下主要内容：一是明确了电影传播中华优秀文化、弘扬社会主义核心价值观的正面导向作用，坚持为人民服务、为社会主义服务的原则，坚持社会效益优先，实现社会效益与经济效益相统一，坚持以人民为中心的创作导向，坚持百花齐放、百家争鸣的方针，尊重和保障电影创作自由，满足人民群众日益增长的精神文化需求。二是强化了电影发展的顶层设计，将电影产业纳入国民经济和社会发展规划，使电影产业成为拉动内需、促进就业、推动国民经济增长的重要产业。三是加快转变政府职能，简政放权，放管结合，优化服务，调动全社会参与热情，激发市场活力。四是加大电影产业扶持力度，明确财政、税收、金融、信贷、保险、用地等方面的扶持规定，对电影产业给予了全方位、立体式的制度支持。五是加强监管体系建设，通过扩大监管范围、完善监管措施、细化监管程序、加大打击力度等措施，进一步规范市场秩序，促进产业健康发展。

三、大力宣传全面贯彻《电影产业促进法》

法律的生命在于公众知晓，在于实施。《电影产业促进法》颁布后，新闻出版广电总局下发了学习宣传贯彻《电影产业促进法》的通知，电影系统和行业迅速掀起了一个热议、解读、学习、宣传、贯彻、落实的高潮。中国电影资料馆、中国电影艺术研究中心作为国家电影档案保管和研究机构，也要以本法的颁布实施为契机，认真学习宣传贯彻《电影产业促进法》，并使其融入各项工作之中。首先，我们召开了中层以上干部会，传达学习了《电影产业促进法》及总局有关学习宣传贯彻的通知精神，结合今年的重点工作，将本法的贯彻落实与相关部门的业务工作统一规划、统筹安排、分步实施。同时将本法作为本单位"七五"普法的重点内容，组织全员开展不同层次、形式多样的学习宣传和教育培训活动。其次，充分利用我馆（中心）"一报三刊"开展广泛宣传报道。中国电影报近期组织了专门的宣传报道，如专版报道全国人大常委会召开《电影产业促进法》宣传贯彻座谈会，专栏报道总局政策法制司和电影局负责人答记者问，专访全国政协委员张丕民、全国人大代表郭建华谈《电影产业促进法》，以及全国各地电影系统和行业学习宣传贯彻情况。《当代电影》也将组织专栏，从理论层面、学术角度学习研究《电影产业促进法》。再次，专门学习研究《电影产业促进法》与我馆（中心）业务、专业相关内容，制定贯彻落实具体实施办法，如本法的第二十三条，如何依法接收、收集、整理、保管并向社会开放电影档案，怎样采用先进技术，提高电影档案管理现代化水平，以及做好电影档案的移交、捐赠、寄存工作；第十条，如何建立电影评价体系，开展好电影评论工作；第十一条，如何开展平等、互利的电影国际合作与交流，举办境外电影节（展），扩大中国电影的对外宣传；第四十二条，如何采取多种方式培养适应电影产业发展需要的专业人才等等。

在中国电影产业进入快速发展的黄金时期，《电影产业促进法》适时出台，正好为电影系统和行业凝聚共识，振奋精神。法律的条文从纸面落到地上，关键在于贯彻落实。我们要认真学习好、领会好《电影产业促进法》的精神实质，以高度的责任意识和行动自觉，努力推动《电影产业促进法》的贯彻落实，推动中国电影产业再上新台阶，再创新辉煌。

用影像承载记忆 用镜头保护未来[①]

　　非常高兴在这个美丽的春天，因为绿色电影，而与在座各位朋友相聚在上海。中国电影已经走过了 112 年的历史，在中国电影资料馆就存有两万多部中国电影。回望过去，那些跃动在银幕上的影像记载着中国山河的美好、人民的勤劳乐观、战争的残酷与和平的美丽，也描绘着现代中国的生动、精彩。

　　今天，中国电影事业正处于大发展、大繁荣时期，市场井喷，整合营销，单日破亿，这些词语我们并不陌生。然而在这个产业飞速发展的时代，随着我们居住环境的恶化，环保日益成为全人类共同关心的话题。我们的电影产业，也必须思考。

　　2017 首届上海国际绿色电影周的到来，正是感应时代脉搏需求。党的十八届五中全会提出创新、协调、绿色、开放和共享五大发展理念，而五大发展理念中核心关键词就是：绿色。在"十三五"的绿色发展新理念中，特别提到绿色文化发展理念。习近平总书记指出，生态环境保护是功在当代、利在千秋的事业。"十三五"期间，文化产业将成为国民经济支柱产业，为响应习总书记和党中央在"十三五"规划中关于创建绿色生态文明的号召，也为了推介和表彰来自包括中国在内的世界各地的优秀绿色主题电影作品和优秀人才，搭建亚洲一流的绿色电影文化平台和绿色文化产业融合发展平台，推动中国绿色电影文化产业的全球化发展。国家新闻出版广电总局电影局于 2017 年 3 月 20 日正式批复，由中国电影资料馆（中国电影艺术研究中心）主办，北京伊迪传媒承办的"首届上海国际绿色电影周"即将召开，将于 2017 年夏季在上海拉开帷幕。

　　近些年来，我们已经欣喜地看到，像《美人鱼》《狼图腾》，包括世界范围的《阿凡达》《后天》等关注环保、关注动物与自然的绿色电影，已经震撼了我们，让我们找到另一双看世界的眼睛。越来越多的电影人，正在加入宣传环保、宣传动物与自然主题的事业阵营中来，从而影响到更多的地球公民。而今年与上海市政府联手打造首届上海国际绿色电影周，旨在借势上海的经济战略地位和文

---

　　① 此文为在 2017 首届上海国际绿色电影周新闻发布会上的致辞，题目后加。

化影响力，从唤醒全人类的生态环保意识出发，扩大世界和中国绿色生态主题电影的影响力，电影周将秉承"用影像承载记忆、用镜头保护未来"的理念，联合世界绿色生态电影业界共同发声，融合独有的资源、资讯、资金优势，成为绿色生态主题电影的孵化器和推广者。

电影周期间及预热期将举办"中国绿色电影"特别回顾展映、今年国际精选绿色主题电影展映和导演见面会、绿色环保集市、绿色主题系列论坛等活动，既希望在影视业界推广绿色电影理念，也希望在普通市民中进行普及，共同打造绿色环保电影的全民盛事。

我们深信，更多不曾在电影简史中标记的绿色主题佳作，正在划时代而来。就像本次上海国际绿色电影周所秉持的宗旨那样，"用影像承载记忆、用镜头保护未来"，用电影的形式对话，共同提倡和呼吁环境保护与生态建设，已经成为一个时代的使命。中国需要一个国际绿色电影文化品牌。希望更多电影人能在绿色电影、国际化创作上更进一步，向世界展现一个真实的绿色中国梦，一个绿色电影大国形象，进一步展现一个大国在环保领域的文化自信。

最后，我预祝首届上海国际绿色电影周新闻发布会圆满成功！

（2017 年 4 月 8 日于上海电影博物馆）

2017 年 4 月首届上海国际绿色电影周发布会后接受媒体采访

助力中国数字电影技术发展①

很高兴能跟大家在这里相聚。中国·北京数字电影论坛已连续五年在中国电影资料馆艺术影院举办，我谨代表中国电影资料馆欢迎各位的莅临，共同探讨中国数字电影技术的发展和未来格局。

中国电影的发展，自 1905 年以来，已历经了 112 年的发展历史。中国电影资料馆，自 1958 年成立以来，也走过了 59 个春秋。半个多世纪，特别是改革开放近 40 年来，中国电影资料馆已发展成为我国唯一的国家专业电影档案馆，也是我国电影理论研究、教育的专业机构。中国电影资料馆在电影档案的收集保管、研究利用、文化交流等方面取得了显著成就，在电影理论和学术研究、电影报刊出版、电影人才培养、电影国际交流等多个领域取得了全面健康的发展，已经成为我国电影档案资料管理、艺术研究、科研教学和国际交流的重要基地，为我国电影事业、电影产业的发展与繁荣，发挥了重要的推动作用。目前馆内藏有各个时期的中外影片三万五千七百余部，其中影片拷贝三万一千三百余部，约 25 万本。电影文图档案五万余卷，图书期刊五万余册。

为贯彻习近平总书记在文艺工作座谈会上的重要讲话精神，讲好中国电影故事，传递中国声音，落实电影产业促进法，中国电影资料馆致力于国家电影档案数据库档案影片数字化转换，电影档案影片数字化修护工程正在持续开展，电影档案数字化管理、利用不断升级换代。2015 年、2016 年我们承办的"中国电影馆"连续两年亮相于深圳文博会，受到刘奇葆同志高度赞扬。开展中国电影观众满意度调查，两年来共完成了 12 个主要档期的调查，调查结果公布后，赢得了业内、学界和社会的一致好评。中国电影史学年会和中国电影人口述历史已成为中国电影史研究的引领性品牌。承办"中国电影新力量论坛"和举办国产电影推介会，牵头组建全国艺术电影放映联盟，努力推动中国电影创作从高原迈向高峰。

近几年，伴随着电影产业的繁荣与发展，中国电影正持续迸发新的活力，中

---

① 本文为在第十四届中国北京数字电影论坛上的致辞，题目后加。

国电影市场的斐然成绩也博得了全球的瞩目。孔子说："工欲善其事，必先利其器。"中国电影市场的发展同样离不开电影技术、电影专业机构以及各位电影业界人士的助力和支持。我相信这次中国北京数字电影论坛，将会研究和探讨数字影院、高端巨幕、大数据商业智能、激光放映技术、超算与影像等多个领域，对中国数字电影技术的发展必将起到巨大的推动作用。

最后，预祝本届论坛圆满成功！

（2017 年 8 月 24 日于中国电影资料馆艺术影院）

自觉肩负起时代使命①

请允许我代表中国电影资料馆、中国电影艺术研究中心向 2017 年新入学的 20 名学术型硕士研究生表示热烈的欢迎！欢迎你们来到中国电影资料馆、中国电影艺术研究中心这个温馨的大家庭，继续你们的求学深造之路！

你们可能不知道，中国电影资料馆、中国电影艺术研究中心是我国唯一的专业电影档案馆，也是世界最大的综合性电影档案机构之一。这里存放着各个时期的中外影片三万五千七百余部，其中影片拷贝三万一千三百余部，约 25 万本。电影文图档案五万余卷，图书、期刊五万余册。

这里承担着包括北京国际电影节、上海国际电影节、丝绸之路国际电影节的邀片、排片重任；这里是我国最早、最完备的电影理论研究机构；这里的《当代电影》杂志是国内电影类学术期刊的翘楚，连续蝉联中文核心期刊和中文社会科学引文索引。

在这里，你会经常看到如王家卫、吴京、成龙等一张张"明星"的面孔。在这里会经常举办一场场电影首映式、点映会、研讨会；很多导演以能将自己的影片在这里进行学术放映为荣。

更重要的是，这里是我国电影教育的重要一极，是我国最早的电影学硕士点，这里以精英化、专业化、综合化为办学特色，每年只招收 20 名学术型硕士研究生，每个导师只带一个学生，副高级以下职称不登讲台，每个学生阅片量超过 200 部。这里注重生源结构的"跨学科性"，保证一半生源为"非电影专业"，以促进学科融合。

正因为如此，我们的研究生广受学术界和产业界赞誉，经过这里学术锻炼的硕士生比其他学校的基础更扎实、素质更高、在就业市场上更抢手。国内几大电影集团如中影集团、阿里影业、博纳影业等的领导层中，几乎都有从这里毕业的研究生。

我说以上这些话的目的其实只有一个：就是希望你们珍惜这么好的电影学术

---

① 此文为在中国电影艺术研究中心 2017 级研究生开学典礼上的讲话，题目后加。

氛围，从入学开始就对自己严格要求，不断提升自己的学术素养，最终成为一名高水平的研究生。

在这里，我想就如何度过一个有意义、有价值的研究生时代。提出三点希望，期望与各位新同学共勉。

第一，珍惜时间，拒绝拖延。正值开学季，浙江省宁波市一所中学校长献出"神致辞"："天将降大任于斯人也，必先卸其QQ，封其微博，删其微信，去其贴吧，收其电脑，夺其手机，摔其ipad，断其wifi，剪其网线，而后成大器也。"在这个"手机不离手"的时代，这段话尽管值得商榷，但从一个侧面回答了"时间都去哪儿了"的问题。我们必须承认，互联网这把"双刃剑"在带给我们极大方便的同时，也在蚕食着我们的时间。在我们花费大量的时间去发现、浏览、分享信息的同时，也就失去了用心去体会、反思、质疑这些信息的时间。我们习惯了"躺在信息上睡觉"，却在不知不觉中失去了创造信息的力量。学艺术的人渐渐习惯了欣赏，忘记了创造。所以，我希望同学们早日明确人生新阶段的目标，科学规划时间，合理安排时间，珍惜每一天，拒绝一切形式的拖延。沉下心来学习、钻研、探索、创造，充分利用好这一段难得的宝贵时光。

第二，勇于创新，贵在坚持。再过一个多月我们就将迎来党的十九大召开。十八大以来，党中央、国务院不断推进"创新驱动发展战略"，其中明确提出了建设创新型国家，培养创新型人才。具体到我们这个领域，什么叫创新？我的理解是，能够把一件事执着地坚持下去，而后通过自己不断丰富的思维去赋予它更多的内涵，就是创新。已故著名电影史学家李少白先生曾说，想要在学问上有所成就，首先要找准一个相对稳定的研究方向，把它做深、做透、做扎实，直到占领学术制高点。而不能心有旁骛、这山望得那山高，频繁改变自己的研究兴趣和关注范围。他引用《孟子》里的成语"掘井及泉"做比，意思是说人们做事就像挖井一样，坚持不懈，挖出水来才算得上成功。做学问，有时候最笨的办法，恰恰是最有效的方法。你若能盯着一个题目一做就是10年、20年，最后在这块"地盘"上，说话最有分量的人就是你。希望同学们勇于探索、勤于思考、敢于创新，贵在坚持，在科学研究、学术创新的道路上不断前行。

第三，修身立德，自觉肩负起时代使命。教育如何回馈社会？最根本的，是培养能够致力于社会进步与公共福祉的卓越人才。如果我们造就的只是失去灵魂的卓越，培养的只是精致的利己主义者，那不仅是教育的失败，也是社会的悲哀。蒸蒸日上的中国电影等待着你们大展宏图，繁荣发展的哲学社会科学事业呼唤更多的高素质人才，希望同学们立足现实，面向社会，在自己的研究和实践中，勇于面对中国电影行业的热点、难点问题，有强烈的现实关怀。希望同学们在学术研究的道路上，恪守学术道德，遵守学术规范，杜绝学术不端行为。通过导师的引领，以自己辛勤的劳作，收获创造的喜悦。

今天是 9 月 6 日，农历七月十六，再过四天就是教师节，再过一个月就是中秋节。借此机会，提前祝各位老师、各位同学及你们的亲人，节日快乐，阖家幸福！

(2017 年 9 月 6 日于中国电影资料馆多功能厅)

保护、修复、传承戏曲电影^①

欢迎大家莅临第六届中国（嘉峪关）国际短片电影展"首届兰州戏曲电影展映及高层论坛"的开幕式，非常高兴能够来到兰州，与诸位一起分享优秀的戏曲电影，讨论戏曲电影艺术的传承与发展。

戏曲艺术是我国民族文化珍宝，戏曲电影则是最具中国特色的片种。电影引入中国之初，被称为"影戏"。从那时起，戏曲与电影就结下了不解之缘。电影界的先辈们与戏曲大家携手，用影像保留下了珍贵的时代资料，也探索着两种艺术形式交流发展、传统美学与现代媒介融合共生的可行途径。

今天，戏曲电影似乎已不是大众视野中的流行片种。虽然中国的电影事业正处于大发展、大繁荣时期，戏曲电影，相比于其他类型影片，在市场上的表现并不突出。但我们不能忽视的是，戏曲艺术是我国传统文化的重要组成部分，深深植根于中华民族文化基因之中，与我们所有人血脉相连、精神相系。

习近平总书记指出："要努力从中华民族世世代代形成和积累的优秀传统文化中汲取营养和智慧，延续文化基因，萃取思想精华，展现精神魅力。要以时代精神激活中华优秀传统文化的生命力。"今天的文艺工作者应该秉承"不忘历史才能开辟未来，善于继承才能善于创新"的思路，积极响应"坚定文化自信、讲好中国故事"的时代命题。

我们身处电影产业大发展之中，振兴戏曲电影、传播戏曲文化就成为我们实现中国梦的重要任务之一。这不仅意味着保护中华民族的文化遗产，更要求我们继承与创新并举，开掘戏曲电影中的民族美学、民族道德、民族精神，让传统文化"活过来"，融入人民的日常生活、当代的精神文明之中。

中国电影资料馆（中国电影艺术研究中心）始终将戏曲电影的保存、研究、创作、传播视为重要的工作内容。"档案影片数字化修复工程"每年修复大量戏曲影像，在国家、社会的支持下，以现代的科学技术焕发影像遗产的不朽魅力；中国电影资料馆编著的《中国影片大典》特别将戏曲片放在与故事片同等重要

---

① 此文为在"首届兰州戏曲电影展映及高层论坛"开幕式上的致辞，题目后加。

的位置，梳理了自 1905 年中国电影诞生以来的戏曲电影发展历程与创作成果；馆内戏曲电影工作者长期致力于当下戏曲电影的研究、创作，出品了黄梅戏电影《传灯》和参与制作多部戏曲电影；而我们的艺术影院更是常年开设"银海戏苑"栏目，每周固定时间、固定场次，向公众放映不同模式、不同年代、不同剧种的优秀戏曲电影，并且多次邀请戏曲名家到场与观众交流。

我们非常荣幸能够参与主办"首届兰州戏曲电影展映及高层论坛"，将好的戏曲电影带到兰州，带给更多观众，也十分感谢各位嘉宾受邀到场，共同讨论戏曲电影、关心戏曲电影。这个活动今年只是第一年，但我希望，也衷心地相信，通过中国电影资料馆、其他主办单位和诸位的携手合作，它将常年举办下去，一年比一年办得更好，与今天的戏曲电影共同发展，在新时期的观众与传统文化精神之间搭建影像桥梁。

最后，我预祝"首届兰州戏曲电影展映及高层论坛"圆满成功。

现在我宣布：第六届中国（嘉峪关）国际短片展"首届兰州戏曲电影展映及高层论坛"开幕！

（2017 年 9 月 12 日于兰州市宁卧庄宾馆）

努力推动中国电影走出去①

很荣幸应金枫叶国际电影节组委会主席王娅辉女士的邀请来到美丽的温哥华参加电影节的活动，首先请允许我代表中国电影资料馆向"2017 加拿大金枫叶国际电影节"的开幕表示热烈的祝贺，向电影节组委会主席王娅辉女士及所有为电影节辛勤工作的朋友们表示衷心的感谢！

"加拿大金枫叶国际电影节"是在加拿大第一个被政府允许用国树枫树的"枫叶"命名的国家级全球性电影节。电影节得到中国国家新闻出版广电总局和加拿大联邦、省、市三级政府的大力支持，电影节重点打造全球性电影节品牌和中西电影文化交流促进国际平台，电影节还致力于不断提高与促进中国电影在北美及全球的影响力。对此我表示高度赞扬。中国电影资料馆愿与电影节组委会密切合作，不遗余力地为金枫叶国际电影节提供馆藏影片资源以及电影专家讲解服务，励志将电影节办得专业化、科学化、国际化，把更多、更好的中国经典电影带到加拿大，为中加两国文化交流发挥积极的推动作用。

今年 5 月，为了配合加拿大建国 150 周年系列活动——亚裔文化月中的活动，中国电影资料馆同王娅辉主席商定，举办一周主题为《中国印象·印象中国》中国经典电影回顾展，突出中国文化元素，放映了我馆提供的《马路天使》（1937）、《一江春水向东流》（1947）、《刘三姐》（1960）、《白求恩大夫》（1963）、《庐山恋》（1980）、《大撒把》（1992）、《刮痧》（2001）等中国影片。中国电影资料馆还派来两位专家为观众讲解影片，收到了很好的效果和评价。

中国国家新闻出版广电总局正在组织实施新闻出版广播影视国际传播能力建设工程，以此传播中国声音、展现中国精神、提升中国影响。国际传播能力建设工程的重要项目就是开展中国电影品牌国际提升行动，精心组织境外十大品牌"中国电影节"，完成"中国电影、普天同映"的海外布局，为传播中国声音、讲好中国故事而推动中国电影"走出去"。为此，中国电影资料馆正在做积极的工作，截至本月，中国电影资料馆与各国电影机构合作，在境外举办了 30 余次

---

① 此文为在 2017 加拿大金枫叶国际电影节开幕式上的致辞，题目后加。

中国电影展映活动。就在刚刚结束的第42届多伦多国际电影节上，我馆精致修复，由中国第二代导演史东山执导，郑君里、陈燕燕主演的1932年无声影片《奋斗》做了全球首映，并伴有现场钢琴配乐。现场观众随着剧情跌宕起伏，赞叹声、兴奋之情不绝于耳。中国电影资料馆力图通过更专业的电影市场和展映平台，让熟悉中国文化的华侨、喜欢中国电影的观众看到中国电影，并与有实力的境外电影组织开展合作，将更多的中国经典电影介绍到海外，努力推动中国电影走出去。

我再次诚挚感谢组委会及合作各方为电影节的顺利举办付出的巨大努力，预祝"2017加拿大金枫叶国际电影节"圆满成功！

（2017年9月22日于温哥华五帆酒店水晶厅）

2017年9月在加拿大金枫叶国际电影节开幕式上致辞

赴加参加"金枫叶国际电影节"

2017 年 9 月 22 至 26 日，应加拿大"金枫叶国际电影节"组委会的邀请，以中国电影资料馆党委书记宋培学为团长、人事处处长张庆、事业发展部主任黎涛、电影文化研究室副主任左衡为团员的四人代表团，赴加拿大温哥华参加"金枫叶国际电影节"及相关业务交流活动。

加拿大"金枫叶国际电影节"由加拿大 ME 传媒集团主办，设立于 2016 年，是加拿大崭新的电影节展。它以华人主办、推介华语优秀电影为特色，今年是第二届。今年年初，电影节组委会主席王娅辉女士与中国电影资料馆联系，表达了合作意愿，并提出希望得到中国电影资料馆的支持。中国电影资料馆对该电影节做了深度了解之后，双方达成了合作意向。随后，2017 年 5 月，为了配合加拿大建国 150 周年系列活动：亚裔文化月活动，中国电影资料馆同王娅辉主席商定，举办一周主题为"中国印象·印象中国"中国经典电影回顾展，放映了我馆提供的《马路天使》《一江春水向东流》等多部中国影片。中国电影资料馆还派出两名同志前往温哥华，为观众讲解影片，受到观众的欢迎，收到了很好的效果。此次代表团赴加拿大，主要是参加电影节的开闭幕式及相关活动，并考察该电影节的组织和影响等方面的情况，为下一步的合作打下良好的基础。

加拿大"金枫叶国际电影节"开幕式于当地时间 22 日晚 6 时在温哥华市五帆酒店水晶厅举行，开幕式前举行了隆重的走红毯仪式，各方嘉宾、明星及主创人员身着盛装，踏上红毯，在展板前签名留念，然后步入水晶大厅。中国驻温哥华总领馆总领事孔玮玮、金枫叶国际电影节组委会主席王娅辉、电影节评委会主席张明道等分别致辞，除对该电影节表示祝贺之外，也充分肯定了该电影节在发展当地电影文化、促进电影产业、推动中加电影合作等方面的作用和贡献。宋培学书记代表中国电影资料馆讲话，介绍了中国电影事业、产业欣欣向荣的情况和中国电影资料馆的地位及与该电影节合作的意义，并着重谈了中国电影资料馆为推动中国电影"走出去"所做的工作以及对本届电影节所做的帮助和支持。因此前已经组织电影节评委观摩参展影片，开幕式上也宣布了评选出的入围本届电影节竞赛单元的影片。

23 日上午，代表团参加了电影节组织的电影教育论坛。该论坛是此次电影节的学术活动之一，温哥华城市大学、温哥华电影学院、中央戏剧学院、广州大学等多个机构的代表参会。论坛主要着眼于电影人才的培养目标和就业能力等现实问题，比较务实，接地气。

23 日中午，受电影节组委会的邀请，宋培学书记接受了凤凰卫视的专访，主要谈了近年来中国电影事业和产业的发展情况及中国电影资料馆为推动中国电影走出去所做的工作。

24 日上午，代表团参观了温哥华最大的影视生产基地，北美电影制作器材公司。重点考察了影视制作的新设备、新技术，以及运作流程等管理方面的情况。

24 日晚，在温哥华贝尔艺术中心举行了金枫叶国际电影节闭幕式暨颁奖典礼，宋培学书记和黎涛主任出席，并作为颁奖嘉宾为获奖影片影人颁奖。

2017 年 9 月赴加拿大温哥华参加金枫叶国际电影节，图为开幕式前嘉宾走红毯

这次出访加拿大温哥华，由于时间紧、行程远，来回都非常匆忙，没有时间拜访温哥华电影学院和当地电影资料馆等相关机构。尽管如此，这次出访还是有很大收获的：一是加深了合作关系，建立良好沟通渠道。作为华人在北美组织举办的国际电影节，对方有较强的意愿与中国电影资料馆展开长久、深度的合作，从而得到国内电影行业的更多支持，特别是中国电影资料馆的多种优质资源的支

持。二是探索优质高效的合作模式。双方都意识到，彼此的合作应建立在更加专业、更加符合国际化电影节规律的基础上。其中最关键的，是建立合作模式，扎实有效地开展工作。三是重视传播效果。温哥华是北美华人的重要聚集区之一，如果加强传播方面的投入，会对当地华人产生很大吸引力。同时推动中国电影"走出去"，推广中国电影文化，打造中国形象，对北美电影和北美民众将会产生广泛影响。这对传播中国声音、讲好中国故事、展现中国精神、提升中国影响具有重大意义。

（2017 年 10 月 24 日于中国电影资料馆）

2017 年 9 月加拿大金枫叶国际电影节期间接受凤凰卫视专访，左起：王娅辉、主持人吴瑾、宋培学

开创中国电影史研究的新篇章①

经过一年多的筹备，第六届中国电影史年会隆重开幕了。我谨代表主办方之一——中国电影艺术研究中心（中国电影资料馆），向与会的专家学者和各位来宾表示诚挚的欢迎，向中国电影史研究工作者致以崇高的敬意！

为了推动电影史研究向纵深发展，我中心从 2012 年起，秉承"系统化""专题化"和"学术化"的原则，设立大型中国电影史学术论坛，2015 年正式更名为"中国电影史年会"。几年来，先后举办了以"中国早期电影""中国十七年电影""新时期电影""世界反法西斯战争与中国电影"以及去年的"1920 年代的中国电影：文化实践、人文追求、商业探索"等为主题的电影史年会。我们得到了多方的鼓励和肯定，在业内树立了颇有影响的学术品牌。本届"中国电影史年会"延续一贯主旨，继续为电影史学界的同仁们提供专业高端、会期稳定、气氛活跃的学术交流平台。

为了进一步增强国内各学术机构的深度交流，从 2015 年起，我们开始了与各高校联合举办中国电影史年会的办会模式，取得了很好的效果。今年，我们有幸与西南大学合办本届盛会。这是年会第一次走向西部（准确地说是西南部），西南大学新闻传媒学院是国内电影史研究的重镇，对于早期电影史尤其是战时中国电影的研究成果丰硕。在年会筹备期间，西南大学各级领导、老师和同学们给予了我们巨大的支持，在此，我谨代表中国电影艺术研究中心，对西南大学的鼎力支持表示衷心的感谢！

本届年会的主题是"1930 年代的中国电影：艺术追求、文化风貌、家国情怀"。在中国电影史上，1930 年代是一个繁荣与危机并存的时段。一方面，市场空前繁荣，艺术电影日臻成熟，有声电影初兴，电影评论空前活跃，各种电影运动风起云涌；另一方面，1931 年"九一八事变"之后，整个国家的文化在民族独立解放的语境中呈现出特殊的面貌。30 年代复杂的电影创作、理论、文化、产业等话题一直是中国电影史学界关注的焦点。

---

① 此文为在第六届中国电影史年会上的致辞。

此前，学界对上世纪30年代的电影做了大量卓有成效的研究。然而，对于这段电影史研究还有继续深入挖掘的空间。今年，本届年会得到学界同仁的空前关注与热情参与，报名人数首次超过220人，最终提交论文133篇，所提交论文数量为历年之最。为了保证论文质量，会务组与专家委员会启动了有史以来最为苛刻的审查尺度，将近一半的论文遭到淘汰，经过专家们的匿名评审、层层筛选，仅有69篇论文入选并受邀参加此次年会交流。今天，当我看到厚达750多页的论文集的时候，为中国电影史学界因各位同仁的坚守而深深感动。

管仲曾说："疑今者，察之古；不知来者，视之往。"我们的电影史研究脱离不了当下中国电影的现实语境。刚刚闭幕不久的党的"十九大"，是我们党在全面建成小康社会决胜阶段、中国特色社会主义进入新时代的关键时期召开的一次十分重要的大会，当前全国上下、社会各界都掀起了学习贯彻党的十九大精神的热潮。习近平总书记指出，"文化是一个国家、一个民族的灵魂""文化自信是一个国家、一个民族发展中更基本、更深沉、更持久的力量""没有高度的文化自信，没有文化的繁荣兴盛，就没有中华民族的伟大复兴"。综观世界大国兴衰的历史，无不是同文化的兴衰紧密相连。我相信，年会的成功举办，必将为今后中国电影理论、创作和产业发展提供建设性的学术成果。

中国电影艺术研究中心（中国电影资料馆）作为以电影档案工作为核心、业务和功能多元化的电影文化事业单位，是国家级的电影研究和保存机构，始终将电影档案的收集整理利用、电影理论研究、国内外电影学术交流和电影教学、电影报刊出版等工作作为工作重心，着力打造档案服务利用的平台，为电影研究创造基础性条件。为了推动中国电影迎来更大的繁荣，我馆职工积极为艺术电影的产业化发展贡献力量。去年，我们牵头成立了全国艺术电影放映联盟；经过了一年的发展，截至11月27日，已有145个城市433家影院的579个影厅加入全国艺术电影放映联盟，预计明年春天加盟银幕将达到1000块。未来中国电影资料馆会以更加开放、务实的态度服务观众和学术界。每年的电影史年会，我们都将继续拿出馆藏的珍贵影片，让大家在参与学术讨论的同时可以一饱眼福、不虚此行。

初冬的重庆北碚仍葆有暖意，西南大学的热情令人印象深刻。我希望，经过这次年会，大家不仅记住重庆火锅诱人的香味，还有学术盛宴的无限回味。大家留下的不仅有此刻相聚的记忆，更有对未来更多深入合作的期待。

最后，我要再次对新老朋友的大力支持和热情参与表示衷心的感谢！预祝本届年会取得圆满成功！祝大家讨论愉快，学术观摩愉快，生活愉快！

（2017年12月3日于重庆西南大学）

2017 年 12 月赴重庆西南大学参加第六届中国电影史年会

四十不惑^①

　　欢迎光临中国电影资料馆艺术影院，参加此次"辉煌中影——改革开放四十年精品展映"的开幕活动。

　　今年是我国改革开放40周年，"四十而不惑，不惑而心定。"习近平主席在今年的新年讲话中强调，我们要"以庆祝改革开放四十周年为契机，将改革进行到底"。

　　40年来，中国电影事业与产业经历了巨大的变革，发生了巨大变化。当前电影市场的繁荣无疑是改革开放的巨大硕果。而不断改革奋进中的"中影"，也正是见证了这40年来中国电影解放思想、转型升级的最具代表性的国有电影旗舰机构。近年来，中影始终坚持把社会效益放在首位，努力实现社会效益和经济效益相统一，创作、生产了各类影片百余部，《狼图腾》《百团大战》《中国合伙人》《建国大业》《建党伟业》《建军大业》等电影取得了广泛的社会影响。因此，在策划今年北影节改革开放主题特展时，我们很自然地考虑到，要把"中影"40年蓬勃发展的这一时间线索，纳入改革开放特展的构成版块中来。

　　此次精品展映涉及的影片，虽然只是过去"中影"拍摄的诸多作品中的一小部分，却又很具代表性地包含了从主旋律电影、商业类型片到作者风格电影，从内地、香港合拍到中外合拍的各个维度，相信通过这些作品，我们可以管窥时代的发展、历史的进步以及电影的变革。

　　今天，我们将为大家带来由"中影"在1987年参与合拍，并具有广泛国际声誉的杰作《末代皇帝》。

　　在决定这部影片放映时，我们也和这部影片的导演贝纳尔多·贝托鲁奇先生取得了联系，并向他发出了真挚的邀请，希望他能来北京参加电影节的同时，走一走看一看。

　　贝托鲁奇先生对我们的邀请，给予了热情的回应，并一度确定了自己的来华行程。但由于年事已高，身体欠佳，最终遗憾未能成行。但他也为我们以及广大

---

　　① 此文为在"辉煌中影——改革开放四十年精品展映"开幕式上的致辞，题目后加。

影迷发来了致电，在此，请允许我为大家转述。贝托鲁奇先生在致电中说：

> 对于这样一趟需要长时间辗转的旅程，我收到邀请时已经有点来不及准备了，但我仍然十分感谢电影节的邀请。同时，我也十分感谢你们提议说让我回到我深爱的北京，重新放映《末代皇帝》，做一次讲座或与青年电影人和学生们进行互动，我甚至希望还能见到我那几个依然住在北京的老朋友。
>
> 无法回到我最爱的餐厅、商店等等那些地方，无法去那些充满未来感的摩天大楼，那些瞬间在夜里闪耀起来，里面还有全北京最好吃的饺子和凉拌皮蛋海蜇的奇妙建筑，我心里感到一阵失落。但我这强烈的好奇和怀旧之情让我决定，我一定要再次回到中国。
>
> 可是，我此刻还不知道这个想法什么时候能成行。因为我现在的身体状况堪忧，而且我的新项目已经开始推进了。只要我以后的安排一有头绪，就会告诉你们。
>
> 献上我最真挚的祝福和感谢！
>
> 贝纳尔多·贝托鲁奇

在此，让我们祝愿77岁的贝托鲁奇先生身体健康。

最后，我也祝愿此次"辉煌中影——改革开放四十年精品展映"活动能够圆满成功，期待改革奋进的"中影"，能为我们所处的这个伟大时代带来越来越多的优秀作品。

（2018年4月8日于中国电影资料馆艺术影院）

打造网络大电影新生态①

  网络大电影是互联网和电影相结合的产物，又反哺于两者，网络大电影既能给视频网站带来流量，又能为电影产业带来活力，可以说是一门新兴的产业。网络大电影近几年快速发展，业界概括为 2013 年为萌芽期，2014 年为快速生长期，2015 年为野蛮生长期，2016 年为爆发成长期，2017 年为转型调整期。2014 年，网络大电影产量为 450 部，年度分账 Top20 总分账票房为 601.6 万。2015 年，网大产量 700 部，年度分账 Top20 总分账票房 5627.8 万。2016 年，网络大电影市场规模达 10 亿，年度 Top20 总分账票房达 1.98 亿。2017 年网络大电影产量为 2200 部，市场规模达 30 亿元。网络大电影呈现快速增长模式，原因主要有以下三个方面。

  一是低成本，回报快。网络大电影由于制作周期短、成本较低、分账环节少，投资人的风险大大降低。院线电影的投资基本是在千万以上，而一部网络大电影的投资是在百万级别的，相比之下，较低的成本给更多的电影人圆梦的机会。近年来不少网络大电影投资百万而收益上千万，超高的投资回报率，让投资者蜂拥而至。此外，网络大电影的制作周期比较短，制片方可以很快从平台得到合作分成，资金回笼快，可以在短期内实现资金的再增值。

  二是内容付费时代的到来。2016 年年底，国内视频付费用户数量高达 7500 万，增速 241%，是美国市场容量的 9 倍，2017 年该数值超过 1 亿，付费市场规模达到 145.8 亿。中国的付费视频市场已经成形。当今又是多屏时代，网络大电影更符合人们随时随地的观影习惯。例如，用户只要购买爱奇艺包月会员，就可以在电脑网页、手机移动终端等随时随地观看 VIP 电影，而不需要像观看院线电影那样到指定的电影院进行观看。

  三是创作者可以表达自我。网络大电影是向网而生的，是青年网络文化的重要集散地。网络大电影的创作者以年轻人为主，网络大电影的故事内容大多取材于创作者身边的人和事，或者创作者通过对社会热点与文化经典拆解重构，用幽

---

① 此文为在首届中国互联网电影高峰论坛上所作的主题演讲。

默的表现手法隐喻现实社会，以期引发关注和思考。例如，《山炮进城2》就是借助小沈阳各种幽默爆笑的段子，演绎了四位淳朴的东北"山炮"进京后的一系列窘态百出的故事，用这种幽默的方式隐喻了社会问题，引发了观众的思考。

网络大电影虽然已经驶入快车道，但是行业内仍然有许多不规范之处，产业链也不够完整。分析我国网络大电影目前市场现状，仍现存四大问题。

一、踩线、雷同问题较多

由于市场趋利性的诱导，什么题材赚钱就大量拍摄什么题材，全然不顾踩线、雷同。粗制滥造、同质化严重。如为了博得眼球，很多网络大电影主打香艳题材，用较为露骨的情节吸引流量。僵尸题材更是蜂拥而至。

二、电影类型单一

根据艺恩数据显示，惊悚、爱情、剧情、喜剧四种类型在网络大电影播放量中占比达91.2%，集中度高于院线电影，而在冒险、科幻、纪录片、战争片等方面弱于院线电影。各平台用户也都有差异化的观影偏好，爱奇艺的喜剧片数量较高，腾讯的惊悚、爱情片比例较高，乐视则在爱情、剧情、动作片比例较高。网络大电影的类型集中度过高，未能体现多元化。

三、投机泡沫

影视圈通过电影、电视、小说、动漫、游戏等跨行联动打通形成 IP 环，可以实现收益的长期增长。但是目前行业内一旦培育出一个 IP，市场上就容易出现众多追随者。投资者通过偷换片名，偷换主角名称，偷换背景时代，保留故事原主线，制造出一部相似的网络大电影，从而大赚一笔。这种不正常的竞争行为，不但损害艺术的创作，还会产生大量的投机泡沫，不利于网络大电影健康发展。

四、数据不透明

目前，网络大电影分账金额依据平台方提供的数据，合作方无法直接获取用户付费数据。分账的主要依据是有效播放量，分账主要是由视频网站后台人员进行数据统计再发给片方，网站平台具有绝对的话语权，但是如果视频网站的后台统计人员在提取数据时出现不规范行为，就容易带来问题。

网络大电影借助互联网飞速发展，具有良好的前景，但如何解决好行业现存的问题，构建网络大电影新生态，是每一个网络电影从业者应该思考的问题。在此提出打造网络大电影新生态的几点建议。

一、创新

网络大电影各个制片方要想取得竞争优势，就必须要标新立异。创新可以从以下五点进行：（1）题材的多元化，除了目前受观众喜爱的爱情、剧情、动作类型之外，还要拍摄其他类型的片子，如纪录片、科幻片等。（2）另类的讲述视角，寻找旧故事里的新角度，例如一直比较热门的盗墓类题材，爱奇艺选择独特的视角进行拍摄，制作出了爆款《老九门》。（3）创新性的戏剧逻辑，打破传统剧情，跃动性地讲述；平铺直叙很难营造强烈的代入感，无法增加观众粘度，只有不断制造悬念才能吸引观众继续观看。（4）故事具有时效性，符合主流市场的题材；模仿和跟风无法获得竞争优势，唯有坚持创新才是取胜的法宝。（5）技术创新，充分借助大数据、VR、杜比环绕音效等技术创新手段，制作出院线电影质感的网络大电影。

二、精品化

随着网络大电影进入洗牌期，大浪淘沙留下的大多是精品，视频网站作为自制电影的积极实践者，应该大力提倡网络大电影的精品化，这才符合传媒行业"内容为王"的准则。精品不同于爆款，要制造出精品，在选择和筹备网络大电影项目时就要在预算许可的情况下充分考虑剧本、制作团队、演员等要素，其中剧本是网络大电影的核心，好故事是一部作品的生命力。网络大电影项目要回归以剧本创作为中心，并准确把握市场最新动态，创作出延展性强的故事，创造良性循环的发展体系。在制作团队方面，过去网络大电影由于成本低、门槛低，是新人或者非专业团队的练兵场，但是随着网络大电影行业的竞争加剧，低质感的网络大电影已经不能满足观众的需求，因此对团队的制作水平提出了更高的要求。在演员方面，选择演员的首要标准是合适。演员的选择只有与人物设置相匹配，才能更好地把握对角色的演绎。例如在拍摄新《射雕英雄传》时，郭靖宇就大胆启用新人演员担当男女主角，两位新人演员精彩的表演获得了观众的一致好评，也为作品带来了不少的流量。所以，只有把握好剧本、制作团队、演员这三大关键要素，才能支撑起一部优质的网络大电影，并从中寻找艺术和商业的平衡。

三、合作透明

目前，网络大电影的制片方与平台方的分成模式包含：内容分成、营销分成、广告分成。合作方的收益取决于观众在平台的有效观看数量。（1）内容分成是根据有效付费点播量和内容评估定级两者的综合评估结果得出的。有效付费点播量可以根据付费观众单一付费授权播放时长超过 6 分钟及以上的行为计算，但是由于影片题材类型的不同，有效播放量的转化率也有所区别，主要以平台提供的数值为准。内容评级是根据各大平台内部的专业团队对作品内容进行评估。这两者的主动权都掌握在平台手中，评估的规则和方法对制作方来说不够透明，不利于双方的合作。（2）营销分成是指制片方除了在一个平台上播放，还可以对除已播平台之外的其他平台进行营销推广。（3）广告分成模式，就是双方按一定比例分配广告商支付的广告费。

由此可见，目前合作分成决定权主要掌握在互联网平台手中，虽然平台在后台建立数据查询系统供制片方查询相关数据，但是行业内不乏数据造假情况，平台的评审规则和办法也没有统一规范，不利于网络大电影的长期发展。因此作为平台方，应该主动推动数据和平台规则的透明化，确保双方的合作更加公开、公平和公正，促进网络大电影的可持续发展。

四、变革行业模式

互联网改变了电影生态，网络大电影作为电影行业新的风向标，正在改变电影行业的生态布局。首先，在人才培养方面，网络大电影可以作为院线电影创作人才的跳板，由于成本不高、风险不大，可以让年轻从业者试水了解行业规则，同时网络能带来与观众的互动，可以帮助年轻人在最短时间积累更多的经验和资源，为电影产业储备大量的人才。其次，从播放模式上来说，传统的院线电影下映之后会转移到互联网平台上播放；但如今也不乏优质的网络大电影已经成功实现从互联网到院线大屏幕的华丽逆袭，如《煎饼侠》和《万万没想到》等。网络大电影给予了电影作品更大的生存空间，弥补了院线电影产业中的某些缺失，院线电影与网络大电影或许将逐渐走向共融。

五、加强行业监管与自律

加强行业监管与自律，是网络大电影健康发展的必要条件。针对前一时期暴

露出强调官能刺激、制作粗制滥造、同质化严重等问题，国家新闻出版广电总局下发了《关于进一步规范网络视听节目传播秩序的通知》，对规范网络视听节目传播秩序、维护健康晴朗的网络空间提出了明确要求。行业主管部门也加强对网络大电影的监督与管理。一方面出台政策进一步强调导向要求，奖优罚劣；另一方面也强化了节目上线后的监看监管。2016－2017 年，共责令 169 部网络电影下线整改。主要视听网站也加强对平台上的网络大电影的审核与自查。如爱奇艺出台"禁九条"、腾讯制定"四倡导十抵制"等，自发清理了一大批导向不正、内容低俗的网络大电影。2017 年网络大电影行业基本告别野蛮生长模式，实现了从重规模增长向重品质提升的改变，触碰底线的现象锐减，整体格调显著提升。同时，一些传播正能量、弘扬真善美的网络大电影逐渐涌现。如最近由爱奇艺投资拍摄的网络大电影《西关大屋》就是一个很好的例证。

　　无论是网络大电影还是院线电影，都属于电影生态链的重要组成部分，任何一个电影人都应该秉持工匠精神，努力打造好 IP、好内容、好商业模式，从而实现网络大电影的新生态。

（2018 年 5 月 19 日于德州大剧院报告厅）

语言文字篇

谈日汉词语中的往返借用[①]

民族之间的贸易往来、文化交流、移民杂居、战争征服等各种形态的接触，都会引起语言间的接触。语言的接触有不同的类型，其中最常见的是词的借用，只要社会之间、民族之间有接触，就会有词语的借用。到目前为止世界上很少有一种语言真正和其他语言毫无借用关系，总是不免借入或借出。语言间的相互借用是语言间相互影响的必然结果，是语言发展过程普遍存在的现象。例如：汉语的"阿司匹林"是借自英语的"aspirin"，"布尔什维克"是借自俄语的"Вольшевик"，"戈壁"是借自蒙语的"ГоВь"；反过来，其他民族的语言也从汉语中吸取了不少借词。例如，英语的"silk"是借用汉语的"丝"，俄语中的"най"是借用汉语的"茶"。不同民族语言词的借用通常是采取直接借用，如"喀秋莎"就是汉语直接借用俄语的"Катнша"，或辗转借用，如汉语中的"香槟"一词，是汉语借自英语的"champagne"，英语又借自古法语的"champion"，而古法语又来源于中世纪拉丁语"campio"。但是，在汉语和日语的相互接触之中，却出现了一种特殊的借用现象——词语的往返借用，即一个词开始是日语从汉语中借过去，经过一段时间，汉语又从日语中借回来。这种词语的往返借用在印欧不同语系的两种语言之中是罕见的，而在日汉之间却是典型的、大量的。那么，日汉之间为什么会出现这种往返借用的现象？往返借用的一般情况怎样？它有什么特点？本文想从这些方面作一下尝试性的探讨。

一、词语往返借用的范围

1. 借词的处理

日语词汇中大量借用汉语词，这是众所公认的，而对于汉语词汇中来自日语的某些词语是否是借词，语言学界还众说纷纭。除了承认来自日语的音译词，如

---

① 此文为东北师范大学中国语言文学系本科毕业论文，在论文答辩中被评为优秀论文，撰写于1983年5月。

"瓦斯、浪漫、混凝土"等是借词外，其余大量的由日本人利用汉语原有的词语配合去翻译欧美语言的词，如"场合、革命、文化、哲学"等被汉语所吸收，这些词不为语言学界公认为借词。这方面的代表是王力先生，他认为"在这种情况下，我们不应该认为是汉语向日本语'借'词"，因为"这些词并不是日本语所固有的，它也不过是向西洋吸过来的。"①高子荣、张应德两先生也认为这些词"都是按照汉语的构词法构成的，并没有外来的标志"。②

我们说看汉语词汇里来自日语的词是否借词，主要看这个词首先是由日本人创造使用的还是由中国人创造使用的。大家知道，近代以来，亚洲最先向欧美学习先进科学技术和文明文化的是日本人，日本的明治维新要在我国现代化运动之前。随着日本人和欧美人的频繁接触，日本人首先创制使用了利用汉字的配合去意译欧美语言的词汇成分，并加以改造成为日语的词汇成分，创造出许许多多日语词汇中的新词，这些反映欧美文化、科学技术、社会生活等方面欧美语言来源的日语新词正好也是汉族人民所缺乏和需要的。于是，汉族人民就转从日语词汇中吸收了它们，而加以改造成汉语的借词。这些词来源虽然是欧美语言的词汇成分，但经过日本人创制使用已经成为日语的词汇成员，而汉族人民则是把这些已经成为日语词汇成员的日语新词，再度吸收到汉语里来，把它们改造成为汉语借词。所以，我们应该承认这些词是从日语词汇中吸收过来的。

我们承认用本语言的构词成分去"意译"外语的词，不能算做借词。日本人在吸收欧美文化的时候，曾经用汉字的配合去"意译"欧美语言中的词汇成分。从日语的角度来说，这些词尽管是根据欧美语言的词所反映的意义而加以采用的，但并不是日语的借词（实际上日本人也没有把这些词看成借词）。然而，从汉语的角度来说，就不是这样了，日语的"意译"不等于汉语的"意译"，实际上汉族人民是把日本人已经意译成表示新概念的词再次搬到汉语里来。所以，从汉语这一方来说，不能不算做借词。在这里我们还必须看到来自日语的借词具有特殊的性质，它与来自欧美语言的借词相比有自己的特点。比如拿汉语来自英语的借词来说，它主要是通过语音形式来借用的。汉语和英语属于不同的语系，无论在语言的声音上，还是在语言的书写形式上都丝毫没有关联，只能借助于语音来表示借词。例如：英语的"sofa"，汉语音译为"沙发"，"radar"音译为"雷达"，"tank"音译为"坦克"等等，这些词在直观上就给人一种外来的印象。然而，日语来源的借词却不同了，汉语和日语虽然属于两个不同的语系，但从文字的角度来看，在相当的程度上，日文和汉文是"通用"的。古代日本人自己没有文字，他们从汉族人民这里学到了汉文，就把汉族人民的文字搬了过去，作为自己的文字。虽然日本人后来曾经在汉文的基础上创造出假名来标示日语的读音，但是一直到现在为止，日文中还大量使用汉字，这就决定了汉语来自日语的借词采取文字的途径来借用，汉语中的日语来源的借词大都是把日语已用汉字写成的词直接搬到汉语里来，而汉族人民对这些汉字原都有其汉语的读音法，只要按照汉语读音去读就可以了，没有必要再去"音译"日语来源的借词。这样从构词法上来说，日本人"意译"欧美语言的成分和汉族人民"意译"欧美语言的成分在大多地方是不谋而合的，这就造成了日语来源的借词没有外来的标志，但是它并不等于不是借词，只要我们追溯它的来源，就可以知道它来自于日本。

2. 往返借用的范围

近代以来，汉语从日语中借用了大量翻译欧美语言的词语，这些词语概括为以下四类：

（1）先由日本人以汉字的配合去"音译"欧美语言的词，再由汉族人民直接吸收汉语里来的借词。如：

瓦斯、米、虎列拉、俱乐部

浪漫、淋巴、混凝土、曹达

（2）先由日本人以汉字的配合去"意译"欧美语言的词，再由汉族人民搬进汉语里来的借词。如：

美化、物质、哲学、抽象、电报

电流、导体、概念、放射、反应

（3）日本人借用古代汉语里的词语去"意译"欧美语言的词，再度由汉族人民借用过来的借词。如：

文化、分析、物理、铅笔、演说

讽刺、革命、阶级、劳动、具体

（4）纯粹日语来源的汉语借词（即日本原有的而非用汉字翻译欧美语言的日语词）。

场合、人口、市场、道具、景气

手续、取缔、见习、引渡、武士道③

本文所要讨论的是第三类，即日本人借用古代汉语里原有的词语去"意译"欧美语言的词近代返回中国的那部分。例如："铅笔"原是古代汉语中的一个词，古人以铅书字，谓之"铅笔"。《东观汉记》说："曹褒寝则怀铅笔，行则诵读书"，《任昉表》说"人蓄油素，家怀铅笔"。这里所提到的"铅笔"就是古人用以书写的铅造笔。近代日本人和欧美人接触后，欧美文具中有一种用石墨或加颜料的粘土做笔心的书写工具，英语叫"pencil"，日本人看到这个新事物后就以古代汉语中的"铅笔"去"意译"它，称之为"えんぴつ"。等到汉人也看到这个文具的时候，就把日语中意译为表示用石墨或加颜料的粘土做笔心的书写工具的新意义及其书写形式"铅笔"又搬了过来，读之为"qiānbǐ"。这样，"铅笔"这个词从开始自汉语借出，到最终由日语中返回，经过一次循环，往返借用，词形全无变化，只不过词义有了不同程度的演变而已。

二、产生往返借用的原因

1. 社会历史的发展是产生往返借用的前提

语言随着社会历史的发展而发展，这是语言发展的普遍规律。我们说的日汉词语的往返借用现象主要产生于近代。在古代日语只是单一地从汉语中借用词汇，而汉语并没有来源于日语的词汇，所以古代并不存在往返借用的问题。那么到了近代为什么会产生日汉之间词语往返借用的现象呢？我们不能不从社会历史中找原因。

近代不同于古代。古代的中国是政治、经济兴盛强大、文化进步繁荣的国家，是人类文明的主要发祥地之一。而古代的日本是在公元 4 至 5 世纪才在中国巨大文明的影响下度过野蛮而进入文明时代的，与美索不达米亚、埃及、印度、中国的文明发祥要落后 2000 至 4000 年左右。④然而日本民族具有自强不息的特点。同时，由于中日两国一衣带水，这就决定了日本民族在自己的历史发展过程中，必然要接受中华民族的先进文化。古代的中国，特别是隋唐时代文字文化和生活文化高度发展，使得周围诸国（如今日的日本、朝鲜、蒙古等）各民族像卫星一样，围绕着中国这个巨大的文化行星转动，形成了一个中国文化圈。其中的日本民族，为了把自己的国家建设成像中国一样具有高度文明的国家，曾经掀起了一个学习中国文化的热潮。"在古代中国文化范围内，可以说日本首先创造了自己的文字"⑤，这除了日本民族在当时的历史条件下，具有未被他民族侵略的地理环境之外，更重要的是日本民族具有"恰如婴儿追求母乳般地贪婪吸收外民族先进文明"⑥的主观条件。

然而，到了近代日本的目标转向了西方。18 世纪中期，首先发生在英国，后来扩展到全欧洲的工业革命改变了世界的经济结构和社会面貌，它"把一切民族甚至最野蛮的民族都卷到文明中来了"⑦，工业革命促进了西方现代科学技术的飞跃发展。1868 年日本明治维新后，建立了统一的中央集权国家。新政府上台后，为了国富民强，不满足于本国的政治、经济和文化，他们把视线投向了世界。这时的中国正值封建社会末期，封建统治者长期以来实行的闭关自守政策，使中国的资本主义发展处于萌芽状态。对于中国的政治、经济，日本已经不屑一顾了，而西方的资本主义经济体制以及现代化科学、技术和文化强烈地吸引着他们。1871 年以右大臣岩仓具视为全权大使，率领 48 人的大型使节团，前往欧美进行了将近两年的长期旅行，其目的是考察西洋先进文明，作为建设新日本的参考。⑧回国后，日本政府实行了一系列扶植近代工业的政策，迅速发展资本主义，并在政治、军事、教育、文化、产业的所有方面都吸收了西方近代文明的物质成果。"吸收西洋文明，是在继原始社会到文明社会的过渡时期和紧接着的飞鸟、奈良时期贵族吸收隋唐文明以后，在日本历史上第二次进行了全国性的吸收外国的文明。古代吸收隋唐文明，主要在法律制度、生产方式、艺术、佛教等方面，只是为了充实统治人民的组织机构、技术和丰富贵族的生活。但吸收近代西洋文明的规模就不仅如此，还包括生产技术和生产方式的变革。"⑨斯大林指出："工业和农业的不断发展，商业和运输业的不断发展，技术科学的不断发展，要求语言用进行这些工作所必需的新词语来充实它的词汇。"⑩随着日本吸收西方文化和本国科学、技术发展的要求，大量地接受西方政治、经济、哲学、文化艺术、科学等方面的新词语是其必然的结果。日本人在翻译西方书籍时，大多采取汉字的配合去"意译"欧美语言的新词，无形中为中国人间接吸收西方文化创造了条件。

从中国这方面来看，鸦片战争以后，中国逐步沦为半殖民地半封建社会，民族危机不断加深。当时，一些爱国的知识分子看到日本向西方资本主义国家学习很有成效，因此主张效法日本变法图强。1898年戊戌变法运动，就是在日本明治维新运动影响下发生的。戊戌变法失败后，梁启超东渡日本，在横滨出版了《清议报》和《新民丛报》。在这两种报刊的文章中，出现了大量的日语词语。从1896年，清政府开始派遣留学生留学日本，1901年至1911年仅十年间，中国留日学生达数千人。在日本的中国留学生，受到西方资本主义式的教育，接受了当时比较进步的民主思想。其中比较有影响的留学生如鲁迅、郭沫若、郁达夫等人，他们反对清朝政府，进行民族民主革命的宣传和科学的启蒙宣传。在他们的作品和文章中也吸收了大量的日语词，下面仅举鲁迅文章中的两段话为例：

"赫胥黎作《十九世纪后叶科学进步志》，论之曰，中世学校，咸以天文几何算术音乐为高等教育之四分科，学者非知其一，不足称有适当之教育。"⑪

"流风至今，则凡社会政治经济上一切权利，义必悉公诸众人，而风俗习惯道德宗教趣味好尚言语暨其他为作，俱欲去上下贤不肖之闲，以大归乎无差别。"⑫

其中"科学、几何、算术、教育、社会、政治、经济、权利、宗教"等词语都是来源于日语的借词。

此外，中国留学生还组织起来编译书籍，出版《译书汇编》杂志。经日本转译西方的哲学、社会科学、自然科学等各个方面的书籍，逐渐介绍到我国来。如：卢梭的《民约论》、孟德斯鸠的《万法精理》、约翰·穆勒的《自由原理》等。在翻译日本书籍的同时，日语中大量"音译"欧美语言的新词又被汉语吸收过来。

由此可见，社会历史的发展是产生往返借用的前提，没有近代中日两国特殊

的历史变化和民族接触，就不会产生往返借用的现象。

2. 日文和汉文的亲缘是产生往返借用的条件

近代日汉之间之所以出现词语的往返借用，除了与社会历史的发展有直接关系外，还与日文和汉文的亲缘有密切的联系。为了说明日文和汉文的亲缘，我们有必要了解一下日本语的历史。

追溯日本语的历史，在汉字进入之前，日本几乎没有固定的书面语言。虽然传说曾经有过"神文时代"，但现已无确凿史料可考。现存日本最古老的史书《日本书纪》应神记中有过这样的记载："十六年春二月，王仁来之。则太子菟道稚郎子师之。习诸典籍于王仁，莫不通达。所谓王仁者，是书首等之始祖也。"⑬《古事记》也说：应神天皇十六年，王仁携《论语》十卷、《千字文》一卷来朝，太子菟道稚郎子就学于王仁。⑭如果以上记载属实的话，可以想象至少从四世纪末至五世纪初，汉字和汉文已经由朝鲜进入日本。到了飞鸟、奈良时期、平安朝初期，正是我国的隋唐时代。日本从推古天皇十五年（607 年）第一次派遣使臣小野妹子起到宇多天皇宽平六年（894 年）前后共三次派遣隋使、19次派遣唐使。⑮日本的使节、留学生到中国来一方面学习隋唐朝的政治、经济和文化制度，另一方面把大量汉籍经典、史书文字引入日本。在此基础上，日本人创造出《万叶集》，这就是后来纯粹的日语标音文字——"假名"产生的母胎。

以"万叶假名"为母体，经过不断的简略和改造，后来发展成为"平假名"和"片假名"，到了江户时代，基本上形成了今天的书写形式。

汉字的输入不仅使日本产生了文字，产生了标音文字"假名"，产生了"假名"和汉字夹杂使用的文字表达形式，还和汉语一起给日语词汇输进了新鲜血液。不用说，日本人所使用的词语大部分来源于古汉语，日本的历法、制度、佛教、衣食住行和逢年过节的风俗习惯、游戏娱乐等词汇，大都从中国学到的。例如：

（1）表示食物的名称有：蜜（みつ）、豆腐（とうふ）、肉（にく）、茶（ちゃ）、麦（むぎ）、馒头（まんじゅう）等等。

（2）表示植物的名称有：竹（ちく）、菊（きく）、兰（らん）、芭蕉（ばしょう）、水仙（すいせん）、葡萄（ぶどう）等等。

（3）表示动物的名称有：马（うま）、豹（ひょう）、象（ぞう）、狮子（しし）、猩猩（しょうじょう）、骆驼（らくだ）等等。

（4）表示衣物、用具的名称有：草履（ぞうり）、木履（ぽっくり）、帽子（ぼうし）、算盘（そろばん）、头巾（ずきん）、蜡烛（ろうそく）等等。

据统计，《例解国语辞典》中，汉语词汇约占 59.3%；《角川国语辞典》中，汉语词汇约占 55%，⑯也就是说，汉语词汇在日语中比日本固有的"和语"词汇所占比重还要大。由此可见，汉语词汇于古代就深深扎根于日语之中，与日本固

有的词汇融为一体，成为日语词汇不可分割的组成部分。

正因为日文和汉文结下了如此亲缘，所以到了近代，日本在接受西方新事物时，自然而然地使用日语词汇的组成部分——汉字相互搭配去"意译"欧美语言的新词。而当利用汉字组合搭配还不能满足需要时，日本人又寻找了另外的途径，即直接从古汉语中借用了适合他们需要的词语去翻译欧美语言。例如：用"文法"译英语的"grammar"，用"分析"译英语的"analysis"，用"物理"译英语的"physics"，用"阶级"译英语的"class"，用"革命"译英语的"revolution"，用"权利"译英语的"right"，用"机械"译英语的"machine"等等。到了我国大规模地翻译西方书籍时，这些被日本人从古汉语中借去翻译欧美语言的新词，对汉族人民来说，形式上并不陌生，内容上恰合心愿。所以汉族人民很愿意顺手拈来，作为汉语借词，不必另起炉灶，再拟译名。因此，我们说近代日汉词语往返借用的产生不是偶然的，是与日文和汉文的亲缘有密切联系的。

三、日汉词语往返借用的一般情况

社会历史发展变化的原因，日文和汉文具有悠久亲缘的原因，使得近代日语和汉语之间产生了往返借用的现象。那么，这种往返借用的一般情况怎样？它有什么特点？我们通过下表具体词语的分析略见其一般。

词语	古汉语意义[17]	日语借去		汉语借回	
		语音	词义[18]	语音	词义[19]
文化	以文德教化。汉·刘向《说范·指武》："凡武之与，为不服也，文化不改，然后加诛。"晋·束晳《补亡诗》："文化内辑，武功外悠。"	ぶんか	译英语 culture 人们通过学习从社会中获得生活方法的总称。包括涉及最初的衣食住技术以及学问、艺术、道德、宗教等物质和精神两个方面的生活形式和内容。	wénhuà	同左。
文明	①文理光明。《易经·乾卦文言》："天下文明。"②有文化的状态。与"野蛮"相对。清·李渔《闲情偶寄》："若因好句不来遂以俚词塞责，则走入荒芜一路，求辟草昧而致文明，不可得矣。"	ぶんめい	译英语 civilization ①人类智慧进步、开化的世界。特指依靠生产工具的发达提高生产水平，承认人权尊重和机会均匀等原则的社会，即近代社会状态。②与宗教、道德、学问等精神所产的狭义文化相对，指人们的技术的物质的所产。	wénmíng	①同左。②同左。如：物质～。

词语	古汉语意义	日语借去		汉语借回	
		语音	词义	语音	词义
文法	文制、法令条文。《史记·李广传》："程不识孝景时以数直谏为中大夫，为人廉，谨于文法。"	ぶんぽう	译英语 grammar [语] 把一种语言的构成要素从形态和句法结构的角度进行分析、记述的研究。由普通形态论和语法论构成，有时也加上音韵论。	wénfǎ	同左。
分析	①判别、区分。《汉书·孔安国传》："世所传百两篇者出东莱张霸，分析合二十九篇，以为数十。" ②离别。晋·刘越石《答卢谌诗一首并书》："但分析之日，不能不怅怅耳。"	ぶんせき	译英语 analysis ①把某一事物分解，使之清晰地分成各种成分、要素、侧面。 ②[化] 对物质的鉴别、化验及其化学的构成进行定性、定量的识别工作。 ③[论] 1) 把构成概念、诸征表清楚地分成各个部分。2) 从可以证明的命题出发，使之向着成立的条件不断地追溯下去的证明方法。与"综合"相对。	fēnxī	把一件事物、一种现象、一个概念分成简单的组成部分，找出这些部分的本质属性和彼此之间的关系（跟综合相对）。如：化学~，~问题。
物理	事物之理。《晋书·明帝纪》："帝聪明机断，尤精物理。"	ぶつり	译英语 physics（物理学） 自然科学的一个部门。研究物体的力学运动、热、光、电磁现象、物质构造等的学问。	wùlǐ	同左。
演说	①推演其说。《书经洪范》疏："自初一曰五行，至威用六极，皆是禹次第而叙之，下文更将此九类演说之。" ②解说。《长阿含经》："帝释白佛言：'愿开闲暇，一决我疑。'佛言：'随汝所问，我当为汝一一演说。'"	えんぜつ	译英语 oration 在众人面前陈述自己的主义、主张、见解。	yǎnshuō	同左。
具体	具有全体。《孟子·公孙丑》："冉牛、闵子、颜渊则具体而微。"	ぐたい	译英语 concrete 具体个体的特殊形态、性质。	jùtǐ	同左。

词语	古汉语意义	日语借去		汉语借回	
		语音	词义	语音	词义
封建	王者以土地分封诸侯，使之建国，谓之"封建"。《左传·僖公二十四年》："昔周公吊二叔之不咸，故封建亲戚以蕃屏周。"	ほうけん	译英语 feudal ①封建制度。 ②封建的、封建制度的。	fēngjiàn	①同左。 ②同左。 如：头脑~。
阶级	《三国志》："异遵卑之礼使高下有差，阶级逾邈。"谓官位之有等如阶之差。	かいきゅう	译英语 class 主要指生产关系上的利害、地位、性质等相同的社会集团。如：工人~。	jiējí	同左。
保险	谓保据险要之地。《隋书·刘元进传》："其余党往往保险为盗。"权德《舆文》："朱崖黎民，保险三代。"	ほけん	译英语 insurance 集中分散的社会资金，补偿因自然灾害、意外事故或人身伤亡而造成的损失的方法。参加保险的人或单位，向保险机关按期缴纳一定数量的费用，保险机关对在保险责任范围内所受到的损失负赔偿责任。	bǎoxiǎn	同左。
自由	谓率行己意。《杜甫诗》："送客逢春可自由。"	じゆう	译英语 freedom 不受外来的拘束、束缚、强制、支配。也适用于像"物体自由下落"的自然现象。	zìyóu	同左。
革命	改变天命。《易经·革卦》："天地革而四时成，汤武革命，顺乎天而应乎人。"	かくめい	译英语 revolution ①历来的被统治阶级从统治阶级手中夺取国家权力，急剧地变革社会组织。如：无产阶级~。 ②急剧的变革。如：产业~。	gémìng	①同左。 ②同左。
环境	环绕全境。《元史·佘阙传》："环境筑堡寨，选精甲外扞，而耕稼于中。"	かんきょう	译英语 environment 四周的外界、周围的事物。特指围绕人类或生物界，与此发生相互作用的客观外界。分自然环境和社会环境。	huánjìng	同左。

词语	古汉语意义	日语借去		汉语借回	
		语音	词义	语音	词义
意味	乐趣之意。《白居易诗》："偷间意味胜常开。"《杜牧诗》："始觉空门意味长。"	いみ	译英语 signify ①与某种表现相对应的，通过它所表现的内容。②事物在它所关联的方面具有的价值、重要性。	yìwèi	①汉语用"意味着"表示，如：生产力的提高～劳动力的节省。
权利	谓权势货财。《史记·灌夫传》："陂池田园、宗族宾客，为权利，横于颖川。"	けんり	译英语 right［法］①主张一定的利益，并把它作为享受的手段，法律赋予有一定资格的人的权力。②获得做某种事情或不做某种事情的能力，与义务相对。	quánlì	同左。
机械	喻人之巧诈曰机械。《庄子·天地》："有机械者必有机事，有机事者必有机心。"《淮南子》："故机械之心藏于胸中。"	きかい	译英语 machine ［机］由抵抗外力的物体的结合，构成一定的相对运动，把从外部给予的能量转化成有用的功。大致由原动机构、传导机构、作业机构三种机构组织。	jīxiè	同左。
机关	①谓机械心。《黄庭坚诗》："多少长安名利客，机关用尽不如君。"②《鬼谷子·权篇》："口者机关也，所以闭情意也。"③谓事之发动所由者。《易林》："甘露醴泉，太平机关。"	きかん	译英语 engine 将火力、电力、水力等的能量转变成机械能量传送给其他的机械装置。即蒸气机关、内燃机关、水力机关等的总称。 译英语 organ 个人或者集团为了达到其目的而设置的组织。如：执行～、金融～。	jīguān	同左。
机会	《韩愈·与柳中丞书》："动皆中于机会。""机"是"随机应变"的机，"会"是"适逢其会"的会。	きかい	译英语 opportunity 做某种事情的适当时机。	jīhuì	同左。
劳动	《白居易诗》："劳动故人庞阁老，提鱼携酒远相寻。"犹言有劳、感谢之意。	ろうどう	译英语 labour 人类把对其生活有用的手、脚、头脑，通过活动改变其自然质料的过程。 译英语 work 使用体力干活。	láodòng	同左。

150

词语	古汉语意义	日语借去		汉语借回	
		语音	词义	语音	词义
政治	①政事得以治理。《书·毕命》："道洽政治，泽润生民。" ②治理国家所施行的一切措施。《周礼·地保遂人》："掌其政治禁令。"	せいじ	译英语 politics 关系权力的行使和权力的获得、维持的现象。关系作为君主国家的统治作用。在此以外的社会集团及集团之间，这个概念也适用。	zhèngzhì	同左。
社会	古时社日，里社举行的赛会。《东京梦华录》："八月秋舍，市学先生，预敛诸生钱作社会，春社重午重九，亦是如是。"	しゃかい	译英语 society ①所有形态的人们的生活集团。家族、村落、行会、教会、群集、阶级、国家、政党等是它的主要形态。 ②由众多的各种集团的相互作用的总和组成的全体社会。	shèhuì	同左。
教育	《孟子·尽心》："得天下英才而教育之。"《说文》："教，上所施，下所效也；育，养子使作善也。"	きょういく	译英语 education 社会具备的基本机能之一。对人类进行有意图的活动，使之变成所希望的形态、实现价值。根据其开展的场所有家庭教育、学校教育、社会教育等之别。	jiàoyù	同左。
信用	谓信而用之。《左传》："其君能下人，必能信用其民。"	しんよう	译英语 credit［经］ 付给与被付给之间在时间上不吻合的交换。购入物品以其代价日后付款等之类。	xìnyòng	同左。
精神	①天地万物之精气。《礼聘仪》："精神见于山川、地也。"注："精神亦为精气也。" ②神志、心神。《庄子·天道》："水静犹明，而况精神！" ③精力。《汉书·邹阳传》："虽竭精神欲开忠于当世之君，则人主必袭按剑相眄之迹矣。"	せいしん	译英语 spirit ①与物质、肉体相对而言的心灵灵魂。 ②理性的、能动的、有意识的心灵活动。 ③事物根本的意义。 ④在形而上学方面假设的非物质的实体。例如：思考万物的理性根源力量的黑格尔的绝对精神之类。	jīngshén	

词语	古汉语意义	日语借去		汉语借回	
		语音	词义	语音	词义
经济	经世济民。《文中子》："皆有经济之道。"	けいざい	译英语 economics 构成人类共同生活基础的物质财产的生产、分配、消费行为、过程以及通过它所形成的人与人之间的社会关系的总体。	jīngjì	同左。
共和	《史记·周本纪》："厉王出奔于彘，召公、周公二相行政，号曰共和。"	きょうわ	译英语 republic（共和制）国家元首和国家权力机关定期选举产生的一种政治制度。	gònghé	同左。
主义	意旨。《史记·太史公自序》："敢犯颜色，以达主义，不顾其身。"	しゅぎ	译英语 doctrine ①在思想、学说方面明确的立场。②特定的制度、体制或态度。如：资本主义、经济主义。	zhǔyì	同左。
惟一	谓专一之意。《书·大禹谟》："惟精惟一，允执厥中。"	ゆういつ	译英语 unique 独一无二的。	wéiyī	同左。
专制	独断行事。《淮南子·氾论》："周公事文王也，行无专制。"《汉书》："夫以吕太后之严，立诸吕为三王，擅权专制。"	せんせい	译英语 autocracy ①专制制度。②独裁政府、独裁统治的国家。	zhuānzhì	同左。
同志	①谓志向相同。《国语·晋语》："同姓则同德，同德则同心，同心则同志。"《后汉书·卓茂传》："六人同志，不仕王莽。" ②同一志向的人。《周礼·大司徒》"五曰联朋友"注："同志曰友。"	どうし	译英语 comrade 亲密的同伴、同事。	tóngzhì	同左。

以上举例分析了30个词语的往返借用情况，此外属于往返借用的词语还有许多。如：讽刺、议决、博士、方面、法律、表情、住所、会计、改造、课程、计划、检讨、规则、抗议、讲义、故意、交际、交涉、构造、教授、领会、流

行、进步、理性、思想、间谍、侵略、悲观、乐观、军事、法则、关系、刑法、供给、消化、相对、服从、想象、卫生、选举等等。由于篇幅所限，不再一一分析。

通过这 30 个实例我们可以总结出近代日汉词语的往返借用具有以下几个方面的特点。

1. 语音互不干扰，即日汉词语往返借用不牵扯到语音的问题，这是区别于借用欧美语言的一大特征。

古汉语中单音词占绝大多数，日本人在隋唐时代所接受过去的汉字，基本上都是古汉语中的单音词。这些单音词，按照日本语音系统有"训读"和"音读"两种发音，例如："山"训读为"やま"，音读为"さん"；"人"训读为"ひと"，音读为"じん"。到了近代，日本人在从古汉语中借用双音词语翻译欧美语言时，没有再借用汉语的读音，而是把这个双音词语的两个汉字按日语语音体系中的音读法拼合在一起，形成一个新词的读音。如："文"音读为"ぶん"，"化"音读为"か"，"文化"拼合成"ぶんか"。等到汉语再次从日语中借回"文化"这个词时，更不必借用日语的读音，只要按汉语原有的读音法念成"wénhuà"就可以了。这也是近代日汉词语之间大量出现往返借用的原因之一。

2. 书写形式没有改变，这一点也是不同于借用欧美语言的。

日语的文字是假名、汉字夹杂的书写形式，其中汉字在日语文字中又占有相当重要的地位，而这些汉字基本上是中日两国通用的，所以不管是日语借用古汉语的词语去翻译欧美语言也好，还是汉语从日语中再次借回也好，都没有必要去改变其书写形式。如果改变反倒增加了麻烦。这一点与日文和汉文在历史上形成的亲缘是密不可分的。

3. 词义发生了彻底改变。

词语借用的目的，是为了表示新的事物、新的概念。而一般的借用，无论词的内容或形式都是本民族所没有的，如汉语借用英语的"雷达"，从词的内容来讲，表示一种利用极短的无线电波进行探测的装置，代表一个新的事物；从词的形式来讲，它是音译英语的"radar"，造出现代汉语中一个新词。而日汉词语的往返借用却不同了，"文化"在古汉语中就出现过，它表示"以文德教化"之意，日本人借用它去翻译英语的"culture"，赋予它一种新的意义，这种新的意义在古汉语中是没有的，是日本人利用古汉语这个旧的形式，装上了西洋的新内容。而汉族人民根据自己的需要再次从日语中把"文化"这个词的新意义搬用过来，在其往返借用过程之中，词义发生了改变。当然，汉语的再次借用并不是原封不动地照搬，而是适用于汉语的需要加以改造，如"分析"一词，日语用来翻译英语的"analysis"之后，有三种意义，其中后两种是专业术语，汉语再

次借用时，将三种意义概括为一种意义，使之适用于一切事物，实际上是扩大了词义范围。"权利"一词，日语用来翻译英语"right"之后有两种意义，而汉语再次借用时，根据需要只借用其中的一种，实际上是词义的缩小。但是，就绝大多数词来讲，汉语再次借用时意义并没有改变。

词语的借用是各民族语言当中普遍存在的现象，而日汉之间词语的往返借用却是比较特殊的现象。研究这种现象的产生原因、一般情况及其特点，对于研究日汉词汇比较、汉语外来语的历史将有重要的意义。本文试从这个方面作了初步的探讨，不当之处，请批评指正。

注释：

① 王力：《汉语史稿》，中华书局1980年版，528页。

② 高子荣、张应德：《意译词是外来词吗?》，《语文学习》，1958年第3期。

③ 参见高名凯：《现代汉语外来词研究》，文字改革出版社1958年版，82～88页。

④ [日] 井上清著：《日本历史》，天津历史研究所译校，1974年版，31页。

⑤⑥ 同上，84页。

⑦ 《马克思恩格斯选集》第1卷，252页。

⑧ 参见 [日] 井上清著：《日本历史》，天津历史研究所译校，1975年版，522～523页。

⑨ 同上，558页。

⑩ 斯大林：《马克思主义和语言学问题》，《斯大林选集》下卷，506页。

⑪ 《科学史教篇》，1907年作，发表于1908年6月东京《河南》月刊第5号。

⑫ 《文化偏至论》，1907年作，发表于1908年8月东京《河南》月刊第7号。

⑬⑭参见岩波讲座《日本语》8，《文字》，164～165页。

⑮ [日] 木宫泰彦著：《日中文化交流史》，商务印书馆1980年版，50～52、60页。

⑯ 参见宋文军《汉字在日语中的作用》，《日语学习与研究》，1981年第2期。

⑰ 参见《辞源》修订本，商务印书馆。

⑱ 参见《广辞苑》，新村出编，岩波书店，昭和53年版。

⑲ 参见《现代汉语词典》，中国社会科学院语言研究所编，商务印书馆1979年版。

论《左传》"谓"字句式①

"谓"字在《左传》中共出现 523 次，全部用作动词。这说明"谓"字在《左传》时代是一个常用动词。然而，由于"谓"字经常出现在谈话之中，经常表示某人对另一人或事物的称谓，经常表示某人对另一人或事物的评论。所以，由"谓"字可以组成各种复杂的句式，本文试图以《左传》为材料，分析由"谓"字构成的种种句式。

1. 由"谓"字组成的记事记言结构

由"谓"字组成记事记言结构是"谓"字的基本用法。《左传》中它的比重最大，一个句子里常常出现"谓"字和"曰"字两个动词配合使用。我们把它记之为：

S N_1 + 谓 + NP_1 + 曰 + NP_2

N 表示名词，NP 表示名词性短语。《左传》中这样的句子共有 185 例，如：

①秦伯谓郤芮曰："公子谁恃？"（僖公 9）
②姬谓大子曰："君梦齐姜，必速祭之！"（僖公 4）

在 S 式中，N_1 是动作的发出者。一般由表示人的名词或代词充当，两个动词"谓"和"曰"客观上只表示一个行为，只是从不同的角度说出罢了。"谓"的主要作用在于指明对象，尽管"谓"和"曰"都表示"说"的含义，但两者选择功能不同。"谓"只能带对象宾语，"曰"只能带直接引语。因此，当两种宾语都出现时，常需要"谓"和"曰"的配合作用。

S 式是基本的记事记言句式，为了表达上的需要，由此而派生出五种变换句式。

S_1 N_1 + 谓 + NP_1 +（曰）+ NP_2

这种句式省略了谓语动词"曰"，省略后，"谓"的对象宾语后紧跟上了直

---

① 此文为全国青年语法史研究会第二届年会提交的论文，撰写于 1988 年 4 月。

接引语。如：

③人谓崔子："必杀之！"（襄公25）

例③省略了动词"曰"，省略后有强调直接引语的作用。

S_2　　（N_1）＋谓＋NP_1＋曰＋NP_2

这种句式省略了主语 N_1，N_1 的省略是承上省略，如：

④雍姬知之，谓其母曰："父与夫孰亲？"（桓公15）

例④承接上一个分句"雍姬知之"，而省略主语"雍姬"。

S_3　　（N_1）＋谓＋NP_1＋（曰）＋NP_2

这种句式出现了两部分省略，N_1 是承上省略，谓语动词"曰"同 S_1 式一样，也是具有强调作用的省略。如：

⑤冬楚子为陈夏氏乱故，伐陈。谓陈人"无动！将讨于少西氏。"（宣公11）

此例"谓陈人'无动！将讨于少西氏'"是承上一句"冬楚子为陈夏氏乱故，伐陈"而省略了主语"楚子"，同时又省略了第二个谓语动词"曰"，而进一步强调说的内容。

S_4　　（N_1）＋VP＋谓＋NP_1＋曰＋NP_2

这种句式的谓语动词"谓"的前边出现了动词性成分VP，它与动词"谓"构成连动结构。如：

⑥将作乱而谓之曰："公孟之不善，子所知也。"（昭公20）。

例⑥中，主语 N_1 承上省略，"作乱"与"谓""曰"三个动词构成连动句式。

S_5　　N_1＋使＋N_2＋谓＋NP_1＋曰＋NP_2

⑦季康子使冉有谓之曰："千乘之国，不信其盟。"（哀公14）

S_5 与 S_4 的不同之处在于：S_5 的 VP 只限于"使""命"等使令动词，并增加了 N_2 一项，这就与"谓"构成兼语结构，整个句式结构更加复杂，意义更加丰富。

S_5 中的 N_1、N_2、"曰"，依据不同的上下文，有时可以省略。

2. 由"所谓"构成的句式

"谓"字另一用法是同代词"所"字结合，组成"所谓"这一凝固形式，用于名词或名词性短语前作定语。"所谓"在《左传》中共出现36次，可分为三种类型。

S_1　　所谓……者＋VP

"所谓"这一凝固形式同"者"字结合，组成"所谓……者"。"所谓……者"的作用相当于名词性短语，在句中作主语。如：

⑧谚所谓"辅车相依，唇亡齿寒"者，其虞虢之谓也。（僖公5）

此例"所谓……者"的作用是用来提出需要解释的问题，包括直接引用别人的话（多为谚语、古语等），然后下文接着加以明确解释。

有时"所谓……者"也直接用来解释上文，这种情况一般作判断句的谓语。如：

⑨此谚所谓"疣焉而纵寻斧焉"者也。（文公7）

S$_2$　　所谓…… + VP

有时用"所谓……"直接提出问题，然后加以解释，这种"所谓……"的作用同"所谓……者"的作用一样，相当于名词性短语，一般作句中主语。如：

⑩所谓道，忠于民而信于神也。（桓公6）

S$_3$　　（NP）+ 所谓……

S$_3$ 式的"所谓……"以整体用于句子后项，表示对上文所叙述的事情加以说明性的判断，它一般作判断谓语。如：

⑪其夫贱妨贵，少陵长，远间亲，新间旧，小加大，淫破义，所谓六逆也。（隐公3）

3. 由"谓"字构成的动宾句式

本节只讨论由"谓"字构成的双宾句式和宾语前置句式，一般动宾句放到4节主谓句中涉及。

3.1 由"谓"字构成的双宾句式

《左传》中出现由"谓"字构成的双宾句共55例，我们把它记为：

S　　NP + 谓 + N$_1$ + N$_2$

NP为主语部分的名词性短语，N$_1$ 为间接宾语，N$_2$ 为直接宾语。这种句式中，"谓"表示"说、称谓"的含义，N$_1$ 表示"谓"的对象，N$_2$ 表示"谓"的内容或名称。如：

⑫楚人谓乳穀，谓虎於菟。（宣公4）

⑬泰伯曰："国谓君何？"（僖公15）

例⑫"谓乳穀"就是"谓乳为穀"的意思，"乳"是称谓的对象，"穀"是称谓的名称。例⑬"谓"是"说、议论"的意思，"君"是"谓"的对象，"何"是"谓"的内容。

《左传》"谓"字构成的双宾语句中，N$_1$ 多用"之"来表示，构成"谓之……"，这样S式就变成：

S$_1$　　（NP）+ 谓之 + N$_2$

⑭请京，使居之，谓之京城大叔。（隐公1）

此例比照例⑫可以看出，N₁这项的内容被"之"代替，很明显"之"在这里是代词。

S式中，有时直接宾语不是名词性成分，而是一个动词性成分，这时S式变为：

S₂　　（NP）＋谓之＋VP

⑮不轨不物，谓之乱政。（隐公5）

例⑮中的"乱政"虽然是一个动宾短语，但它仍然是谓语动词"谓"称谓的内容，它以一个整体作"谓"的直接宾语。

3.2　由"谓"字构成的宾语前置句式

《左传》中，由"谓"字构成的宾语前置句式有50例。其中绝大多数是有结构标志的宾语前置，我们把它记为：

S　　NP＋N₁＋之谓

在此句式中，NP是名词性短语，作句中主语，N₁是前置宾语，"之"是标志宾语前置的助词。如：

⑯此三志者，晋之谓矣。（僖公28）

有时标志宾语前置的助词不用"之"，而用"是"。如：

⑰对曰："主是谓矣。"（昭公1）

《左传》中有少数宾语前置没有结构标志，但前置宾语必须是疑问代词，这样S式变为：

S₁　　NP＋N₁＋谓

⑱古人有言曰："死而不朽"，何谓也？（襄公24）

此例的"何"是疑问代词，置于动词前，这正符合疑问代词作宾语置于动词前的规则。

4. 由"谓"构成的主谓句式

本节分析两种主谓句式。一是由"谓"字构成的"是谓""……之谓"句式；二是由"谓"字构成的一般主谓句式。

4.1　由"谓"字构成的"是谓""……之谓"句式

之所以将"是谓"、"……之谓"单独提出，是因为《左传》中"是谓""……之谓"句出现较多，而且结构复杂。

《左传》中"是谓"句共出现26例，其格式为：

S₁　　N₁（是）＋谓＋（N₂＋VP）

⑲曰:"是谓'观国之光,利用宾于王'。"(庄公22)

例⑲的"是"是指示代词,作句中主语。谓语动词"谓"的宾语是一个主谓短语,它以整体做"谓"的内容,"谓"表示"说"的意义。

当谓语动词"谓"的宾语是一个动词性短语时,S₁式则变为:

S₂   N₁(是)+谓+VP

⑳吉也闻之,弃同即异,是谓离德。(襄公29)

S₂与S₁的不同之处在于:谓语动词"谓"的宾语不是主谓短语,而是一个动词性短语。"谓"所带宾语不同,表示的意义也不一样,例⑳的"谓"表示"称谓"的意义。

《左传》共有"……之谓"句19例,其主要形式为:

S   NP₁+之谓+NP₂

㉑为之歌秦,曰:"此之谓夏声。"(襄公29)

有人认为这种结构是宾语前置,"之"是复指前面的代词,其实这是一种误解。

我们认为这种"此之谓"是承接上文的主谓结构,"之"是主谓之间的结构助词。

(1)"此之谓"与"是谓"句实属同类。试以例㉑为例分析,指示代词"此"虽然在意义上指代的是上一分句的"秦",但在结构上已与指代者毫无关系,它已独立成句,"此"是主谓结构中的主语,谓语动词"谓"带有宾语"夏声"。

有时这种句式前面被说明、解释的内容不用"此""是"指代,而直接同"之谓"结合,构成主谓结构。如:

㉒子父不奸之谓礼。(僖公7)

(2)比照例⑲⑳,可以看出两种句式结构相同,作用一样。所不同之处:"此之谓"句多一个"之"字。这个"之"是结构助词,它的语法作用有两个,一取消小句的独立性,如例㉒;二突出强调谓语,如例㉑。

《左传》中的"……之谓"句除S式外,还有三种变例:

S₁   (N₁+VP)+之谓+N₂

上文所举的㉒例就是这类,充当句子主语的是主谓短语。

S₂   VP+之谓+N₂

㉓先轸曰:"子与之!定人之谓礼"(僖公28)

此句的主语为动词性成分。

S₃   N₁+之谓+VP

㉔君子曰:"此之谓弃礼,必不钧"(宣公10)

此句"谓"的宾语是个动词性成分。

从上述的"……之谓"句可以看出，这种句式常常表示个人对某一问题的看法，因此带有比较强烈的主观色彩，"谓"字含有"叫做""算是"一类意义。

4.2　由"谓"字构成的一般主谓句式

《左传》中的一般主谓句有以下几种类型。

S_1　　$N_1 +$ 谓 $+ （N_2 + VP）$

这种句式"谓"的宾语由主谓短语充当，《左传》共有 65 例。如：

㉕君子谓"子重于役也，所获不如所亡。"（襄公 3）

㉖公若从，谓曹氏勿与，鲁将逐之。（昭公 25）

㉗子无谓秦无人，吾谋适不用也。（文公 13）

S_2　　$（N_1） +$ 谓 $+ VP$

㉘应乃懿德，谓督不忘。（僖公 12）

此例"谓"的宾语是一个动词性成分。这种句子《左传》中共有 4 例。

S_3　　$N_1 +$ 谓 $+ N_2$

㉙诗曰："退食自公，委蛇委蛇"，谓从者也。（襄公 7）

㉚其若无人何：子盍谓之。（昭公 8）

例㉙"谓"的宾语是一个名词性成分，例㉚是代词"之"，这种句子《左传》中共有 6 例。

S_4　　$（N_1） + （不）可谓 + N_2$

这种句式是"谓"之前加能愿动词"可"，组成"可谓"或否定形式"不可谓"。如：

㉛今两国治戎，行人不使，不可谓整。（成公 16）

㉜近不失亲，远不失举，可谓义矣。（昭公 28）

当"谓"的宾语是动词性成分时，则变成 S_5 式。

S_5　　$（N_1） + （不）可谓 + VP$

㉝纣于是乎惧而归之，可谓爱之。（襄公 31）

S_4、S_5 两种句式中，主语一般情况下省略，"可"和"谓"结合紧密，相当于现代汉语的"可说是""可算是"的意思。《左传》中这种句子共有 47 例。

5.　余　论

综上所述，我们分析了"谓"字的四类句型，概括了《左传》中所有"谓"字句例。通过分析得出几点结论。

5.1　《左传》中的"谓"字只用为动词，除跟"所"字结合成"所"字

短语外，其余全部用作谓语动词。当"谓"字作谓语时，该动词既是双向、又是三向的，而不是单向的。

5.2 从语义上看，"谓"字可以表示七种意义。（1）"对……说"，如1节S式；（2）同"所"字结合，表示"所说的"，如2节S_1式；（3）"称作""叫作"，如3节3.1中S式；（4）"说"，如3节3.2中S式；（5）"认为"，如4节4.2中例㉕；（6）"告诉"，如4节4.2中例㉖；（7）"说是""算是"，如4节4.2S_4式。

1989年5月参加硕士研究生论文答辩

5.3 记事记言结构中，NP_1和NP_2是必备的，否则不称其为记事记言结构。"所谓"句式中，"所谓"构成的短语只能以整体作句子的主语或谓语。从动宾句式、主谓句式中可以看出，谓语动词"谓"的宾语，既可是名词、名词性短语，又可是主谓短语、动词性短语，说明"谓"字作为动词与宾语的结合是开放型的。

1989年5月硕士论文答辩后与导师合影，前排左起：王梦华、于富章、许绍早、王凤阳、阎玉山，后排左起：刘继延、宋培学、董连池、苏春梅

一部理想的古汉语虚词工具书

——评《古代汉语虚词通释》

何乐士等人编著的《古代汉语虚词通释》（北京出版社 1985 年 5 月第 1 版，以下简称《通释》）问世三年多了，经过使用证明它确实是一部内容丰富、解释完备的文言虚词词典，是一部掌握古汉语虚词的理想工具书，无论是对于专业工作者，还是对于大中学校教师及爱好古文的读者都具有实用价值。

《通释》是作者们在 1979 年编写的《文言虚词浅释》（以下简称《浅释》）一书基础上，经过修改、增订而编写成的。《浅释》仅收虚词 209 个，《通释》增加了 340 个，把异体字和通用字（共 90 个）计算在内，共收虚词 639 个，每个虚词后面附有复式虚词共 662 条。收集这样众多的虚词条目是当今同类著作中所没有的。

《通释》比起《浅释》来，不但是在虚词数量上成倍增加，而且对原有的虚词还进行了必要的修改、增订和补充。如释"之"，《浅释》只解释了"之"作为代词、助词两类用法；《通释》增加了"之"作为语气词、连词的用法，这是对"之"这个虚词词类上的补充。

有的是对原有虚词用法作了进一步详细分类，如释"安"的代词用法，《浅释》："作疑问代词。常用在动词或介词之前，作宾语。多用来表示对动作行为所涉及的处所的询问。可译为'哪里''哪儿'等。"（例句略）

《通释》：

作疑问代词。常用在动词或介词之前，作宾语。

（一）多用来表示对处所的询问。可译为"哪里""哪儿"等。例如：

◎沛公安在？（《史记·项羽本纪》）

（二）有时表示对事物的询问。可译为"什么"。例如：

◎泰山其颓，则吾将安仰？（《礼记·檀弓上》）

（三）有时表示对人物的询问。可译"谁""什么人"等。例如：

◎骊姬曰："吾欲为难，安始而可？"优施曰："必於申生。"（《国语·晋语一》）

（四）"安所"连用，"安"修饰名词"所"，表示"何处"。可译为"何处""哪里"等。例如：

◎子当为王，欲安所置之？（《史记·滑稽列传补》）

可见《浅释》只是作了笼统的、一般性的解释，而《通释》却作了进一步分类，不但条目清晰，而且内容充实。

《通释》还对原有条目作了修改，如《浅释》释"之"代词（六）："有时用在宾语中表示领属关系。可译为'他（它）的'、'他们（它们）的'等。例如：吴之无道也愈甚，请与王子往夺之国。（《吕氏春秋·忠廉》）"

《通释》改为：

用在动词后，"之"和后面的成分同时都是动词的宾语，也就是通常所说的"双宾语"。例如：

◎吴之无道也愈甚，请与王子往夺之国。（《吕氏春秋·忠廉》）

在这里《通释》修正了《浅释》的观点，不将"之"理解为表示领属关系的"其"，而解释为双宾语，并写下按语："有的语法书认为这例中的'之'应作'其'解"。

《浅释》虽然在正文中也涉及到了复式虚词，但为数不多。《通释》不但在扩写虚词的基础上增加相关的复式虚词，把原有的复式虚词增加到662条，而且把所有的复式虚词全部提出，编在目录中，这样很方便读者查阅。

另外，《通释》还在《前言》里以相当长的篇幅把本书所收的虚词，按照其不同用法作了归类，共分副词、介词、连词、助词、语气词、助动词、感叹词、代词、不定数词九类。每一类虚词除了作数字统计外，还按其作用作了详细分类，这无疑为读者从宏观上把握古代汉语虚词建立了基础框架，并为读者观察、比较每一类虚词的各项用法提供了比较准确的科学数据。与《浅释》比较，不论是在虚词的数量上，还是对虚词解释的质量上，《通释》都有提高。即使比起已经出版的同类著作，《通释》也有过之而无不及。

杨树达的《词诠》可以说是集《马氏文通》以来虚词研究之大成，是一部解释古代汉语虚词的权威性著作。即使在它问世后的近50年间，也不能为同类著作所代替。然而，《通释》的出版将会使《词诠》显得陈旧，在以后的若干年里它将会取代《词诠》的主导地位。我们将《通释》和《词诠》略加比较，就会看出《通释》有许多优越之处。

首先，《通释》最大的长处是从语法学的角度解释虚词，在这一点上比《词诠》又前进了一大步。

清人刘淇的《助字辨略》和王引之的《经传释词》都是讲古汉语虚词用法的工具书，此二人讲虚词，只知其然而不知其所以然。从《马氏文通》到《词

163

诠》开始用文法来分析虚词，使虚词的研究从清代训诂学提高到科学的文法研究的高度。然而，杨树达并没有从根本上越出王引之等人的樊篱。《词诠》虽然力图用文法来解释虚词，但仅仅是达到划分词类而已，并没有探求虚词在句中的语法关系及其作用，正像作者所述"首别其词类，次说明其义训，终举例以明之。"（《词诠·自序》）如释"是"的指代项：

（二）指示形容词，此也。◎是心足以王矣。《孟子·梁惠王上》

（三）指示代名词，此也。◎反是不思，亦已焉哉！《诗·卫风·氓》

试与《通释》解"是"代词条比照：

（一）代词"是"可用作主语、谓语和宾语，所代的对象一般都已出现在上文中。可译作"这（那）"等，或将所代的对象译出。有时还须补译出相应的数量词和所修饰的中心词语。例如：

◎曰："无伤也，是乃仁术也。"（《孟子·梁惠王上》）

（二）有时用于名词前起指示作用。可译作"这"，并增加相应的量词或其他词语。例如：

◎必死是问，余收尔骨焉！（《左传·僖公 32 年》）

通过比较可以看出《通释》对"是"的解释，不仅仅分辨出"是"的代词词性，而且用语法学的观点分析出"是"作为代词所具有的语法功能及其意义。

其次，《通释》杂取百家之长，继承前人成果。作者在《前言》中指出："参照前人和当代学者的同类著作，从中比较，斟酌取舍，吸收其研究成果。"《词诠》虽然在虚词的研究上有作者的独到之处，在当时不失为有开创之功，但是由于作者对清儒的成就作了过高的估计，对王氏父子流露出过多的倾倒，所以对前人的研究成果有时不加分辨一味继承。如释"在"第四："副词，与'才'、'裁'同。◎长沙乃在二万五千户耳。《汉书·贾谊传》按王念孙云：《贾子藩疆》篇作'乃才二万五千户'。"《通释》在解释"在"中舍弃了这一项。

《通释》还对前人的不全之处进行了必要补充。如对副词"再"的解释，《词诠》释："表数副词，二次也。◎景帝再自幸其家。《汉书·周仁传》"《通释》除了解释"再"的此种用法外，还补充了另一种用法：

（二）表示同一动作行为的多次重复。经常以"再……再……""再三"或"再……三……"连用来表示，可译为"不断""多次""许多次"等。例如：

◎骓骖倦路，再寝再兴。（《三国志·魏书·陈思王传》）

◎再三问，不对。（《左传·昭公 25 年》）

可见《通释》对前人的成果不但继承，而且有所发展。

再次，在体例上《通释》彻底变革过去的传统模式，试图以语法观点对每个虚词从所属词类、用法、意义、举例等几个方面加以说明，这一点比起《词诠》不能不说是新的突破。《词诠》对虚词的解释单纯地罗列，而不进行分门别类，形式上显得过分重复，使读者不易把握，如释介词"於"排列了16种用法。而《通释》将介词"於"的十几种用法进行了概括，分为两种情况：一是［"於"·宾］在动词谓语前的情况；二是［"於"·宾］在动词谓语后。前者又分出八种用法，后者又分出六种用法。比较《词诠》，既在小的分类上详尽、完备，又在大的分类上集中、概括，显得层次分明，条理清楚，便于掌握。《词诠》还将与虚词同形的实词：动词、形容词排列在正文当中，这不符合虚词词典的体例。《通释》克服了这一不足，在虚词条目的正文之后缀有"附"一节，介绍与该虚词同形的实词，这样不但符合体例，而且能够使读者掌握每一虚词以外的同形实词用法。

第四，《词诠》虽然举例丰富，但解说过于简单，有些名词术语又和当今语法术语相差甚大，所以《词诠》在当今时代，不易为人们所接受。《通释》抛弃了过时的语法术语，采用现在通行语法术语解释虚词，力求举例简洁、恰当，解说详细、完整，绝大多数例句附有译文。这样《通释》比起《词诠》来，通俗、易读，很容易为普通读者所接受。《词诠》所写的虚词多为先秦两汉典籍中常用的虚词，并且只注重单音虚词，而没有写复式虚词，这在虚词的数量上远远不如《通释》，而且《词诠》引用的例句多为先秦两汉古籍。《通释》却不同，引证广博，上至先秦两汉，中至隋唐宋，下至元明清，可以说对清代以前的经典著作都有所涉及，掌握这些虚词，无疑对阅读古书会有很大的帮助。

虽然《通释》有如此之长，但也不是尽善尽美，还存在一些不足。

本书命名为《通释》，多半是对虚词的论述取普通之说，这样有易接受、便读者的好处，但同时也有缺点，就是没有把几位作者的研究成果吸收进来。近年来几位作者对先秦汉语的语法进行了系统研究，写出了一些质量较高的论文。如《论"谓之"句和"之谓"句》（何乐士）、《关于先秦"所"字词性的调查报告》（王克仲）、《〈左传〉"是"字用法调查》（敖镜浩）、《先秦疑问代词"谁"与"孰"的比较》（王海棻）、《先秦虚词"与"字的调查报告》（王克仲）、《〈左传〉中介词"以"前置宾语》（麦梅翘）、《略论先秦时期"〇/是/V"句式的演变》（敖镜浩）等等。这些论文提出了对某些虚词研究的最新见解，比如《论"谓之"句和"之谓"句》中提出"B之谓A"式的"之"是连词，联系句与句，且有"才、就、始、乃"等意义，《关于先秦"所"字词性的调查报告》认为"为＋名±之＋所＋动"是陈述式而不是被动式，《略论先秦时期"〇/是/V"句式的演变》阐述了"〇/是/V"句式在先秦时期的发展变化，"是"由指示区别名词性成分的指示词变为"语缀"等等，诸如此类还有一些。这些新成果没有在《通释》中得到展现，使得《通释》缺乏独特性，偏于通俗性。

《通释》所引例句多数作了译文，但对于引用的韵文（诗、词等）只作了注释，没有翻译。如释"卬"例（2）："卬盛于豆，于豆于登。（《诗·大雅·生民》）——豆：古代食器，形似高足盘。登：古代食器，形似豆而浅。"又如释"之"语气词中例（1）："鸜之鹆之，公出辱之。（《左传·昭公25年》）——鸜鹆：鸟名。之：语气词。"古代诗、词本来就不好理解，尤其是《诗经》，加之单独抽出一句就更不好懂了。这些对于读者来说属于难点的地方不应该只加注释，不作翻译。

另外，《通释》对某些虚词的解释还不够全面，个别还有遗漏之处。比如"焉"有结构助词，将宾语前置于动词的用法。如："我周之东迁，晋郑焉依。（左传·隐公6年）"这一句《周语》作"晋郑是依"。可见"焉""是"作用相同，《通释》却没有写进"焉"的这一用法。类似的地方还有一些，这里不一一列举了。

尽管《通释》存在一些不足，但瑕不掩玉，它的成就是主流，仍不失为一部解释古汉语虚词的上乘工具书。

（此文写于1988年10月）

要掌握一词多形①

　　编辑、校对在编校书刊过程中常常遇到一词多形现象，对此如果不能很好地掌握，或只知其一不知其二，或认识模糊不清，往往会造成一些差错和不必要的麻烦。

　　所谓一词多形，是指同一个词有几种不同的写法。例如："连贯"可写作"联贯"，"订货"可写作"定货"，"号啕"可写作"号咷"或"嚎啕""嚎咷"等等。一词多形的特点是：读音完全相同，意义同指一个，书写形式不同，在一般情况下可以互相替换。例如：

　　①红军成份，一部是工人、农民，一部是游民无产者。（《毛泽东选集》第1卷，第62页，人民出版社1966年版）

　　②它支持其他各种形式的公有制经济不断发展壮大，保证各种非社会主义成分为繁荣城乡人民生活、加速社会主义现代化发展服务。（《邓小平市场经济的构想与实践》）第86页，中央党校出版社1994年版）

　　③他像是在一块不大的园田里，在炎炎烈日之下，或细雨濛濛之中，头戴斗笠，只身一人，弯腰操作，耕耘不已的农民。（《贾平凹散文自选集》序一，漓江出版社1987年版）

　　④1959年6月3日这天上午，蒙蒙细雨把山河洗刷一新，邯郸南响堂寺更显得清静幽雅。（《响堂寺的福音》，人民日报1994年6月12日第5版）

　　由于某些编辑、校对对这种现象了解、掌握得不够，常常只知其一不知其二，所以在编校过程中对同一个词竟然出现三番五次地修改。如某一部书稿中"弘图"一词，一校改成"宏图"，二校又改成"鸿图"，三校又改回"宏图"，编辑通读时又改回"弘图"。这样改来改去，既耗费了编校人员不必要的劳动，又给工厂排版增添了不少麻烦。如果知道这是一词多形现象，一校岂不就可拍板定案！

　　尽管一词多形在通常情况下可以互相替换，但有些词的替换是以固定搭配为

---

①　此文刊载于《新闻出版报》1994年9月5日第3版。

前提的。某些作者不知道这一点，经常写错，而编辑、校对如果对此认识不清或把握不准，常常会发现不了错误，或将正确的改成错误的。如将"吩咐—分付"写成或改成"吩付"或"分咐"，将"褴褛—蓝缕"写成或改成"褴缕"或"蓝褛"，将"缥缈—飘渺"写成或改成"缥渺"或"飘缈"等等。

《现代汉语词典》中涉及一词多形的词共有 578 个，大致分为三种情况。

第一，在正体词之后用括号列出这个词的异体词。这种情况不多，只有 10 个。如：

仿佛—彷彿—髣髴　家具—家俱　弥漫—瀰漫　第一个是正体词，第二个（或第三个）是这个词的异体写法。尽管这种异体写法不是废除的异体字，但异体一般不用，所以遇到这种情况，编辑、校对应将异体改为正体。

第二，几种写法同时并列。这种情况占大多数，有 388 个。如：按语—案语　脖颈子—脖梗子　参与—参预　词典—辞典　订婚—定婚　烦琐—繁琐　丁当—叮当—玎珰　风姿—丰姿　干预—干与　宏旨—弘旨　恍惚—恍忽

前者和后者一般都常见常用，所以可以互相替换。

第三，在释义之后加上"也作某"，如［连绵］……也作联锦。这种情况有 180 个，例如：把势—把式　淳朴—纯朴　徜徉—倘佯　串联—串连　措辞—措词　灯心—灯芯　愤愤—忿忿　皈依—归依　惶惶—皇皇　缘故—原故　鱼网—渔网

这种情况一般前者使用较广，后者虽使用不广，但也可替换。

初看起来，500 多个一词多形的词不可能一下子记住、掌握，但是这 500 个当中最常见的也不过 200 个，只要编辑、校对平时稍加留意，记住这些最常见的一词多形是不难的。

数码文字规范正义①

语言文字规范化是四化建设的需要，是语言文字健康发展的需要。语言文字规范化的内容很多，数码文字的规范只是其中的一部分。

前一时期，书报刊和其他出版物在涉及数码文字时，使用汉字和阿拉伯数字比较混乱，没有统一的体例。为此，国家语委等七家单位于1987年1月1日联合公布了《关于出版物上数字用法的试行规定》（以下简称《规定》），对数字的使用作了明确的规定，这无疑是语言文字规范化的一个重要文件。《规定》的公布至今已经历了八个年头，尽管《规定》中尚有不完善的地方，但是《规定》的主要内容已经在实践中得到了充分肯定，绝大多数新闻出版单位已经实施或逐步实施，广大的语言工作者也在自觉执行。然而，也有一些人认为这样做大可不必。例如，有一篇文章认为数码改成阿拉伯数字，既突兀又别扭。其实，只要看过这篇文章便可知晓，文中所列举的个别例句，并不影响数码文字的规范，因为数码文字规范主要是指在涉及关于表示时间、长度、重量、面积、容积和其他量值时使用数字的规范。何况文中所列举的四句例句，《规定》已有明确、适当的处理，如"今天是第一个大周末"中的"第一"是序数词，应当使用汉字，这在《规定》3.1项中已举出例子。第二句"前面来了三群青年人"中的"三"，不是表示科学计量和统计意义的一位数，可以使用汉字，这在《规定》2.2项注①中已注明。后两个例句是诗词，属于文学作品和古籍，《规定》中写明可依照传统体例。另外，后两句中的数字已具有定型或修辞的成分，按《规定》3.1项的要求也不能改为阿拉伯数字。

由此可见，个别、特殊的例句不能代替普遍、一般的例句，数码文字的规范也不能因此而"回归"。数码文字规范的意义不仅仅在于书写简捷，编辑、排版、校对便利，更重要的是它有利于计数的国际标准化，有利于计算机的输入、检索，同时也有利于整个语言文字的规范化。所以，社会各界都应当认真遵守它。

---

① 此文刊载于《光明日报》1995年8月31日第7版。

怎样选购工具书①

　　无论什么人，只要看书学习，钻研业务，就不同程度地需要使用一些工具书。可以说，工具书是学习和工作的得力助手。眼下图书市场上工具书出版泛滥，质量参差不一，价格昂贵，怎样才能选购到一部满意的工具书呢？

　　选购工具书，一般要从内容和形式两个方面来考虑。内容是工具书的魂，生命所在。如何鉴别一部工具书内在的质量呢？首先要检查词条编纂的水平如何。工具书的词条撰写非常严格，它要求概念、术语要科学准确，评述要客观公正，文字要简明概括，范围要完整全面，例证要可靠无误。在选购工具书时，应该先翻阅自己所熟悉的词条来仔细查辨，看看是否符合上述标准。其次，看收词数量。阅读一下前言、凡例，看看全书共收多少词条及编纂体例。如果需要查找常用的、普及性知识的词条，就购买小型的工具书；如果需要查找专业的、生疏的、冷僻的词条，就购买大型的工具书。再次，看索引编排是否合理。索引一般分为类目索引、音序索引、笔画索引和号码索引四种。使用最方便的索引是正文词条按照汉语拼音方案排列，这样可直接按照音序查找正文。一般的工具书至少应有两至三种索引，才便于从多角度查阅。第四，看编纂者。工具书编纂者的水平反映出编纂质量，工具书一般都是由著名学者主编，有些大型工具书，不但由著名学者主编，而且词条还是由著名专家、教授和学有所长的人撰写。

　　形式是指工具书的外在表现，包括出版过程中涉及的排版、印刷、封面、纸张、装订等等。工具书一般要选择精装本，便于长久使用。一般说来，专业出版社和久负盛名的综合出版社出版的工具书质量较高，如商务印书馆、上海辞书出版社、中华书局等。由出版时间可知此书是新书还是旧书，是初版还是重印。印数的多少，侧面地反映了某种工具书内容的好坏。质量高，买的人就多，印数就大；印数大，相应地成本低，价格便宜。这就是工具书中的"物美价廉"。

---

　　①　此文刊载于《人民日报》1995 年 8 月 20 日第 4 版。

翻译作品篇

楔　子①

　　也许是正常的，这对夫妇新婚后的一段时间内过得很幸福，但只是短暂的，那种浪漫的、盲目的狂热劲儿一过，两个人便不能和睦地生活下去了。

　　妻子是个不甘示弱的人，性格上又好钻牛角尖儿。丈夫没有出头之日，这倒不是本人不好，他既认真又有热情，但不知是才气不足，还是运气不好，在公司里总干不出成绩来，结果变得越来越懈怠了。

　　这种状况使妻子很焦急。我所爱的、并和他结婚的人不应当是这样平庸的人，而应该是在社会的洪流中奋力搏击的人，不，必须是那样的人。她因此而感到不满，曾多次发牢骚，但这个时期一过，则常常呆呆地思考。

　　对丈夫来说也不快活，但是两个人还没达到立即离婚的程度。社会不是那么简单的，马上离婚，就会流言四起，再说即使想要第二次结婚，也不敢保证能够遇上比现在好的人，可能条件会变得更差。

　　日子平平淡淡地度过，丈夫就像熄了火的洗澡水一样变得温吞吞的，始终犹豫不决。

　　一天傍晚，妻子说总感到要吐，不仅仅是感觉，还跑进卫生间，好像真的吐了一点，男人不知所措地问：

　　"怎么了，是不是吃什么中毒了？"

　　"不是，好像是妊娠反应。"

　　妻子答道。顿时丈夫心里发生了微妙的变化，如同在漫长的冬天里抚摸到了不知从哪儿吹来的春风一样，好极了，我的孩子就要来到这个人世上了。

　　这一定会给我的家庭带来光明，孩子是纽带，会成为我和妻子之间的桥梁吧。他用手指在空中写着"希望"这个词。是什么样的孩子呢？是男孩儿还是女孩儿呢？是个男孩儿就好了，是个非凡的孩子就好了，可别跟我一样……

　　妻子用高昂的语调，像读宣言似地说：

---

　　① 此篇为星新一的短篇小说。星新一（1926－1997），日本现代科幻小说作家，被誉称为"日本微型小说之父"，作品题材广泛，风格独特，构思奇幻，超越时空。此篇译于1985年5月。

"男孩儿，一定是男孩儿，是个聪明的孩子，像个男子汉样儿，有才能的、长得又很漂亮的，和你不一样……"

她闭上眼睛，眼睑里立刻浮现出孩子成长的身影，一边陶醉在这情景之中，一边说道。

丈夫感到不悦了，也许我确实是个没出息的人，但也不该这样讽刺我，可是眼下还不是发脾气的时候。

"最好早点请附近的医生给检查检查。"

"是的。"

第二天，丈夫一回到家就问妻子去医院了没有，她回答说今天太忙没去，嘴里唠叨着，似乎有什么不满，一副很不愉快的样子。丈夫虽然感到不舒畅，但想到这也许是妊娠初期情绪不稳定的表现，也就默认了。

这种情况持续了几天，丈夫急不可耐了，提高嗓门问道：

"怎么样了？去医生那儿了吗？还是不想去？这可是大事呀！"

"去倒是去了……"

妻子说请附近的妇产科医生看了。丈夫又问：

"那到底怎么样？"

"那大夫是个二百五！"

"二百五？怎么二百五？"

"什么也不懂呗，态度也特别不好，我得请个好大夫看……"

问了半天也没问清楚。怎么也不明白，也许是有什么微妙的情况吧。当然，最好还是找一个本人信得过的医生。

虽然那样，但总觉得不安。于是他拿定主意，决定去拜访一下附近的那位妇产科医生。

"前几天，我妻子对您有失礼的地方……"

"不，没有。"

"到底是怎么回事呢？我妻子的妊娠……"

他一问，医生马上把病历拿出来看了看，非常干脆地说："夫人没对您讲吗？看症状是想象妊娠……"

"想象妊娠？"丈夫不禁重复道，请医生进一步说明。

"就是说，在渴望孩子的神经质女性身上偶尔发生的症状，实际不是妊娠，但在各方面都表现出妊娠反应的特有症状。"

"是那样，真不知道还有这种事儿，怎么办好呢？"

"不必担心，如果知道是由于想象而引起的，马上就会消除症状的。啊，最好吃点镇静剂。"

"好……"

丈夫明白了怎么回事也就放心了，同时也带有几分失望，那心情好像看完了喜悦的信之后才发现是投错了的信一样。他一回来就告诉妻子：

"据大夫说，你的妊娠……"

妻子和颜悦色，打断了丈夫的话：

"今天我去医院了，虽然远一点，但比附近的那家态度和蔼，还是这位女大夫好啊，今后我就拜托这位大夫了。我的宝贝儿是个健壮、聪明的男孩儿……"

"决不……"

"决不什么？你不高兴吗？"

丈夫被双眉紧锁的妻子问得不知如何是好，刚要说出从医生那儿带回来的消息又犹豫起来。他结结巴巴地辩解道：

"不，我知道了这是真的，感到很惊讶，当然高兴了，又惊又喜……"

这究竟是怎么回事呢？这天夜里，丈夫一点没有睡意，不时从床上起来，陷入沉思。视线不知不觉地移向了妻子的肚子，可是也怪，一点痕迹也没有。

丈夫抽空儿又到医院拜访了那位女医生。

"我是为妻子身子的事儿……"

告诉了姓名之后，一位40岁左右好像至今还过独身的女子用职业的语调答道：

"请您不必担心，经检查受胎顺利，可以告诉您妻子，但请注意不要感冒，不要吃乱七八糟的药。另外，精神上受到刺激也不行，更不要发生激烈口角……"

丈夫叮问道：

"妊娠的确是真的吗？"

"有第一个孩子的时候，做父亲的怎么也不容易相信的，可是随着时间的推移，会逐渐感受到的。怎么？你们生活不富裕，想做人工流产？……"

"不，决不是……"

对方一点没有笑意，出口毫不含糊，使丈夫抓不到反驳的机会，但他内心总怀有疑问，并且越来越迷惑不解。于是，他又来到最初拜访的那位医生那里。

"大夫，前几天您的诊断正确吗？"

"啊，是您妻子的想象妊娠吧，症状还没有消除吗？不过，马上就会好的。"

"唉，哪儿谈得上好啊，别的医院说是真的妊娠……"

"笑话！我是堂堂正正的职业医生，并且这也不是很难的诊断，没有一点异议的余地……"

"可是，我妻子说最近领到了妊娠手册和母子手册，这大概是因为有医生的证明吧！"

"根本不可能……"

医生大声喊着，丈夫又请求道：

"前面那所医院女医生检查的，事情是从那儿闹起来的，您能不能打个电话联系一下？"

"不好办哪，我倒想给您问，但总觉得不好，互相是同行，我不能公然插嘴干涉人家的意见，请您体谅体谅我的处境。"

这位大夫和那女医生好像认识，但给人的印象是敬而远之，老死不相往来。

"是那样，可是……"

"要是您不相信的话，可以把您妻子再领来，我一定详细给予说明，还可以介绍到更权威的大医院。"

"啊……"

这下丈夫为难了，那样说吧，不足以说服妻子。把她领出来吧，她也会说那个大夫二百五了，这样做对女医生面子上过不去等等，最终结果一定是倔强地不去。她跑了好几家医院，终于得到了自己渴望的诊断，想让她从那里解脱出来是不可能的。

想象妊娠终究不是性命攸关的大病，过些日子以什么为借口，叫她从梦中醒来就会解除吧。丈夫这么想着，决定见机行事。

不过，买点镇静剂让妻子吃吃看，可她说不能胡乱吃药，不但没吃，反而把它扔掉了。

与丈夫想消除症状的期望相反，症状还在持续着。岂止那样，妻子的肚子好像也鼓起来了。

说是要生个可爱的孩子，饭量也增加了。她看育儿的书入了迷，从纯真的爱的故事扩大到英雄传记，据说是胎教，想要把孩子培养成具有传奇信念和超人力量的人吧。

她还买电影杂志，那些男演员百看不厌，两只眼睛如同照相机的镜头一样一动不动，焦距也好像固定了似的。

丈夫真不知怎么办才好，只是看守着，随着日月的流逝，妻子的肚子变得更大了，不像是精神作用。一天夜里，妻子说：

"喂，咕容呢，你摸摸，聪明的孩子在动呢……"

丈夫战战兢兢地用手摸着，当然，不是冷静的心理状态，确实感到有什么东西在动，但又好像是自己的手在发抖。不，与其说发抖，倒不如说是感觉麻木了。

丈夫想，哪怕是妻子不忠而生的孩子也行啊，虽然难以忍受，但也是可以理解的。

肚子一变大，妻子常以镇静自若的姿态面向丈夫，腹内有了孩子，和懒散的丈夫不同，成了值得炫耀的人物，是基于这种信念而感到坦然的吧。

妻子说，女医生总是发自内心地鼓励她，这不知给她增添了多少力量。这一点，你们男人是根本想象不到的。

预产期接近了。

这天，从早晨开始就好像有一种微妙的预感，到了晚上，她对丈夫说：

"你快带我到医院，看样子要生……"

妻子说开始发生了周期性的阵痛。丈夫叫了一辆出租车，拉着妻子到她平时常去的女医生那个医院。究竟是为了什么呢？到底折腾什么呢……，可是他又不能置之不理。

妻子进了产室，丈夫等着。

不知过了多少时间，他几次看表也没搞清楚。过去是灾难吗？现在是作恶梦吗？今后会发生危机吗？要是有点思想准备就好了，各种疑问像泡沫一样在脑子里忽隐忽现，难以对付。正常生孩子的时候，心情都难以平静，更何况……

几盒烟变成了烟灰，嗓子也疼，但他还是不停地吸着。不久，护士走过来说：

"生了！"

"啊……"

丈夫突然感到两条腿麻木得像根棍子，什么意思呢？生了个什么？

"是个男孩儿……"

虽然护士用恭喜的语调说着，但他没有听进去。神经失去了控制力，脑细胞似乎溶化了，好像从两条腿流到地上一样……

醒来一看，发现自己躺在床上，丈夫像梦境一样发呆。这时，女医生走来。

"您是贫血，现在觉得怎么样？"

"啊……"

丈夫哼了一声，知道自己是在同一医院里。

"是精神过于紧张晕倒了。"

"啊……"

"没关系，啊，从床上起来，看看大胖小子。"

"好……"

丈夫只好顺从，虽然打内心想躲出去，但找不到拒绝的理由。然而看什么呢？在那儿等待的是什么？他拖着沉重脚步走进了妻子的房间，躺在床上的妻子满面笑容地迎接他。

"你看，可爱的孩子，跟我想象的一样……"

在妻子旁边，有一张小床，不知是一种本能，还是一种好奇心，或者是妻子失去自制能力说的话的原因，丈夫转过脸向那儿看了一眼。

可是，小床上什么也没有。

"但是……"丈夫刚说道。

"但是什么……"

妻子说道。语言带着责备的口气，眼神却像是安慰似的。丈夫觉得只要是正常人看到她的时候，或许都会这样认为吧。旁边的女医生说道：

"因为哭声太大，变得发呆了，能听惯婴儿的哭声也不容易。"

什么哭声，丈夫的耳朵里一点也没听见。把这张床翻个个儿看看能怎么样呢？可是眼下又不能那样做。妻子说：

"一定要交上出生报告单，起个什么名字好吧……"

"什么名字都行，只要是你喜欢的。"

"是吗？起个好名字吧。"

女医生又说：

"出生报告单的必要手续要准备好。"

不知什么时候丈夫走出了房间，他终于清醒了，揉了揉眼睛，这是笑话？不，没有这样的笑话；是戏剧？不，也不会有这样的戏剧。

一拿去出生报告单，警署户口登记窗口的女子就给办理了，手续齐全什么话也不用讲。丈夫刚想问问又止住了。即使说了想象妊娠最终的结果又生了，那能怎么样？只不过给警署添点麻烦罢了。

不久，妻子带着孩子出院回家了，但是对丈夫来说只是妻子。她一边忙活着一边说：

"孩子哭，你感到讨厌吧？"

"不……"

"你变了，一点也不关心孩子，不管孩子怎么哭，也无动于衷，孩子讨厌吗？不可爱吗？"

"不，不是那样。"

"不对，肯定讨厌，你对孩子没有感情，因为孩子聪明，你自卑、嫉妒！"

"这是哪儿的话呀……"

丈夫只好拼命否认。再没有比这难办的事了，必须处处多加小心。

母亲对孩子，特别是对男孩的期待，比什么都强烈，何况是个从前一直向往的、理想的、值得自豪的孩子……

一切都向丈夫压来，使丈夫原来的信念开始动摇了，我该怎么办呢？

不知在哪儿听到了信儿，保险公司保险员来了，是个中年妇女，口齿伶俐、和蔼亲切，一副圆滑的表情说道：

"听说您添了喜事儿，为了孩子，您应该加入……"

"这……"

丈夫有些犹豫，正考虑如何回绝。这时妻子插嘴道：

"你加入吧，万一你有个意外可不得了，这孩子该怎么抚养呢？你难道不喜欢这孩子？"

保险员在旁说道：

"唉呀，真是个出色的大胖小子，将来一定有出息，作为父亲难道没有这个责任？"

在两面夹击的情况下，丈夫答应了，他无法抵抗，只好让她随心所欲了。

丈夫不安的情绪不断增长，即使上班工作也不顺心。不能这样下去了，妻子对我越来越淡薄，只把希望寄托在孩子身上。虽然清楚这一点，但却无可奈何。

别的男人怎么样呢？难道不会碰到和我同样的问题吗？虽然那样想，但是没有勇气跟别人谈心里话。如果问起来，不是那样，怎么办⋯⋯

整日心神不定，回到家里也是同样，对父亲来说所谓孩子是什么呢？家庭、后代，只不过这样想想而已。在这种状况下，在漩涡中绞尽脑汁，任何过多忧虑都是徒劳的。

"你怎么了，直呆呆的⋯⋯"

"没怎么⋯⋯"

确实，我兴许是犯什么病了。

一个周日的下午，丈夫感到疲劳过度，茫然地走进房间，妻子突然大声喊道：

"唉，别踩着孩子⋯⋯"

声音含混却像尖刀一样锋利。这时男人清楚地意识到脚底下好像有什么东西，他跳了起来，跑到外面⋯⋯

完了，正好撞在门前飞奔的汽车上。不，也许在撞车之前心脏停止了跳动。

救护车在奔驰，丈夫被送进了医院，但是已经晚了。来现场检查的女警察对妻子说：

"很遗憾⋯⋯"

"不，太好了，他不知为何不爱孩子，这孩子长大了，隔阂只会越来越大的。"

"可是，今后生活困难了。"

"总有办法抚养，这是我生活的唯一乐趣呀，多么聪明的孩子呀，唉⋯⋯"

妻子说道，女警察点点头。

"真令人羡慕，的确聪明，我也想做这样孩子的母亲。我要做出来给人看，大概也能做吧⋯⋯"

请　教①

想把一大笔钱弄到手的 F 氏渐渐悟出，除了犯罪之外没有别的办法。但是闯入私人住宅觉得过意不去，而一个人去抢银行怎么也不行，考虑再三，认为盗窃百货公司比较合适。

可是，怎么干呢？心中一点没底，盗窃入门之类的书当然没有。谁能秘密地、详细并且廉价地给予指导就好了，然而……

左思右想之后，得出了一条妙计，他立即实施。

F 氏拜访了据说有呼唤死人灵魂能力、名望很高的巫婆。这个巫婆是个带有几分妖气、身体肥胖的中年妇女，她坐在既不像神龛也不像佛龛的东西前面对 F 氏说：

"您要呼唤什么人的灵魂呢？"

"我想和盗窃百货公司有经验人的灵魂谈话。"

"您这想法可太奇怪了。"

巫婆感到不可思议，她搪塞道。

"是啊，我正在研究犯罪史，为了搜集这方面的资料……"

大概是真的相信了吧，巫婆开始显灵。她唱着古怪的咒文，晃着身子不停地祈祷，仿佛进入忘我境地一样，梦话般地嘟囔着，好像确实有一个灵魂的附体发出了男人的声音。

"需要我干什么？"

F 氏一听这话非常高兴，他战战兢兢地说：

"想请求您教我盗窃百货公司。"

"您这要求真不可想象，不过，得到了您的呼唤对死者来说是非常高兴的，我可以告诉您。"

"谢谢，请马上告诉我，先偷哪家百货公司呢？"

"R 百货公司怎么样？那里的情况我熟悉。"

---

① 此篇为日本作家星新一的短篇小说，译于 1985 年 6 月。

"好，就干这家了。那么首先该……"

"首先，在快要闭店的时候进入店内，然后直奔家具商场。在顾客和店员都准备回家的忙乱之中，见机钻到床底下藏起来。"

"知道了。"

F氏答应着，拿出笔记本，把要点记了下来。

"等到半夜，就到钟表商场偷盗，但事先要调查好，如果不知道哪个柜子里放着高档手表可就赔了。"

"好，不过要是夜警巡逻来了怎么办呢?"

"如果真的来了，立刻装扮成服装模特儿。但是必须提前练习，别说打嗝，连身子也一动不能动，这样就能躲过夜警。"

"看样子不太容易，下功夫练习吧。还有逃跑的办法……"

"打开二楼窗户，从那出去，贴着楼的外侧稍往前挪动一点，便有一根电柱儿，可直接下到地面。"

"谢谢您多方指教。"

和盗窃百货公司的灵魂对话结束了，巫婆恢复到原来状态，向F氏问道:

"这些话对您有帮助吗?"

巫婆自己也记不住刚才的对话，这点给F氏造成可乘之机，她不能向警察告密，并且过后也不可能到处张扬"那是我教的"。F氏把包好的钱递了过去。

"是的，谢谢您的多方指教。"

F氏道谢后就回去了，他这句道谢的话和对灵魂说的一样，嘴角露出了微笑。

经过一番准备，F氏开始动手了。按照灵魂的指教，一切都进行得格外顺利，事先准备好的口袋装满了高级手表，也没被夜警发现。但是，大概是放松了警惕，最后还是失败了。从二楼窗户出来，顺着电柱儿下滑时，脚底下的水泥脱落了，摔到了地面。

脚扭成骨折，不能走动，疼得嗷嗷直叫。人们闻声而来，最后被抓到了警察署。

蹲了几年监狱，终于又回到社会的F氏，又拜访了巫婆。当他向灵魂报告时，觉得不说说自己的怨言心里就不痛快。

"倒霉，落地时摔断了腿被抓住了。"

"是吗? 你到底也没干成啊。"

听了灵魂的意外答复，F氏责问道:

"'到底'是什么意思? 你当初就知道，为什么不告诉我?"

"其实我也是从那儿摔下去的，由于摔正了地方，死了。我觉得那个地方过后一定会修好的。这么说，那是故意弄成那样的。"

银白色的容器①

　　某都市郊区的海边矗立一座白色的建筑，夕阳正亲吻着一排排擦得清洁、明亮的玻璃窗。退了潮的海边显露出广阔的沙滩，银白色的波纹唰唰作响，一直伸向遥远的地方。

　　这家综合医院采用了值得夸耀的现代化设备和最新技术，吸引了许多患者。但是，尽管采取了相当完备的措施，也不能杜绝命运安排的死亡。

　　此刻，一间病房里，一位老人正迎接死亡的到来。接到通知赶来的家属们正守护着躺在床上的老人，如果说他还有点微弱的生命的话，那大概只能从嘴角上看出来吧。

　　老人皮肤失去光泽，布满褶子，头发稀疏、斑白，嘴唇时常像回忆什么似地慢慢地颤动，吮吸着由金属氧气瓶放出来的气体。这种呼吸与其说在顽强地生存，倒不如说是在履行着生物担负的义务。

　　"爷爷要死了吗？"

　　小孙子摆弄够了花瓶里的花，天真地说道。但立刻被母亲制止了。寂静之中，大人们都注视着老人的脸。老人好像在思考着什么……

　　把一生献给教育事业、为社会作出极大贡献的老人正在回想自己漫长的一生吧。与此同时，对尚未完成的工作也一定抱有留恋，虽然自己难以活下去了，但是热切盼望有人能够继承自己的理想，代替自己，为之奋斗，这就是他现在最大的愿望吧！

　　"注射樟脑液吧！"

　　握着老人的手腕检查脉搏的医生说道，但是被一位家属拒绝了：

　　"不，若有希望治愈，倒应该注射，如果不是那样，延长生命对于本人来说也是痛苦的。"

　　注射停止了，只有单调的呼吸机响声在持续着。老人呼吸的间隔越来越长，终于深深地吐出了最后一口气。

　　医生扭动着呼吸机的开关说道：

---

① 此篇为日本作家星新一的短篇小说，译于 1985 年 6 月。

"已经不行了。"

紧张的气氛像洪水决堤一样变成了呜咽，连不知所措的孩子也被大人们的哭声所感染，放声大哭起来。窗外遥远的地方，夕阳渐渐落入海中。

医生叫护士把呼吸机推进来，他在自己的房间里，从那装置上取下银白色的小容器，贴上标签，写上号码，然后打开房间一角的橱柜，把它放进去，这不是装氧气的容器。

微暗的橱柜里，排列着许多同样的容器。这是死者留在这个世界的最后一口气，通过由他设计、附属于呼吸机装置的灵活操作，而被集中起来，最后收到各种样式的容器里的。

既有企业家，又有作家、雕刻家的。他们把人世间的经验、对这个社会的留恋及希望等等所有一切都留在这个容器里，然后走向和平的天国。光线渐渐暗淡下去，从窗口照射进来，容器闪着微微的光亮，好像争抢着要跟医生说点什么似的。

然而，他对这种事情大概已经习惯了吧，表情毫无变化，以习惯性的动作关上门，自言自语道：

"啊，太累了，稍稍休息一会儿。"

他连房间里的灯也不想打开，走到屋角的长条椅子旁边，横卧在上面，夜幕不知不觉地笼罩了医院，退去的潮水，摇曳着点点星光，又悄悄地涌来。

电话响了，医生马上起来，听筒里传来了护士的声音：

"快，请您马上来。"

"好，马上就去。"

他穿上白大褂，脚步声在日光灯照射的白色墙壁的走廊里响起，他径直走向刚才护士打来电话的房间。途中，看见一个年轻男子惶然不安地站在那儿，便搭话道：

"你一会儿就要做父亲啦！"

"嗯，不过，没什么问题吧？"

男人很担心地追问道，妻子是头一次生孩子，所以这也是很正常的。

"您的心情我理解，不过不必担心。"

"听说是个男孩儿。"

"是的，由于医学的发达，性别可以提前知道。那么，您希望孩子将来干什么呢？"

"是啊，我和妻子也经常谈论这件事，可能的话想培养他成为科学家，如果能按预想的方向发展就好了。"

"请放心，您一定能成为未来的优秀科学家的父亲。"

医生拍着还在担心的男人的肩膀，鼓励道，然后一进房间，便命令护士：

"从上面第二架里，给我拿来第七号容器。"

　　深夜，在走廊里徘徊的男人，忽然停住脚步，听到了传来的呱呱声音。这是刚刚降临到这个世界的一个小生命的第一次运动，也是身体的各部位都用尽力量大口地呼吸空气的声音……

1985 年 6 月作者于夜灯下翻译日本小说

末　日①

　　小小的村镇，生活倒很方便。虽然规模不大，但银行、邮局、学校、警察署样样齐备。还有热情的主人经营的商场，在那里大抵可以买到需要的东西，即使店内没有，只要拜托一下，下周就能进货。

　　镇内充满了和平气氛，虽然由于误解而引起的小的事件时有发生，但是杀人等犯罪行为却从未有过记载，至今还没有谁听到过警察的枪声。

　　撞车逃跑的事件也不发生，连小猫都可以悠闲地横穿马路。偶尔也有拼命逃跑的情况，那只是被不相识的狗追赶的时候。

　　村镇的尽头有广阔的田地，田地的对面是果树园。果树随着季节花开花落，年复一年，以花果来打扮着自己。再往前一步是森林，有各种各样的动物——会唱歌的小鸟、淘气的乌鸦、可爱的小松鼠、坏心眼的狐狸，以及密林之中的黑熊。虽然黑熊有时跑到村镇附近来，但是从不伤害人和牲畜。大家和它都是老相识了，所以没人捕杀。

　　宁静的气氛就像空气一样笼罩着村镇。

　　和平常一样，今天也很太平，可是这种太平到今天也就为止了。不过，这倒不是天灾和战乱的袭来，也不是强盗带着喽啰们闯进来，当末日来临之时，没有时间那样从容地实现计划。

　　瘦瘦的邮递员向迎面走来的镇长打招呼道：

　　"镇长先生，今天天气很好啊！"

　　"是呀，天气很好，辛苦了。"

　　胖胖的镇长握着烟斗的手晃动着，一边笑着一边回答。双方都不再谈起有关天气的话题了，因为谁都知道今天便是世界的末日，谈论明天的天气是毫无意义的。

　　恰好在电器店前的玻璃橱窗里摆放着收音机，但是，即便打开收音机，也不广播天气预报。在这之前，谁也没听到最近的天气趋势。

---

　　①　此篇为日本作家星新一的短篇小说，译于 1985 年 6 月。

邮递员从红色邮筒旁走了过去，因为他知道，即使打开信筒，里面也不会有一封信，今天他光送信就行了。

镇长刚刚送走了邮递员，一位中年妇女慌慌张张跑来说道：

"我家孩子今天早上不见了，怎么办呢？"

"让警察给找找吧！"

镇长带着她一起去了警察署，虽说答应给找，但连点线索也没有。当班的警察很为难，决定像不久前一样使用警犬。

然而，那条警犬却追着猫，不顾一切地在镇上到处乱跑。警犬和猫也知道今天是世界的末日，同时也知道，现在已无路可逃，即或逃跑也毫无用处，除了尽情地做追踪游戏外，还有什么可做的吗？

使用警犬这一想法只得作罢了。警察带着镇长和妇人来到警察署旁边的胡同里算卦老人那儿。老人算的卦有时很准，但有时也不准，平均起来，大概半数以上还是准确的吧。然而，最近不大占卜未来了，因为没有一个客人来拜求这种事情，即使有人来，他也只能敷衍一下，不能明确回答。

虽然不能占卜未来，但是今天的事情可以占卜。他一本正经地说道：

"好像是在森林中追赶狡猾的狐狸而失踪的。"

由警察和几个志愿参加的人组成了搜查队奔向森林。不管是迷路的孩子，还是搜查队员都知道今天是世界的末日，从明天开始一切都不存在了。但是，为了迷路的孩子大人们在尽力寻找。

队员们大声喊着，吹着笛儿进入森林。面临世界的末日，谁也没谈起什么，即或互相谈论些完全领会的东西，也没有什么意义，倒不如认认真真地找孩子呢。

森林中小鸟叫着、跳着，松鼠瞪着眼睛从树梢看着队员，小黑熊在草丛中玩耍，逗得队员空欢喜，所有动物都知道世间即将结束，但是也没有任何反常的表现。

镇上那位妇女正担心孩子，焦急等待着消息，周围的人们安慰、鼓励着她。

不久，森林方向传来了长笛儿的响声，那是找到了孩子的信号。大家都松了一口气，发出了欢喜的笑声。音乐家从二楼的窗户里探出头来，不由自主地唱起歌来。有的人附和哼哼着，有的人轻轻地跳起舞来。

然而，世界就要灭亡了。虽然没有多长时间了，但是没有一个想要看看表。大家顺从着命运，即便发生什么暴动，也不会有什么作用。那只能暴露出自己的丑恶和卑鄙。若是不可抗拒的命运，那只好安宁地迎接这最后时刻的到来。

孩子和搜查队返回镇上，加入唱歌的人群，因为将来不可预测，大家不约而同地想起了过去，那盛大、愉快的日子好似漫长实际却很短暂。

不用说，谁都留下没干完的事情，恋爱中的青年男女，每日都唠叨着说要改建一下书店的店主，还有已经商谈好要开辟一条观光旅游汽车路线的镇长。然而，即便遗憾，没有办法，这是命运的安排。

只要想一想，就会感到这镇上过于平静、过于幸福了，正因如此，神仙不会满意吧。然而，现在反省为时已晚，即使埋怨神仙也无用。对于神仙来说，不管谁怎么干，如果它看不中，便只好把你抹掉。

最好轻声地、快活地歌唱，和平时完全一样地。

末日已迫在眉睫了，歌声变得稍大了点，或许是为了隐藏悲哀吧。

末日到了，它从天空的一角出现，没有声音，没有任何东西阻挡地接近了。最初只是一点点，然后立刻扩展开，它以压倒一切的气势呈现出一个明晰的"终"字。

与此同时，响起了无情的神的宣告声。

"各位长时间观看的连续木偶剧《小镇》到本日结束。"

接着，无情的神转向了广告，但是马上中断了，因为更无情、残酷、不定性的神转换了频道。

本　钱[①]

　　人家稀落的郊外，布满了黑暗和寂静。要说有亮光的话，只是各处的路灯隐隐约约地呈现出黄色的光圈儿。这时，一位刚下末班电车的年轻女子，正匆匆走在回家的路上。

　　"啊，真想早点结束这种生活。"

　　她一边倾听消失在黑夜中的脚步声，一边自言自语。是啊，多么想早一天离开酒吧，不干那种令人讨厌的迎合酒鬼的差事。可是为了一点点把借债还上，除此之外没有适当的工作，在钱没还清之前，还不能转到白天从事的那种正当的工作。

　　"唉呀……"

　　她轻轻地叫了一声，不安地回头寻视，觉得好像有人似的，可后面漆黑一片，什么也看不见。

　　"是神经过敏吧！"

　　她加快了脚步，手用力抓着皮包儿，说啥也不能丢掉这比平时稍沉一点的皮包。她刚刚拜访了朋友。

　　"暂时可以借给你，拿这个做本钱赚点，好早日摆脱现在的生活呀，不过，可千万别丢了。"

　　朋友一边嘱咐，一边把借给她的重要东西装了进去。

　　后面有脚步声，越来越近，男的，分明是一个年轻男人的脚步声逼近。

　　"讨厌！万一……"

　　万一是一个品质恶劣的男人可就糟了。皮包里是好容易借来的本钱，一旦被抢去，光赔偿这个损失，就得更长时间地持续这种生活。

　　脚步声更近了，终于传来了预料到的声音：

　　"唉，大姐！"

　　不能交给他，她把皮包抱在怀里，可是，"没什么大了不得的事，唉，把那

---

①　此篇为日本作家星新一的短篇小说，译于 1985 年 7 月。

个交出来吧，喊人也没用。"

怎么办？逃跑吧，会被追上；喊人，附近也不会有人听到；拼了，又不是年轻男人的对手；苦苦哀求呢，既然被他看见了就不可能还给我。

她必须下决心了。她打开了皮包，转向急切等待的男人，终于把刚借来的本钱攥在手里。

"多么简单哪，这对我来说也能使呀！"

她说着，悄悄地把小手枪放回到了皮包里。

爱的通信[①]

"为什么得不到女人的赏识呢？"

这位男子说完总是长叹一口气。热衷于电波天文学和宇宙语言学这种无趣的研究，又不曾看过如何追求女人方面的书，当然不能受到女人的欢迎，但是还达不到绝望以至最终自杀的程度。"地球以外会不会有女人呢？"他使用小型无线电装置，向宇宙发出了一封电文：

"哪一位？有没有想和我谈恋爱的女子？"

超电波从高大的天线发射出去，把电文传送到空间那边。

"说不定哪个星球上，会有温柔、美丽的女子，如能给个回信就好了……"

他期待而焦躁地度过了一天，果然碰到了好运气，不知有多远，也不知从哪个星球上传来了回答的电波。

"给您回答，像我这样的女子可以吗？我知道了您的寂寞和苦恼之后，再也抑制不住了。"

他一下子陶醉了，满腔热忱地写了回电。

爱情的通信就这样开始了。

"从您那里得到回音，我高兴得手舞足蹈。我们地球上的女子，没有一个能成为我的伴侣的。"他倾诉自己的烦恼。

"啊，有那样残酷的事情吗？真是想象不到。"

对方温情脉脉地回答。他周身热血沸腾了，真不知说什么是好。

"真的。我真想见您一面，哪怕一次也好，请您务必通过电视传来画像。"

因为渴望和胆怯，心情极不平静，他才这样高声喊道。她虽然心地善良，但说不定是一个从头到脚长满绿色、胳膊无力耷拉着的怪物呢。要是这副模样，还能保持这种爱情吗？如果热情减退，刚才自己的坦白不是谎言吗？

烦恼的多少和以前相比没有多大变化，但是烦恼的程度却是以前无法比拟的。虽说这样，事到如今也只好听天由命了。

---

① 此篇为日本小说作家星新一的短篇小说，译于1985年7月。

他在银幕前，闭目而立，"长得不会像条蛇吧。"睁眼一看：

"啊……"

他惊讶得瞠目结舌。

和地球上的女人相同，不，远远比地球上的女子漂亮。光润而白皙的皮肤，充满情感的眼睛，微微发出笑意的嘴唇，怀里抱着像狗一样的粉红色动物，透过身后窗户，可以看到星球大街上鳞次栉比的高级住宅。

他结结巴巴地呼喊着：

"啊，多么美丽呀！可惜在电视机里握不到您的手，啊，说什么好呢？"

他不由得落下了悔恨的眼泪，而她却温柔地安慰他：

"您过讲了，很幸运我们星球上制造出了性能良好的火箭，如果您愿意的话，我去拜访您吧。"

"真的，这不是梦吧，我等着您。"

从此以后，他每天坐立不安，仿佛到了无吸引力的宇宙基地一样。啊，这回可以向地球上的女人炫耀了。约会那天，他行装整齐，大清早就在机场等候着。

"真的会来吗？"

他一边看着手表，一边自言自语道。这时，巨大的宇宙飞船徐徐降落下来，的确有一个高性能的大型火箭装置。马上就要见到盼望已久的人了，握住她的手。宇宙飞船以它特有的雄姿横卧在机场上，门打开了。

门的后面看见了什么？

"她好像穿着一件粉红色的皮毛大衣。"

不，那不是大衣，是她喜爱的小狗。一种讨厌的预感在他脑子里一闪，立刻现实地展现在眼前。

一个比他漂亮几十倍的人，使地面震动地走下机舱。

"哪位是等候我的人？"

说话声使周围轰鸣。

女人的年龄①

　　站在讲台上的酒井看到最前排的女学生吃惊得几乎跳了起来。

　　"啊！这不是我昨晚玩过的女人吗？"

　　"有一个漂亮的女高中生呢！"我以为老鸨说的高中生终归是骗人的呢，毫不在意地玩了，谁想到竟然是在自己任教的学校里听自己讲课的学生。可以说昨晚我也看了看她，那幼小劲儿或许真的是高中生，只是一点也不知道她的年龄。

　　语无伦次的讲课刚一结束，酒井就把她叫到走廊来。这个不正经的姑娘大概被情夫逼得没有办法吧，而酒井也是有妻子、孩子的。

　　"老师，您责备我吗？"很意外，姑娘温柔地询问。

　　"哪儿，哪儿的话！"酒井呜咽道，"我，我干了一件坏事，不，不知道你是学生。昨晚的事你无论如何要保守秘密呀。嗯……不能责备你，我，我成家了，有老婆、孩子。"

　　"唉呀，那种事儿您不必担心。"她微笑道。"不吱声就是了，我也有丈夫和孩子呀！"

　　"嗯？"酒井吃惊地看着。"幼小的妻子最近倒是很流行，可是你连孩子都有了吗？"

　　"是的，女儿已经上高二了。"她说道，"今天病了，我是来替她点名的。"

---

　　①　此篇为筒井康隆的短篇小说，筒井康隆（1934－），日本当代科幻及大众小说作家，作品多以幽默的笔调表现荒谬、怪诞、令人不安的现实。此篇译于1985年7月。

诱　　拐①

电话铃在焦急等待的博士面前响了。

他伸出了手，从漆黑的耳机里传来了很低的声音。

"喂，主人在吗?"

"啊，我就是。"

"您是有名的埃斯特朗博士吗?"

"是埃斯特朗，您到底是哪一位?"

"无可奉告，关于那件事，您大概想象得出来吧。"

说完发出了冷笑。

"啊，你……"

博士一阵惊愕，对方却坦然地说：

"是这样，博士的孩子安然无恙地在这里休息呢。"

博士声音颤抖：

"把我最疼爱的孩子带走了，打算怎么办? 还不到一周岁的孩子……"

"既然是那么疼爱的孩子，怎么留在汽车里就擅自离开呢?"

"果然是那个时候被带走的，仅仅是下车买烟的工夫，没想到早被你盯上了。"

"啊! 博士，不必惊慌。您就以一个科学家的身份承认现实吧!"

"你为什么干这种勾当? 要是仇恨我的话，尽管对我施展好了，卑鄙……"

"不，我对博士您无冤无仇，倒是非常尊敬您。"

"那么，你打算怎么办，我妻子悲痛得病倒了。"

这时，对方带有不安的语气问道：

"博士，难道还没报告警察局吗?"

"还没有。考虑到意外情况，暂时等着来电话，我请求不要伤害我的孩子。"

"不愧为博士，如果您明白的话，请不必担心，孩子保证没问题。不过，讲讲条件吧?"

---

① 此篇为日本小说作家星新一的短篇小说，刊载于《满族文学》1989 年第 1 期。

"条件？拐走孩子、敲诈金钱罪加一等，这你该知道吧！"

"这我当然知道。但是，如果想别的办法，孩子会怎么样，您知道吗？"

"啊，慢着，你要多少？"

"打开天窗说亮话吧，我要博士秘密完成的机器人设计图。"

"嗯？不，那可不行。"

"您不答应，那就请便了。"

"那是我为严惩社会上的恶人而设计的，决不能交给你这样的人。款额按你需要的去办，最好在钱上解决。"

"可是，正像博士经常说的那样，研究是用金钱买不到的，要是把那设计图变成钱的话，我一定比博士还高明呢！"

"啊，无耻之徒，你还算作人吗？"

"您说得对，这是机器人无法考证的，我早就有这种欲望。"

"真不能让你这样的家伙活在世上！"

"别激动，请不要忘了孩子在我手里呢。"

"嗯……，没办法，答应你的条件。"

"唉，这才是聪明的博士。"

"不过，我的孩子确实在你那儿？"

"这您放心，现在还在旁边的长条椅子上老老实实地休息呢。"

"是吗？那我就放心了。不过，能不能让我听听孩子的声音，免得我惦记。"

"难道您不晓得他还不能说话吗？"

"不，哭一声也行。如果能让我听见哭泣声，我也能安心地答应条件。"

"好吧，那就叫他哭。"

"我想知道孩子是否平安无事，请拽一只耳朵。不知为啥这孩子耳朵神经特别灵敏，即使是在甜蜜地睡梦时，只要一拽耳朵，马上就会哭的。"

"怪事，好吧，给您拽，不过，听到哭声，来人就糟了，我得先关上窗户。"

"那随便，如果你还担心，锁上门也行。"

"你说什么？"

"怎么都行，快点让我听到哭声，好证明孩子平安无事。"

"请等一下，马上开始，结束后该谈交易的方法了。"

对方的话音暂时中断了，接着好像有关窗户的声音，然后听到了低低的说话声。

"孩子，爸爸想听哭声，可能疼一点，稍微忍耐一下吧。"

博士用力把耳机贴在耳朵上，响起了剧烈的爆炸声。博士把耳机放了回去，高兴地笑了：

"他无论如何也想不到耳朵竟成了引爆机关，坏人又少了一个。"

危险的同居①

一

我和小矶泰子相隔 20 年重逢是在回家途中的公共汽车上。

我家住的地方很偏僻,从都心乘 30 分钟的国有电车,再换乘 20 分钟的私有地铁,还需要坐 30 分钟的公共汽车。七八年前这里还是一片麦田,现在全都变成了住宅区,公共汽车似乎两年前就通了。

那天从公司回来,大约七点钟左右。我刚抓住车上的把手,旁边一位三十四五岁的女子突然转向这边,一瞬间,她吃惊地叫了起来:

"唉呀!您不是滨岛吗?"

她身着整洁的连衣裙,怀里抱着小皮包,当时正是初夏季节。

我告诉了自己的名字,但一时又想不起她是谁。她眼里露出久别之后的亲切之情,微微地笑了。

她的眼神使我恢复了记忆。

她的眼睑厚得仿佛鼓了起来,对那肿起来的眼睑我特别熟悉。

"啊,您是泰子吗?"

我意外地答道。

"唉,是的,认出我了?"

她又笑了。

"到底还是认出来了!"

用"到底"这个词是有寓意的。可能是上了岁数的缘故,她的脸型在我的

---

① 此篇为松本清张的短篇小说。松本清张(1909—1992),日本当代著名推理小说作家,开创了"社会派推理",与柯南道尔、阿加莎·克里斯蒂并称世界推理小说三巨匠。代表作品有《零的焦点》《点与线》《沙器》《日本的黑雾》《帝国银行事件》等。小说以真实的描写,严密的逻辑推理分析,抨击了社会的种种罪恶。此篇刊载《满族文学》1989 年第 5 期。

印象中发生了明显的变化，20多年了，这是很自然的。当时记忆中的那苗条、纤弱的身姿没有了，现在她已是中年女子，体格略微发胖，脸颊上也爬上了小小的皱纹。

"是吗?"

她不好意思地笑了。

"现在都变成老太婆了。"

她一笑，眼角聚满了皱纹。

"不至于那样。不过，和以前比还是变样了，现在可富态多了。"

原来她的脸型是长的，现在近似圆形，纤弱的身体也变得结实了。

"真是奇遇呀!"

我说。

"的确是，真没想到在这个地方见到您，您经常坐这趟公共汽车吗?"

"唉，每月工资不高，所以总是坐这趟车颠簸到京桥。"

"是吗? 真想不到，我也一直乘这趟公共汽车，以前为什么一次也没见到您呢?"

"可也是呀!"

我瞟了一眼她的外表，抱着的皮包确实是妇女特有的手提包，要是乘坐这趟公共汽车的话，说不定她也住在附近，到公司去上班。

"您住在这附近吗?"

我问道。

"是的，在××站下车。"

××站是我下车的前一站。

"真没想到，我在您下一站。"

"啊。"

她吃惊似的睁开那双有特征的鼓鼓的眼睛。

"您什么时候住在那儿的?"

"已经五六年了。"

"啊，我七年前就住在那儿了，真遗憾，至今一次都没见到您。"

"真是那样。"

我们互相注视了好久。

一瞬间，和我同样20年前的事情仿佛也浮现在她的眼前。

20年前，正是日本卷入毁灭性战争的时候。

泰子的家恰好就住在我家的前面，她和父母住在一起，那时我们住在品川附近。

泰子住在我家前面大约有两年光景。她父亲在某公司工作，为了调职而迁居至此。可是，过了两年，又因工作调转搬到别的地方去了。那时泰子大概十四五岁，是女子学校的一二年级学生。

我和泰子虽然经常见面，但不那么亲密。她父亲是公司职员，看上去似乎很厉害。我们两家只是普通的邻居关系，没有别的交往。

至于我和她没有亲密交往还有别的原因。当时，我也就 16 岁，对身穿女学生水兵服的她暗自喜欢却又不敢接近。至今我还记得，她一出现在我面前，我就偷偷地躲起来，悄悄打开二楼朝南的拉门，自我陶醉地观察着。

那时她那双鼓起的眼睑，在我的眼里是极富有个性美的。

现在，在公共汽车上再会，能够这般亲热地交谈，是两个人都变成大人的缘故吧。不过，由于意外，她的脸色略微绯红。

"您母亲身体好吗？"

她向我问道。

"她已经去世了。"

"啊，什么时候？"

"十四五年前。"

"是吗？看上去身子骨挺硬朗的人，谁知……真够不幸的了。"

不用说她现在已经结婚了，然而我不好直接问这件事，于是寻问了她父母的情况，她回答说双亲都不在了。我脑子里又浮现出她父亲那副总是板着的面孔。

这时，她到站了。

"失陪了。"

她那富有特征的眼睛表现出笑意，急忙向我告别。

"我家离这儿很近，下次见到您的时候，请顺便到我家坐坐。"

她慌忙说着，挤过人群走下车门。

我从开动的车上往外一看，她正在外头面向我站着的窗口点头致意。

那天，20 年前为邻的少女在我心中泛起了涟漪。我回到家告诉妻子：我遇见了久违的熟人。

"是吗？"

妻子很不感兴趣地听着。过后一想，那种关系很正常，当时我也没过多考虑后来的发展。

二

一周以后，第二次在公共汽车上见到她。

"上次见到您，我就觉得以后还会见面的。"

她笑了。因为见过面，我们省略了不必要的客气，相互之间有这种融洽的关系是因为都上了年纪，或者是她已结婚了的缘故吧。

"我家很近，就在那边，请到我那儿坐坐。"

当时，她真诚邀请我。我想离我的下车站只差一站，即使步行也能回去。我很断然地跟她走下了公共汽车，当然我也很感兴趣，然而，我似乎感到有某种目的。

虽说很近，到她家步行也得十多分钟。穿过房屋栉比的街道，来到了一块麦田地，对面别致的住宅区闪耀着灯光。

我和泰子稍稍拉开一点儿间隔走着。

"不打搅您吗？"

我问道，因为我考虑到她的丈夫；另一方面，对她刚才的邀请我也试探一下：或许她一个人生活。

"不，一点也不……家里没有别人。"

她好像看出我的寓意，吞吞吐吐地答道。然而，"家里没有别人"是丈夫不在家呢？还是她独身生活呢？我仍然不得而知。

"孩子呢？"

我问道。

"有，只有一个六岁的孩子。"

她爽快地回答。

"那您一定很快活喽！"

我又说道，当然我考虑她已经结婚了。

"还有很远吗？"

我在幽暗的路上说道。她和我并排走着，腋下还夹着小黑皮包。我虽然知道她有工作，但还不清楚是什么职业。

"第一次来的人都这么说，还是不熟悉呀！"

她用解释的语气答道。

"晚上多黑呀，这么晚回来，您丈夫不来接您吗？"

我以此来进一步试探。

"不，他已经不在了。"

她看透了我的心思，笑了。

"呀，他怎么了？"

"已经去世了。"

我内心感到震惊。一方面觉得压抑，同时，预感某种不好的兆头。

198

"那太不幸了，……什么时候？"

"四年前"

"是吗？您可够苦的了。"

我不由得说道。

"是的，丈夫活着的时候，我什么也不想，可是他一死，我越发感到女子一人工作可真是一件不容易的事情。"

"请原谅，您现在做什么工作？"

"保险公司收款员。"

她毫不胆怯地回答着。我这才明白她为何把黑皮包紧紧夹在腋下。

"您呢？"

她把话题转向了我。

"啊，我在一个微不足道的公司里工作。"

"好啊，有孩子吗？"

"没有。"

"呀，那可够寂寞的了，结婚多长时间了？"

"快十年了，现在越发感到无聊。"

"是那样。不过，您妻子够幸福的了，不管怎么说，再没有比死了丈夫的女人不幸的了。"

我大体上知道了她的情况。

走进了别致的街区，她向我点头示意：稍等一下，就跑到商场门前。我站在那儿一瞧，她把牛肉和元葱包了起来，不过，只是少量的一点点。

"今天真给您添麻烦了。"

我和她并肩走时说道。

"没关系，我是主人，不必客气。"

她领我来到家门前，这是一所又旧又小的房子。

"请。"

她先打开门，门并没有上锁。

"乱七八糟的，我这就收拾一下。"

我在外面等了一会儿，马上被她叫了进去。

房子好像是板房改成的简易住宅，尽管那样，六铺席和四铺半席的两个房间收拾得干干净净，一看就知道她是一个喜欢清洁的人，虽然不富裕，但很注意整理房间。

"健一，健一。"

她向里边招呼道。传来了孩子的应答声，出现在我面前的是一个大脑袋的男

孩儿。

"过来，向叔叔问好。"

她这么一说，男孩儿目不转睛地看着我，蓦地站住了。孩子第一次见到随母亲而来的我，表情很不自然。

"啊，干什么呢？快说呀！"

于是，孩子跪下向我问好。

"您好。"

"真聪明呀！"

我称赞道。

"几岁了？"

年龄虽然已从她那儿知道了，但我还是笑着问道。

然而，他没有马上回答，却腾地站起来，把身子藏在拉门后探出头看着我。

"唉，好好回答。"

泰子回过头来责备地说道。

"问你几岁了，健一。"

孩子虽然被母亲申斥，但怎么也不肯开口，她催促了三次，才不得已地答道。

"六岁……"

"这孩子是我现在唯一的依靠呀！"

健一出去，她端来茶对我说道：

"作为母亲，虽然想尽量不娇宠他，但是女人怎么也不行，渐渐地连我的话都不听了。"

她叹息地说着。

"不，这个年龄是最淘气的，长大就好了，谁家的孩子都一样。"

那天晚上，她以素烧牛肉招待我。刚才回来的时候她跑到商场去买东西，也是特意款待我的。

我想时间长了不好，待了一个多小时就起身告辞了。

"您家离这儿这么近，真是有缘分，请您再来玩。"

她送我的时候说道。

我妻子不是那样温柔的女人。可能是没有孩子的原因吧，家里显得非常空旷。只要是去了泰子家，立刻会感到泰子那亲切、可爱的面孔在妻子身上一点也找不到。虽然她家贫寒、狭窄，但一看那收拾得整洁的房间，便知道这是一个十分贤惠、能干的女人。

初次遇见泰子的时候，她不过是个认不出来的中年妇女，然而第二次见到她，在她的脸上便出现了深深保留着的20年前少女的容姿。

我没有把去泰子家吃晚饭的事告诉妻子，轻松、愉快的感觉油然而生。我好像得到了一种刺激：那就是今后或许能够从公司、家庭这种单调循环的寂寞之中解脱出来。

三

我去泰子家的次数渐渐多起来。

她做保险收款员，同时又当劝诱员。做劝诱工作能多增加一些收入。我跟自己的朋友和熟人一谈，几个人都加入了她们公司的生命保险。

在这种情况下，我和泰子之间的关系急速进展。我一下班，故意在街上溜达，消磨时间，一有机会就去她家，她也好像盼望我的到来似的准备好了晚饭。

我开始对公司无聊的工作感到厌烦，对妻子产生不满，对人生越发感到无趣，相反对泰子温情脉脉的关怀如鱼求水般地渴望。

这种交往大约持续了两个月，我第一次亲吻她是在那个麦田地的道上，这条路黑黝黝的，很少有人行走。在这之前，我们只不过是频频地拉拉手罢了，然而以这次接吻为开端，仅仅如此便不能满足我们的欲望了。

我向她坦白自己想起了她20年前少女的形象，她也把自己短暂而不幸的婚姻告诉了我。

可是，当我向她提出最后的要求时，却没能得到轻易的答应。她哭一般地说：不能那样。初夏相见以来，已经过去三个月了。

一天晚上，我热烈地吻过她之后，又提出了要求，她也知道对我连半点戒备都没有了。

"那么，今天夜里晚点来吧。"

在漆黑的道边上，她用颤抖的声音说。

"十点钟一过，健一就睡着了。"

她压低了嗓音。

闷热的夜晚，我对妻子说去朋友那儿下围棋，九点钟一过就走出了家门，心情异常兴奋。

这种结局会怎么样呢？不难预料，然而，追求泰子的迫切心情使我丧失了全部理智。

十点钟左右，我站在她家门前，附近人家几乎都关上了门。我躲开出来乘晚凉的人们，摸到她家。

一伸手，门开着。我轻轻地进去，泰子没有出来。打开拉门一看，六铺席的

房间里挂着素雅、洁白的蚊帐，电灯关着。仔细一瞧，泰子和健一都睡了。是真的睡着了，还是故意装作没发觉我来？她的身子一动不动。

电灯虽然关着，但夏天的套窗关得不严，外面的月光淡淡地照射进来。

我掀开蚊帐爬到泰子身边，但没触动她的身体。她的脸在夏夜淡薄的青光之下，像纸一样发白，隐匿的眼睑稍稍鼓起。

我悄悄地把手放在她的肩上，轻轻地摇动着。

我在耳边呼唤她的名字。

她睁开沉重的眼皮，我看出她没有睡。她的身体颤抖着，注视着我马上就要贴近她的脸，传来了她长长的叹息声。

"泰子！"

我轻声叫着。

于是，她把头转过去，窥视了一下睡着的健一。孩子蹬开被斜着身子，与身体不成比例的大脑袋像石头一样躺在榻榻米上。

我把视线转向了她的脸，轻轻地控制自己的重心，吻她的嘴唇。她的反应比哪次都强烈，急促的热气扑鼻而来。

我从被子上抱住她的肩膀，她用双手搂住我的脖子。这时，我又瞟了健一一眼，孩子仍在原来的位置上一动不动。

我把手伸向盖在她胸前的被子，轻轻地把它掀开。

我刚想钻入被窝，不觉一惊。

闭目矜持地等待着的泰子虽然身体还微微颤抖，但她却是身着整齐而洁白的长衫内衣。不仅如此，连下身穿的内裤也全部换成新的，她以新婚之夜的礼节接待我。

从套窗缝隙射进来的淡淡月光，使雪白的衣装显得更加洁净。

从那以后，我经常出入她家，她也由衷欢迎我。她的性格和我妻子无法比拟，妻子性格阴冷，而小矶泰子却很温柔，对我关怀倍至。

尽管那样，她对我妻子总怀有一种罪恶感。我们并没有约定结婚，她也从未提过此事，只是发誓不再结婚了。

虽然她没有提出跟我结婚，但我曾多次这样想过：如果跟这样的女人结婚，那该多么幸福呀！每当我抱起她的时候，便不由自主地提出这个问题，然而她总是摇头。

不仅如此，她从我这连十元钱都不曾接受，她说自己的收入够花的。

保险收款是一项很辛苦的工作，她那个小黑皮包装满了巡回收款的卡片。听说一个月要跑上100多趟，仅仅一次就能收到钱的时候很少，同一家也必须前往两三次。一有空闲，还得完成分配给她的新入户的劝诱任务。

在这种生活中，她对我更加体贴，只要是我爱吃的东西，她不管价钱多贵，都准备好了等着我。从她以前的生活来看，那种做法无疑是太破费了。

我想：这种生活长期下去多好啊。她早晨很早上班，晚上七点钟左右才回来。然而，每月有三分之一的时间因为劝诱而回来得很晚。

我怕她家左右有闲言，所以尽量晚一点去。另一方面，健一这孩子要是没睡，内心也感到不自然。

健一虽然六岁了，但可能是母亲一手抚养的缘故，很认生。我尽可能地疼爱这孩子，可健一从不按我说的去做。当我和泰子亲密地谈话时，他在旁边目不转睛地盯着，默默不语。

泰子也让我尽力亲近健一。他一醒来，我就把买来的礼物送给他，试图让他熟悉我。然而，健一对我保持警惕，一点不肯接近。

虽然如此，健一没有讨厌我的意思。这孩子的性格很独特，即使到外面去，也不太和别的孩子一起玩。母亲不在家，他一个人吃母亲做的饭，一个人睡觉，不知不觉养成习惯了。他独自玩耍倒像很快活。

"健一讨厌我吗?"

我曾经对泰子说。

"不，因为他是在没有父亲的家里长大的，所以对你感到陌生吧。不过，只要你多加注意，过些日子一定能和你亲近起来的。"

"是啊。"

事实上，我对健一的存在从心里发忧，即便是和泰子交谈、拥抱，也常常因为这孩子而心情不快。

晚上我很晚才去她家，是因为要选择健一睡觉的时间。到她家一看到孩子熟睡的面孔，我也像解放了一样。

我和泰子仅仅同床共衾两小时，一到 12 点，我就回家。

妻子一直没有发现。

四

自去泰子那儿以后，我偶然想起了自己的童年生活。

我是在不记得父亲面孔的情况下长大的，据母亲说我三岁的时候他就去世了。可以说淡淡的记忆像梦幻一样，黑暗的屋子里混杂着许多人。母亲抱着我，来到装饰华丽耀眼的祭坛前，那大概是父亲的葬礼吧。

小时候的事情虽然断断续续，很模糊，但也留有一定印象。

父亲死后，母亲一直独自生活。父亲是一个身份很低的官吏，母亲用他的退

职金开了一个粗点心铺，自己还代裁附近的衣裳活儿。

这种记忆在我脑子里还保留着一些片断，摆着粗点心的箱子、玻璃瓶子，这些东西我还留有印象。红、蓝等颜色的点心塞得满满的，并且上面悬挂着各种各样的糖人、抽签式的气球点心……

母亲缝衣裳的身影也浮现在我的眼前，她坐在狭窄的房间里，一个劲儿地挥动着手臂。每缝上五六针，左手大拇指贴着布使劲一拽，"嗖嗖"作响。那像金属的声音，不时地传到耳边。这时候母亲很年轻。

然而，我也不能忘记另一个幻影与此重叠。他是一个个子低矮、稍稍发胖的男人。大大的眼睛，鼻子两侧刻上了深深的皱纹。

那个男人经常到我家来玩，即使来，也没什么大惊小怪的，因为他是我的伯父。

后来听母亲说，伯父是母亲的大伯子，对我来说就是伯父。他也是一个官吏，性格铁面无私、沉着稳健。因此，亲戚朋友有什么事都拜托伯父，发生纠纷，也到伯父那儿求得解决。

正因为是这样的伯父，所以弟弟一死，他对弟妹一个人辛辛苦苦抚养孩子总是无微不至地照顾。

然而，我讨厌这个伯父，不知为什么就是不喜欢他。

伯父来到店前，像自己的买卖一样把粗点心卖给附近的孩子们。一看到他的身影，便感到一种无法忍受的厌恶。当时我只有七八岁。

可是，伯父对我非常亲切，虽然他有三个孩子，连自己孩子都不给买的高价玩具却给我买来。当我抱着玩具在房间玩起来时，伯父得意地指着它对站在旁边的母亲说着，母亲听了高兴地笑了，这种情景我还记忆犹新。

我在外面一被别的孩子欺负，伯父一本正经的脸上便出现了愤怒，我害羞得无地自容。伯父的申斥可以用"怒发冲冠"这个词来形容，简直是一副威严的面孔。欺负我的孩子一跑，他便连哄带劝领着我回家。我一方面感到委屈，同时对伯父的做法讨厌得不得了。

伯父为什么为我跟别的孩子动那么大的肝火呢？我虽是个孩子，但对那种火气实在接受不了。在领着我回家的时候，虽然有必要对我进行安慰，但也不排除带有讨好的成分。

伯父喜欢钓鱼。

从我家到海边有相当远的路程，但他每次钓鱼都劝我去，那也是为了讨好我。

只有这个时候我才跟伯父去，因为平时很少看到海，它对我来说无疑是一种诱惑。

那是什么海岸呢？留在我记忆里的好像是一座防洪堤。防洪堤是砌成的石墙，下面蓝色的海水掀起层层银白色的浪花。钓鱼的人不仅仅是伯父，手持鱼竿到这里来的还有其他人。不管谁都坐在防洪堤一带，甩出鱼钩，其中也有人冒着危险爬到防洪堤前端积石突起的地方去垂钓。

伯父几乎每次都到前端去钓鱼，虽然详细情景记不清了，但现在回想起来，防洪堤前端有的地方被风暴摧毁、石墙塌落了，有的地方藏有暗礁。总而言之，只有顺着高高的防洪堤爬行，才能下到那积石突起的地方。

伯父不让我到那儿去，因为我是孩子，去那儿危险。那个地方的鱼好像最愿咬钩，鱼一上钩，伯父就来劲了。我们一直钓到天黑，我以胆怯的目光看着周围的人渐渐地稀少了，我自己也带一把小鱼竿。

鱼笼子里蹦跳的鱼、顺着石墙爬上堤坝的舟虫和小蟹、石墙下漂浮的海藻、强烈的海潮气味、水平线上飘浮着缕缕青烟的汽船、掖起后衣襟甩出鱼钩默默地站在那儿的伯父，一幅幅活生生的图画刻印在我的脑海中。

伯父来到店前，像自己的买卖一样把粗点心卖了。

在这种情况下伯父经常来我家，和母亲谈得很投机。伯父一来，母亲就到厨房做好吃的招待他，至今我还熟知母亲在厨房菜板上的剁刀声。

然而，除了钓鱼之外，我还是讨厌伯父，为什么讨厌我也不清楚。伯父亲切、赶跑欺负我的孩子、给我买玩具、说话和蔼，可是，为什么讨厌他呢？

伯父在我家待到很晚。

我困了，一揉眼睛母亲就"呀，早点睡吧"催我躺下。在我长大之前，睡觉从不离开母亲身边。

睡着以后，有时忽然醒来，发现母亲不在了。这时，从隔壁的房间里传来伯父和母亲喊喊喳喳的低声说话声。

这种情景究竟持续到什么时候我也记不清，似乎感到漫长而又短暂。

和伯父一起钓鱼的情景时常在我头脑中回想。伯父撩起衣襟掖到腰带里，挽起袖子站在那儿。巍峨的岩石不断地溅起白色的飞沫，蓝色的大海在伯父背后闪动着。

有几次给我的印象相当深刻，连伯父脱下的木屐都记着，不仅仅是木屐，甚至放在伯父身边的粗绳子都浮现在眼前。那条棕榈制成的绳索，是为拴系在附近漂动的小船而准备的，它长长地横放在伯父的脚下。

这些在我的记忆里仅仅是几个片断，不可能一一联想起来，大部分都忘却了。

伯父什么时候死的我已记不清了，他是意外死的。

我还记得母亲一个人在房间里恸哭的情景。她把给别人做的衣服揉得乱七八

糟扔到一边，突然趴在榻榻米上呜呜地痛哭起来。母亲的头发和肩膀猛烈地抽搐着，我呆呆地躲在拉门背阴地望着，我不明白母亲对伯父的死为何那样悲痛？

<h1 align="center">五</h1>

因为工作关系，小矶泰子未必按规定的时间回家。

即使八点钟去，多数情况下她还没有回来。如前所说，她除了收款还做保险劝诱。因此，晚的时候工作到十来点。

什么时候回来没准儿，所以我也不能跟她约定见面的时间。

健一大多是一个人玩，这时候我一来，他便以监视的目光直盯盯地看着我。

我想尽可能地让孩子听话，跟他进行各种各样的谈话。然而，不太愿意讲话的健一，从不当场答应。

虽然那样，我去了他也不特别拒绝。

泰子上班的时候，既要考虑孩子的午饭，又要想到晚上回来很晚，晚饭也得准备好。孩子很听话，按时吃饭。据泰子讲孩子很省心，是由于她每天不在家使孩子养成了那种生活习惯吧。

我多次去泰子家，但不曾听说健一跟附近的孩子玩耍。他有时也到外面去玩，但不一会儿就回来，看样子他不大愿意和别的孩子玩。

我从傍晚在她家等着，和健一一起度过时光。她没回来，就那么回去倒也可以，但每次回去很难再出来。再说也不愿意来回跑，所以自然而然地等她几个小时。

等着等着，有时我竟不知不觉地打起盹儿来。

健一对我要干什么不闻不问，一个人时而摆积木，时而看古代小人书，嘴里自言自语地嘟哝着，玩得自由自在。虽然跟我不愿讲话，但是一个人玩的时候，嘴里却经常叨咕点什么。

因此，即便是等着泰子，我跟健一关系很淡漠。孩子随心所欲地玩着，我也很随便地躺着看书，或是睡着了。可以说在同一个房间里，我和健一都在等待泰子，然而彼此却没有任何关联。

虽说那样，健一不是根本不把我放在眼里，有时我看书抬起头来，发现他目不转睛地盯着我。那双眼睛蓝得清澈、透明，一碰见他那呆呆的目光，我倒感到有点发瘆。

不管怎么说是一个六岁的孩子，我应该照料他。

"健一，焐被好吗？"

"嗯。"

他点头道。

除此之外，稍稍给他点帮助，并不惹起反感。从另一方面来讲，他真是个不用操心的孩子。

我迷迷糊糊睡着的时候，泰子急促回来，准备晚饭，这对我来说是家庭的乐趣之一。

一到十点钟，健一很快进入梦乡。之后，便是我和泰子的自由天地。

她收款回来整理卡片，我时常帮忙。一帮忙才知道保险收款是那样麻烦的工作，劝诱工作也不轻松。和保险公司比较，我才感觉到自己的工作是多么轻松、愉快。据她讲仅仅收款不能博得公司的欣赏，如果劝诱工作不能干出成绩，说不定什么时候也会被解雇。总而言之，她每天的忙碌是生活所迫。我过去真不知道她的工作那样窘困，疲于奔命，就是在这样艰难的生活中，泰子对我还是一片忠心。

她挂念着我和健一。夜里回来晚了，当看到我和健一睡着了的时候，她心里非常高兴。

"健一对你晚归也习惯了。"

为了使她高兴我夸奖道。

然而，健一对我习惯了吗？如果说开始的时候认生倒可以理解，那么现在他对我一点也不亲近。他偏强地跟我保持一定距离，凭着自我意识，用那双大眼睛死死地观察我。

这种生活持续了几个月，我和泰子坠入情网将近半年了。

我悄悄地行动，连自己的妻子都没发现；我尽量天黑以后再去，连泰子的左邻右舍都没察觉到。所以没有引起风波。是啊，居住了半年，别人竟一点也不知道。

对我来说泰子家是唯一的休息场所，公司里的工作我没有出人头地的希望，家庭也得不到温暖。我虽然36岁，但是感觉像50岁的人一样倦怠，能够解脱这种痛苦的，只有泰子那狭窄、贫寒的家。

这个家如果没有健一这孩子会更舒畅吧。不，有也没关系。健一要是再多少对我亲近一点，性格再开朗一点，我一定会对他抱有像自己孩子一样的感情吧。我对他的疼爱仍然停留在表面。以前，我曾多次做过努力，最后还是放弃了，这孩子个性太强。

我一想到自己的童年，就完全理解健一的情绪，健一生怕母亲被抢走似的警惕着。尽管我采取各种方式亲近他，他却认为那是在欺骗他，如同我当年讨厌伯父一样，健一也拒绝我。

我一方面了解了健一的脾气，同时他也使我背上了沉重的包袱。迄今为止，

对我生疏是没有理由的，我总觉得这孩子令人毛骨悚然。

比如说，一天傍晚。

我像平常一样等着泰子回来，迷迷糊糊地睡着了。醒来一看，健一拿着一把厚刃菜刀站在眼前。

我几乎叫出声来。

可是，仔细一看，他在用烧饭的木片做小船呢，手拿菜刀削木头。床铺上撒满了木屑，船形粗略做出来了。

健一拿着厚刃菜刀，同往常一样，一边自言自语，一边不停地削着木头。

健一手拿菜刀并不是要杀我。

六

从那以后，有时我对健一微不足道的行为也惧怕。

为何惧怕，我自己也感到不可思议。

有这么一件事。

泰子在家里给健一做了个秋千，把绳子挂在拉门框上。健一常常一个人晃晃悠悠打秋千。

一天晚上，还是等着晚归的泰子，我看书入了迷。健一握着秋千的绳头，直勾勾地望我。

因为秋千只吊着一根绳子，所以一握住悬垂的下端，正好变成一个圆形，健一用那双小手把它弯成一个圆圈。

一看见这个我吓了一跳，是为孩子做出那个东西而心惊胆战。

冷静一想，没什么可怕的，只不过是握住了秋千的下端罢了。然而，那情景威胁了我，不由得幻想出那圆圈套进了自己的脖子。

尽管那样，对健一来说当然不会有某种特别寓意，只不过随随便便做的而已。然而，别的孩子姑且不论，健一做出这种东西使我不寒而栗。

之所以这么说，还有别的原因。

泰子家老鼠多得犯愁，有时她买来耗子药，塞到豆包里，放进壁厨。

"健一，这东西可不能吃，会被药死的。虽说是给老鼠的，人吃了也会死。"

泰子提醒健一注意，健一机灵地点点头。

泰子把豆包安放在壁厨里、天棚上、衣柜后面等地方，恰好这时我也在场。

大概是这天晚上。

我给健一买来了豆馅点心。

"健一，吃吧。"

我一到她家，连盒子递给了他。

健一连句"谢谢"之类的话都没说，只"嗯"地答应一声，默默地接过去。这天晚上泰子仍然回来很晚。

我和往常一样独自躺着，看报的时候，想吃点甜的东西，便叫健一拿点豆馅点心来。

健一有时很听话，有时全然不听，这点相当固执、任性。当我让他拿点豆馅点心的时候，他倒欣然接受了，把豆馅点心在盘子里分成五六块，放到我的枕头边。

"谢谢。"

我一边看报，一边用手抓起豆馅点心来。我聚精会神地阅读，当无意识地拿起下一块时，忽然其中一个异特的东西展现在眼前，与淡茶色的豆馅点心不同，这是一个白色的豆包。

我几乎跳了起来，这豆包正是泰子放进耗子药的老鼠诱饵。

我再看健一，已经不在了，他好像在厨房里玩呢。

"喂，健一。"

我走进厨房一看，他正用水洗盘子。母亲不在的时候，六岁的健一经常干这种活儿。清洗脏盘子是用抹布擦洗的，他年龄虽小，但因母亲常常不在家，已养成了帮助干活的习惯。

我把有毒的豆包放在他面前。

"把这个东西拿来，想要药死我呀？"

健一瞪着眼睛望着我。是不是他拿来的也不说，陡然从我手里抢过豆包，扔进厨房柜子里。

这孩子到底想什么呢？我越来越恐惧了。他是不是想在我吃豆馅点心起劲儿的时候，暗中加进豆包，让我没注意时吃进去。

我明白了健一在想什么。

然而，这件事我没马上告诉泰子，因为这孩子是她唯一的依靠。

又何况她对我是忠贞不渝。

泰子既喜欢孩子，又对我如胶似漆。深知这种心情的我怎么能把健一的事情跟她讲呢。

可是，健一对我的态度始终如此。

近日来，情景一点也没有改变，不仅如此，刹那间，我倒发现了健一的"杀意"。

随后，又发生了这样一件事。

那仍然是我单独等着泰子回来的时候。

以前一直独自玩耍的健一，默默地到外面去了。我难以琢磨他想些什么，这孩子在家里、外面都一样，对我不亲近，可也不碍事。如果健一消除了在我看来的那种敌意，那再没有比他老实的孩子了。

泰子回来很晚。

因为她回来很晚，我经常半路去接她。不用说，她家离公共汽车站很远，加之途中是一片麦地，夜里漆黑一片。我想她会害怕的，就站在那儿迎接她。

这时，我正要走出她家。

这幢房子虽小，可正门、后门都有。正门因她不在家，总是上着锁。只有后门开着。

可是，当我要打开后门的时候，怎么也打不开。我用力推了几下，这是个破门，一下子推不开，也不至于关得这么紧。

我几次用力推门，虽然外面没上锁，但拉手却别上了金属卡子，这是健一干的。

孩子想要把我关在屋子里，如果不从正门把锁头打开就出不去了。

使我陷入恐怖的不是这件事本身，健一从外面把后门别上，是想要把我关进"密室"的一个小阴谋。不，那或许是很小的行为，但他的想法使我非常惊愕。事实上，我明明知道正门能打开，但是把后门从外面别起来，自己心情就像被囚禁在无法逃脱的密室里。

七

我对六岁的健一产生了不必要的神经过敏吧。只要他存在。我和泰子的关系会越来越疏远的，然而，这对我来说是不可能的。

我爱泰子，看到她孑然一身过着艰苦的生活，真不忍心抛弃她。我虽然意识到了健一，但是照旧去她家。

我一直没把健一的事情告诉泰子。想想看，比如秋千事件、厚刃菜刀、从外面把门别上、豆包事件等等，只不过是孩子天真的做法罢了，我却把它理解为某种寓意，大概是做贼心虚的缘故吧。

"健一和你渐渐好起来了吗？"

什么也不知道的泰子经常这么问，我没有反驳她。她以自己的心理来揣度等待她回来的我和健一。

可是，我被健一搞得迷惑不解，这种疑念越发加深了。

我开始警惕他的行径。

平时倒没有什么异常，六岁的孩子天真无邪地玩耍着，连门儿也不出，整天

呆在家里，和我天天相见。

健一似乎没有想到我已经注意他了。出入这个家将近半年了，我的存在对孩子来说已没什么值得稀奇的了。

既然如此，我为何要警惕这孩子呢？

那是因为平常他对我漠不关心，总是单独玩耍，但是当我疏忽大意的时候，突然感到健一确有那种"杀气"。

泰子家没安装煤气，并且也不使用电饭锅，和从前一样用炉灶做饭，烧的是劈柴。

健一常常帮妈妈把劈柴劈成小块。虽说六岁的孩子不起多大作用，但是，这孩子总是帮助母亲忙活。因此，泰子把木头粗略地劈开，他再拿柴刀把它劈成小细块。

这把柴刀像刀一样细长，带有把柄，比普通的柴刀轻得多。我常常看见健一拿这把柴刀摇摇晃晃地劈劈柴。

我再三对泰子说，让他干这种活危险。

"他相当机灵呢，一次也没伤着过。"

她笑着答道。

"又洗盘子，又劈劈柴，这孩子出息了。"她这样叨咕着。一天到晚关在家里，男孩儿也会自然而然地变成那样。

出事的这天晚上，泰子依然回来得很晚。八点钟左右我想该回来了，便来到她家，可是等到九点也不见她的影子。

保险收款月末、月初比较繁忙，收款前既要集中，又要整理许多卡片。

她不在家的时候，我养成了沉默不语但也不愿离开的习惯。之所以这样，不仅仅是想和她交谈，而且她对我的到来有一种奇特的预感，总是从外面带些好东西回来。所以，一旦来到她家，在她没回来之前，就不会白白回去。如果不那样的话，她会感到失望，我不想把这种失望给予她。实际上我常常两三个小时，无所事事地等她回来。

这天夜里，过了九点钟泰子也没回来。

我想要去接她，可是白天过于疲劳，昏昏沉沉地睡了过去。

这时，健一自己随便焐被躺下了，睡觉前好像看了小人书之类的东西，随后把它扔到枕头底下，后背朝着我，悄悄地睡了。

我一觉醒来，快11点了。泰子虽说回来很晚，但从未超过11点。所以我想去背人道上迎迎她，便起来了。

这时，我想大便，便来到厕所。蹲了几分钟后，我就开门出来了。

厕所在四席半房间的旁边，它和后门相接。厨房的电灯关了，但厕所微暗的

211

灯却常常点着。

我刚一开门出去，发现健一站在黑暗的厨房里，吓了我一跳。

微亮中，我看见健一手里握着把劈柴用的细长的柴刀。

他威严地站在我面前，默默不语，眼睛闪着锐光。

六岁孩子的意识从我头脑中消失了，在那里等待的是一个手持凶器的男人。打开厕所门出去的一瞬间，我直觉感到如同被敌人袭击了一样。

难以形容的恐惧之感一涌而上，刹那间，为了自卫我从正面向手持利器的黑影猛扑过去。

我不顾一切地掐住那小杀人犯的喉咙。

因杀人未遂的嫌疑我被捕了。

健一失去知觉倒了下去，泰子回来一看，慌忙叫来医生，经过抢救，孩子终于苏醒过来。

泰子再三请求医生不要声张，可是医生害怕发生意外，还是报告了警察局。

警官问我要杀害六岁孩子的各种动机，可是我难以说清楚。这么小的孩子对我抱有"杀意"，这种表白真不知如何申诉是好。如果按想象的那么说，肯定引起笑话，因为这是六岁孩子和 36 岁大人之间的事情。

"你讨厌孩子吗？"警官问道。

"一点也不讨厌。"我为什么让孩子顺从自己的意志呢？因为这个我曾苦恼过。

对于"杀意"这一点，是不能被警官理解的。警官说，六岁的孩子不会有那种意识。

可是，警官不知道。

警官从别的方面推断严厉指责我蓄意谋杀健一，就是说我为了达到和泰子一起生活的目的而企图杀害碍事的孩子。

我几次申辩都无济于事，不仅是警官，我向谁述说谁都不会相信我的。我为了和情妇在一起，想要谋害碍事的孩子，这是一般常识。

每天早晚，我从拘留所被拉出来，接受警官的审讯，警官逼迫我承认那些在警方看来是常识性的道理。

我拒不承认。我说：不是那样，我不是讨厌健一，而是害怕健一。然而，根本不理睬我。不仅如此，最后还怀疑我精神不正常。

几天的拘留，以执拗的态度反复地追问，我抑制不住了，为什么不能理解我呢？

为此，我不能不告诉我的经历了，我终于叫起来。

"你们知道我为什么害怕健一吗？那是因为我曾经做过那种事。"

我向哑然失色的警官继续说道：

"我小时候，有过这种事情。母亲只身生活的时候，几乎每天早晚都有一个男人来，他就是父亲的哥哥，对我来说是相当于伯父的男人。我对伯父的到来厌恶得要命，我憎恨母亲的不纯洁，憎恨讨厌的伯父。"

"后来怎么样?"

警官迷惑不解地问道。

"我把伯父杀了。"

我脸色苍白地喊道。

"伯父经常去防洪堤钓鱼，我也跟着去。伯父钓鱼的场所是防洪堤前端最危险的地方，他的脚下，长长地延伸着一条为拴小船而准备的旧绳子。我从伯父身边离开，站在后面，悄悄地握住那条绳子的中段。当伯父的脚和绳子相接近的时候，虽说是个孩子，但用尽力气也能举起绳子。朝后站着的伯父刚一转动身子，就被飞出的绳子绊倒，随即像木偶人一样叽哩咕噜地坠落大海里。母亲和其他人都没发现是我干的，也万万怀疑不到一个七岁的孩子能干出那种事儿。所以认为伯父是钓鱼失身而滚落海中，淹死了……"

中国人的思维模式^①

第一章　故事结构

1.《镜花缘》与《格列佛游记》
——关于认识的局限性

中国人的旅行文学

中国自古以来就有很多著名的大旅行家，汉代的张骞、晋代的法显、唐代的玄奘、元代的丘处机、明代的郑和等等，只要随便一提，就会想起这些名字。以人们非常熟悉的三藏法师玄奘为例，他为了赴印度取回佛经，从长安出发，往返中亚大陆，旅行历经 18 年。18 年！在当今我们身处喷气机时代的人看来也是令人震惊的壮举，日本还不曾有过这样的旅行家。

然而，中国缺乏富有魅力的旅行文学。虽然法显的《佛国记》、玄奘的《大唐西域记》、李志常的《长春真人（丘处机）西游记》等都是珍贵的记录，但是如果作为旅行文学、冒险文学来读，就远远不及马可·波罗的《东方见闻录》、伊本·拔图塔^②的《三大陆游记》。近年来的旅行文学状况也是如此，中国人还没有写出与查理·加德^③的《世界上最险恶的南极旅行》和思万·海定^④的《流浪的湖》相匹敌的旅行文学作品来。

---

① 此篇为作者翻译的日本学者中野美代子的专著《中国人的思维模式》的第一章和第二章。《中国人的思维模式》，中野美代子著，中国广播电视出版社 1992 年 2 月出版。中野美代子（1933—　），日本当代著名中国文学研究者，现任北海道大学名誉教授，专攻中国文学，研究方向为中国近现代小说。

② 伊本·拔图塔（1304—1377），阿拉伯旅行家。

③ 加德，英国探险家，为最先踏向南极的斯科特探险队队员之一。

④ 海定（1865—1952），瑞典探险家。

编译张骞、玄奘、丘处机、郑和等人旅行记的杰尼特·米尔斯基①，在他整理的《中国伟大的旅行家》（The Great Chinese Travellers，London，1965）一书的序言中写道：

> 中国旅行文学措辞简洁而精辟，但作品对事实的记录却枯燥无味。它似乎不顾人们的感情如何，有意将冒险和灾难简单地联系在一起。书中的主人公大都以使节的身份登上旅途，即使有特定的目的，也不带有神秘色彩（was specific not mystical）。总之，他们或是为了尽可能地与遥远的政治同盟国接触，或是为了周游圣地，或是为了与其他世界征服者进行谈判。因此对于旅行文学的第一要素——恐怖和勇气的描写，只不过是在各种情况和人物的反应中简略地提示而已。

这段话精辟地概括了史实中出现的中国人的旅行及其记录的特点。不过，如同任何旅行家们的旅行都有其特定的目的一样，在中国为数不多的旅行小说的描写中，旅行也具有其特定的目的。这里，仅以清代后半期李汝珍的作品《镜花缘》为例。

《镜花缘》与《格列佛游记》

《镜花缘》这部小说令人不满之处确实很多，但因该书不少内容与本书论述有关，所以后面还经常提到它。现介绍一下这部小说的故事梗概。

主人公唐敖，年过50才科举及第中官，但不久就蒙受不白之冤。正欲引退之时梦中仙人显身向他言道："先前，则天武后命令寒冬之日百花齐放，结果上天的百花遭到天谴，被玉帝谪于人间，变成100名姑娘。其中，88人降落在中国，生活幸福，而另外12人流落异邦。如果能周游海外，救出这12人，将得大功大德。"其实，唐敖的独生女儿闺臣也是百花仙子托生。唐敖随经营商贸的义兄林之洋乘船出海旅行，周游30多个国家，其中有黑齿国、女儿国、无肠国等等，主要是汉代地理传说书《山海经》上记载的国名。不管怎样，这部中国少见的周游异国风情的小说，可以与斯威夫特的《格列佛游记》作一比较。

那么，格列佛的旅行有什么特定的目的吗？没有。斯威夫特写道："欲见异国风貌的、永不满足的好奇心使我忘乎所以。"可以说这段话直截了当地反映了欧洲人那种自古以来的为了寻求未知世界，对探险和旅行充满热情的心声。

与此相反，唐敖的海外旅行与史书上记载的大旅行家们的旅行一样，是有特定目的的，丝毫没有对未知世界的好奇心。这一点与中国小说中的故事结构有密切的联系。在这里，我们再将《镜花缘》和《格列佛游记》作进一步的比较。

---

① 米尔斯基，英国当代作家。

首先，从《镜花缘》第十六回开始，这一回出场的多九公是林之洋船上博学多识的老水夫。

> 无脊过去，到了深目国，其人面上无目，高高举著一手，手上生出一只大眼，如朝上看，手掌朝天；如朝下看，手掌朝地；任凭左右前后，极其灵便。林之洋道："幸亏眼生手上，若嘴生手上，吃东西时，随你会抢也抢他不过。不知深目国眼睛可有近视？若将眼镜戴在手上，倒也好看。请问九公："他们把眼生在手上，是甚缘故？"多九公道："据老夫看来，大约他们因近来人心不测，非上古可比，正面看人，竟难捉摸，所以把眼生手上，取其四路八方都可察看，易于防范，就如'眼观六路，耳听八方'，无非小心谨慎之意。"唐敖道："古人书上虽有'眼生手掌'之说，却未言其所以然之故。今听九公这番妙论，真可补得古书之不足了。"

关于深目国的描写，仅此罢了。为揭示中国人和欧洲人到达未知国家的反应不同，下面引用《格列佛游记》中的第二卷《大人国》的一部分。

> 我发现这地方是一片耕地，但是首先叫我惊奇的是草的高度。在一片仿佛是种着秣草的田地里，草大约有二十英尺高。

> 我走上了一条大路，我当时认为是一条大路，其实对当地人来说，这只是麦田里的一条小径，……我正竭力想在篱笆间找一个缺口，忽然在另一块田地里又发现了一个巨人，他正大踏步地向着台阶走来……他有普通教堂的塔尖那么高，根据我的推想，他迈一步，就有十码①来远。我惊骇万分，就跑到麦田里躲了起来。

无聊地周游异国

《镜花缘》中的旅行者每到一个国家，都是在听了博学多识的多九公的详细说明，了解了那个国家的概况之后才上岸的。而且，不管是多么鲜为人知的国家，那里的人都和唐敖等人讲着相同的语言，能够自由地沟通思想，伦理观念也相同，所以几乎没有生命危险。即使有危险，也可以事先预料到。总之，《镜花缘》出现的30多个国家只是居民的容貌和习俗略有不同而已。因此，通过刚才引用的段落也可得知，如果将怪异的容貌这个谜底彻底揭开，那么未知的土地便不会引起唐敖等人的好奇心了。中国的价值准则无论到哪里都是在可以理解的同一平面上，这些国家只是并列而存。换句话说，历史上所谓的"中华思想"阻碍了人们对未知世界的认识，这种阻碍渗透到小说中，使周游异国的故事变得无聊乏味。

那么，《格列佛游记》怎样呢？格列佛漂泊到某个国家，总是四处乱跑，不

---

① 1码等于3英尺。

断地受到种种怪事惊吓，绞尽脑汁，历经多次挫折，才渐渐地接触到那个国家的实质。这体现了当时欧洲的时代精神，表明欧洲已经度过中世纪进入了探险和发现的时代。这种描写与自文艺复兴以来在欧洲绘画中发展起来的透视画法是一致的。精心描写的前景只是整幅画面的表层主题，如果仔细观察整幅画面严谨的数学式构图，就可能会发现在伸向远景的某一点上，凝聚着耐人寻味的新主题。

欣赏达·芬奇的《蒙娜·丽莎》时，如果看不见微笑着的蒙娜·丽莎的背景是荒凉的山野，那么看画人一定是个画盲。（我想起了村野四郎的《蒙娜·丽莎》一诗，他在诗中写道："因为你，风景不能进入眼底；又是你，把一切尽遮去。"）又如在欣赏尼古拉·普桑的《阿尔卡迪亚的牧人》时，如果只看到前景中的拾骨人，而不去看远景中以形似神殿的数根垂直线条来暗示的人骨之林，那么看画人也是个画盲。

旅行的目的及其结果

文学不也是如此吗？格列佛漂泊到的国家都是由奇怪无比的人统治着，为了了解这些国家的全貌，格列佛虽然吃尽了苦头，但还必须得深入到这些国家中去。于是，当读者被前景描写的那个国家的奇怪现象吸引时，又不知不觉地被引入到远景，远景的种种奇怪现象与格列佛的故乡有非常相似的一面。完全是颠倒过来的结构，这种手法表现得极其明显。其实，这种结构跟讽刺的本质密切相关，故后面再作论述。

诚然，在有特定目的的中国人的旅行中，格列佛那种"欲见异国的、永不满足的好奇心"，莫如说是一种障碍。他们需要的是政治、外交、宗教等种种目的及其成果，所以在奔赴目的地的旅途中，不论多么充满冒险因素，成书时都只不过一一并列而已。

玄奘之所以伟大，是因为他怀着虔诚的宗教信仰，历经18年从印度取回佛教真经，并把它译成汉语。这跟当时敢于只身一人徒步横穿中亚沙漠那种惊人的冒险精神是分不开的，然而，这种精神在中国几乎没有任何评价。就连玄奘本人对自己的壮举也缺乏自觉意识。记录了旅行见闻的《大唐西域记》，与他归国后所从事的成绩显著的佛经汉译工作一样，是玄奘伟大的业绩之一。但正像米尔斯基指出的那样，此书将枯燥无味的事实（当然是珍贵的事实）排列在一起，只不过是玄奘的遭遇罢了，缺乏种种磨难的描写。因此，从整体来看，这类旅行文学如同一幅缺乏精神透视法的画卷。可以说这一点与中国小说中的故事结构关系极深。

2. 《西游记》与流浪汉小说
——关于叙事诗的世界

变文的说法形式

谈起玄奘，就以玄奘为原型的小说《西游记》为例吧。描写勇敢的人为了某种目的而克服重重困难最终达到目的的故事，自古以来欧洲就很发达。公元前800年前后荷马编写的《伊利亚特》和《奥德赛》等叙事诗就是其代表作。可是，中国这类故事的出现却是在此很久以后的事情。

众所周知，20世纪初英国的斯坦因和法国的伯希和等人发现了敦煌的千佛洞，并将在那里发现的大量古文书（所谓敦煌文书）带回国去。在这些敦煌文书中，有一种称之为"变文"。"变文"是一种特殊体裁，它以唐末产生的僧侣说法形式之一"俗讲"为源流，模仿佛经的体裁，韵文和散文相互交替，散文部分使用口语。实际上它促成了后来宋代在大都市繁华场所中为民众喜好的"说话"的诞生。在这种变文中著名的有《大目乾连冥间救母变文》（简称《目连变文》）。文中讲述的是释迦的弟子目连为了救母出地狱，寻遍阴曹地府，终于在阿鼻地狱找到其母。在救母脱离苦难的七月十五准备百味饮食五果，供养十方佛僧。这个故事起源于印度，后传入中国，被编入《佛说盂兰盆经》。

故事联成一串

目连周游地狱的故事，意在表现救母的崇高目的。但阻止其目的实现的障碍不断地出现，使主人公大伤脑筋，情节引人入胜。人们虽然希望任何故事都有个大团圆的结局，但更期待故事中出现揪心的悬念。宋代的说话人开始注意《目连变文》中出现的这种新的故事结构，而再合适不过的原型是唐初伟大的僧侣玄奘。说书人为了使故事生动有趣，故意制造一些悬念，让众多的妖魔登场，除了玄奘之外又加上个神通广大的猿公。南宋时期出版的《大唐三藏取经诗话》，记载的就是当时在热闹场所说讲玄奘故事的初期形态，当时不曾命名为孙悟空的孙行者和沙悟净的前身深沙神均已登场。到了明代，吴承恩集各类玄奘故事之大成，创作出一部长篇小说《西游记》。

现存的《西游记》由四部分构成：（一）孙悟空的诞生，（二）玄奘的诞生，（三）唐太宗游地狱，（四）印度取经旅行。不用说中心是第四部分，从数量上看，第四部分从第十三回至第一百回，占了全书一大半篇幅。这次旅行中遭受的危难总计八十一难。这个数字在佛门具有满九九八十一劫数才能成佛的意思。从故事情节来看，八十一难也好，一百难也好，或十难也好，跟故事的完整性无关。把故事穿珠式地并列起来，是故事结构中最简单的一种。在中国，这种故事结构如前所述那样产生得比较晚，并且被后来的小说继承下来，直至今日。在分析这一点之前，首先看一下欧洲的情况。

流浪汉小说

16世纪西班牙出现的"流浪汉小说"曾在欧洲广为流传，其先驱是作者不详的《小癞子》。小说描写的是这样一个简单的故事：名叫拉撒路的少年被心地极坏的盲乞丐奴役，以后不断地被坏人转手，历尽苦难，最后终于结婚，获得幸福。16世纪英国托马斯·纳施的流浪汉小说《不幸的旅客》，也是将主人公杰克·威尔特遭遇的一个个事件连接起来。不论是由六个故事组成的拉撒路的故事，还是略微复杂的杰克的故事，在结构上都与历经八十一难最终达到目的的《西游记》故事没有什么两样，其本质的区别在于主人公的性格截然不同。

小说《西游记》的主人公，与其说是玄奘，倒不如说是孙悟空，即能登云驾雾，一个筋斗飞到天边，手挥如意金箍棒，小可如针藏耳，大可直冲云霄，变幻莫测，所向无敌的孙悟空。他不是一般的人物，而是一种超自然的存在，在他身上体现了人民大众对英雄豪杰的憧憬。

而拉撒路、杰克等则是极为普通的人，他们或是寄寓于市井一角，衣衫褴褛的可怜人，或是与堂·吉诃德略有相同之处的市民形象。不论哪个时代都有英雄豪杰的颂歌，但是仅此不能实现人类的自我认识。因此，到了文艺复兴时期，欧洲已从古希腊、罗马时代的英雄豪杰谈中走出，冲破了中世纪的黑暗，开始着力表现蕴藏于普通人身上的人性本质。换言之，欧洲人的英雄豪杰谈早已在古代叙事诗中发挥尽致。然而，中国却没有出现过英雄叙事诗，这是为什么呢？

内陆型的大旅行家们

前面列举的中国大旅行家们除了郑和之外，都是内陆型的。虽然中国很早就出现了航海术，但主要是内河航行比较先进，而远洋航行并不发达。沿沙漠通向西方的丝绸之路，带来了以佛教为最的异国文化。相反，东方的海域并没给中国文明带来任何益处。海路所运送的，主要是中国向日本、东南亚单方面的输出品。因此，中国人心目中的大海的形象充其量不过是护卫处于世界中心的中华帝国文明不受周围蛮族染指的天然屏障。北方的万里长城，西方的沙漠，南方的山岳，加上东方的大海，都是屏障。同时也是他们认识的极限。

人所共知，大海给人们带来对彼岸未知世界的浪漫幻想、恐惧不安和回归故土的愿望等等。它赋予居住在大陆这一坚固现实中的人们以无限的想象力。根据想象描绘的大海的尽头简直就是世界的极限，所以《伊利亚特》中唱道："汹涌

219

的海浪，翻腾着，流向无尽的远方。"执着寻求大海尽头的鲁莽的航海家们，像公元前 4 世纪的皮迪奥斯①那样走向大海。

航海家一增加，随风暴漂流的事儿也增加起来。至今漂流谈还给我们带来极大的恐怖。池田皓的《漂民的记录》（讲谈社现代新书）中《极限下的人间戏剧》一章就记载了发生在日本的实例，其中压卷的《督乘丸的悲剧》成为久生十兰②的小说《重吉漂流纪闻》的史实根据（久生十兰是嗜好漂流谈的作家）。

漂流谈只有在人们经历了难以置信的苦难并得以生还的情况下才可能形成，因此漂流谈中出现了英雄。这种以英雄为主人公的漂流谈，通过叙事诗的形式在民间口头上传播开来。

大海的形象

中国人心目中大海的形象正如上所谈到的那样，只具有"护卫本国文明的屏障""认识的极限"等消极面。他们所尊重的是五官可以感觉到的，手能够触及到的领域，这便是能够给人们带来安全感的坚实陆地。与丰富悠久的文明相比，中国的神话显得异常贫乏，而关于大海的神话就更为贫乏了。中国从未在沿海建都，如果牵强附会地说南宋首都临安，也就是现在的杭州面临杭州湾，但一看地图便可知道，流入杭州湾的钱溏江鼓起一个漏斗形，杭州就座落在它的上游富春江边上。可以说杭州即便是临海，所处的地理位置也是安全的。

中国人不接受大海所唤起的浪漫幻想，所以在他们中间没有产生以漂流谈为主线的英雄叙事诗。神话中出现的英雄们也不是奥德赛式的人物，而多半是如同黄帝那样指导日常生活的"文化式英雄"（贝冢茂树《中国的神话》）。在这种风土文化中诞生的孔子的合理主义、现实主义进一步强化了这一倾向。在以孔子为鼻祖的儒家崇尚的《诗经》里，只收集了从极其平凡的日常现实观察入手来揭示人性本质的抒情诗。这里没有一点余地能够容纳由大海的浪漫幻想和不安所激发起来的想象力，以及由这种想象力唤起的探求未知世界的冒险精神。

欧洲人在古代通过英雄叙事诗来探索人类行为的极限，到了文艺复兴时期转向了揭示蕴藏于普通人身上的人性本质，从而形成近代小说。这与上面叙述的中国情况恰好相反。但是，在中国以抒情诗的形式探讨人生是自然而然的要求，可以说它是儒家学说统治下体制化了的文学。而诞生于宋代民众阶层的"说话"，最终实现了人们对于具有超人力量的英雄的渴望。如同《西游记》一样，由宋代"说话"发展而来，至明代集大成的《三国志通俗演义》《水浒传》等都体现了

---

① 皮迪奥斯，公元前 4 世纪古希腊探险家。
② 久生十兰（1902—1957），日本小说家。

民众对超凡英雄豪杰的向往。从那时起，中国从未有过的漂流谈式的或"流浪汉小说"式的故事结构始终抓住民众心理，以至达到了故事结构决定故事内容的程度。

3.《儒林外史》与教养小说
——关于认识的并列性

故事的最终完整性

蒂博代在他的《小说的美学》中谈到："小说的神秘力量在于创造，而不是再现事实。铸入作品中的每一个情节都必须是现实生活的直接反映。"这与前面谈到的三岛由纪夫的小说定义互为表里。也就是说，按照近代小说既要近似现实又要有别于现实的新的"建筑学"观点，作品应该具有"最终完整性"。那么在小说的作品世界中，何谓"最终完整性"呢？

请回想一下上节列举的《西游记》中的八十一难，我曾谈到玄奘一行到达印度之前历经八十一难，尽管这个数字确实与佛教意义有关，但是从故事整体结构来看，几乎没有什么意义。关于这一点，我想再详细说明一下。

我们姑且将《西游记》式的，或者"流浪汉小说"式的故事情节按ABCD……排列，这时我们就会发现这类故事有共同的特征：无论ABCD叙述的密度和长短有多大差异，它们相互之间都可以独立并列。因此，将ABCD的次序变为DBCA……也不会对作品整体产生任何影响。这是为什么呢？因为作品中不存在A的后面必须接B、B的后面必须接C、C的后面必须接D这种逻辑上的必然性，ABCD……这一次序也不具备有机的联系。换句话说，这种故事情节是ABCD……X排列也好，ABC排列也好，还是DBCA排列也好，都无关紧要。整个作品没有最终完整性，只有平面上并列着的情节各自讲述自己的故事，这正是小说建筑学中最简单、最容易的手法。

"连环体"结构的《儒林外史》

清代中叶1746年前后，吴敬梓创作了《儒林外史》，通常将这部作品与1760年前后曹雪芹创作的《红楼梦》并称"清代两大小说"。《儒林外史》猛烈讽刺了已经形骸化了的科举制度及陷入科举、亡命仕途的知识分子，因此自鲁迅的《中国小说史略》以来评价颇高。但我对这种评价抱有很大疑问，在第三章中将陈述我的见解。这里，仅谈一下作品的故事结构。

《儒林外史》这部小说的基本结构也是串珠式的，只是作品中ABCD……的情节不是毫无联系地并列在一起。在《西游记》中贯穿始终的主人公是玄奘、

孙悟空等，他们战胜了 ABCD……接连不断发生的灾难。而《儒林外史》则没有贯穿始终的主人公，A 情节中的主人公是 a，B 情节的主人公是 b……，这种变化很像短篇小说集。说《儒林外史》是长篇小说主要有以下理由，即：在 A 情节中主人公确实是 a，但不知不觉中 b 开始出现，A 的主题逐步远去，B 情节渐渐到来，ABCD……各个情节之间恰如锁链一样，一环扣一环。幸田露伴很喜欢这种形式，将它称之为"连环体"，并在小说《命运》中付诸实践，这在伊藤整的《文学入门》里作过详细介绍。

"谴责小说"

《儒林外史》中采用的"连环体"结构虽然是作者的独创，但是在清代就已经出现了下面一些批评观点：小说作者（吴敬梓）从一开始就没有确定在哪类人物、哪个事件中使故事终止，所以这部小说既可以在任何地方结尾，也可以永远不做结尾。民国以后胡适也曾严厉批评说："这种拼凑式的长篇小说，反而阻碍了白话短篇小说的发展。"（《论短篇小说》）。胡适对《儒林外史》的批评是从形式主义的观点出发的，但值得注意的是，他尖锐地戳痛了吴敬梓浅薄而简单的长篇小说创作方法。当然，胡适本人虽然未能对《论短篇小说》发表两个月后鲁迅创作的短篇小说《狂人日记》作出任何评价，但可以认为他对《儒林外史》的批评是恰当的。然而鲁迅对《儒林外史》给予了高度评价，认为它是最杰出的讽刺小说。解放以后鲁迅被神化，特别是 1954 年隆重纪念吴敬梓逝世 200 周年庆祝活动以后，这种观点达到顶峰，而胡适的批评观点则完全被抹煞了。

《儒林外史》的"连环体"结构似乎对后来的小说家们颇具魅力，从那以后出现了许多类似的作品。清末、20 世纪初，涌现出很多揭露批判官场政界丑恶内幕的小说，这些作品几乎都是"连环体"结构，或"流浪汉小说"式结构。李宝嘉的《官场现形记》（1901 年）是前者，吴沃尧的《二十年目睹之怪现状》（1902 年）及刘鹗的《老残游记》（1903 年）是后者，无论哪一部都是将情节串珠式地连在一起，整部作品缺乏最终的完整性，因而，作品世界只是现实原型的单纯再现。从另一角度讲，由于作品世界是面向现实展开的，所以支配现实的原型原封不动地变成支配作品世界的原型。鲁迅称上面列举的清末小说为"谴责小说"，是从作者对社会的态度而言的。但是我们不能无视：从结构上来讲，作品的内容只有深刻地反映现实，"谴责"才成为可能。

中国式的教养小说

民国以后迎来了新的时代、新的世界。经过 1917 年的文学革命，鲁迅发表了《狂人日记》（1918 年），探讨了作为个人在社会生活中存在的价值。在中国

文学史上一般将这以后的文学称之为"新文学"（关于"新文学"这一名词在第二章第一节再详细论述）。

新文学的作家们虽然政治主张不同，但都描写了青年们在新时代求生存的苦闷。20年代这类作品比较著名的有：郁达夫的《沉沦》（1921年）、蒋光慈的《少年漂泊者》（1926年）、丁玲的《莎菲女士的日记》（1927年）、叶绍钧的《倪焕之》、茅盾的《蚀》三部曲（1928年）、巴金的《灭亡》（1929年）等等。以后又相继出现了巴金的《家》（1932年）、艾芜的《南行记》（1935年）、老舍的《骆驼祥子》（1936年）、茅盾的《腐蚀》（1941年）、巴金的《寒夜》（1946年）等。这些作品的主题都是描写某个青年如何屡遭磨难、奋力抗争的。虽然屡次磨难如同《西游记》中的八十一难一样，是作为并列的情节描写的，但是每一磨难都与主人公的内心世界有着有机的联系。这一点近似德国的教养小说。例如，叶绍钧的《倪焕之》描写了小学教师倪焕之经过痛苦的思索走向自我觉悟的道路，与教养小说非常相似。

解放后的中国，以"具有共产主义思想觉悟的人"作为主人公，小说多半是描写他们灵魂变化的。其形式也是主人公如何克服重重困难，结构最终仍然是串珠式的情节结构，可以说是教养小说的一个变体。自传体长篇小说《高玉宝》（1951年）记述了一个不识字的劳动者高玉宝参加解放军后学习文化、改造自己的过程，这部作品是解放后典型的中国式的教养小说。

日本的私小说①爱好者另当别论，而喜欢由虚构的壮丽场面构成的小说，尤其喜欢典型的巴尔扎克式世界的人。他们一定无法忍受这种串珠式的，既不是长篇也不是短篇的作品结构。然而中国由于没有叙事诗的传统，这种结构出现在小说中远比欧洲晚得多。不过我觉得说不定这种故事结构对中国人来说是最适合的呢。

4.《孽海花》与《子夜》
——关于对多重认识的否定

芥川、谷崎论争

众所周知，芥川龙之介在自杀之前，曾撰写《文艺，纯粹的文艺》一文，与谷崎润一郎论争。芥川在文中这样写道：

> 我不认为我们日本人在组织能力方面比中国人差，而我们恰恰缺少絮絮绵绵地写作《水浒传》《西游记》《金瓶梅》《红楼梦》《品花宝鉴》等长篇

---

① 私小说：以第一人称来描写个人心境为主的小说。

小说的韧性。

这种观点是针对谷崎"日本的小说最缺乏的是组织能力，即把多种错综复杂的线索组织成几何图形的才能"（《绕舌录》）而进行反驳的。二人的论争是围绕日本小说开始的，在这里我不介入这种论争，但是芥川以中国的五部小说为例，来证明中国人更具有"絮絮绵绵地写作长篇小说的韧性"，而不是组织能力，相比之下日本人缺少这种韧性，对此我倒比较感兴趣（谷崎也认为"缺少韧性是日本文学的明显弱点"）。

不知道芥川本人是否清楚地意识到了这一点，他点破了中国的长篇小说不是依靠组织能力，而是依靠"絮絮绵绵地写作韧性"创作而成的。可以说，上一节列举的诸例无不证明芥川敏锐的直觉。例如《西游记》《儒林外史》确实都是极其简单的串珠式结构，但是它们之所以作为一大巨著呈现在我们面前，不外乎是以"絮絮绵绵地写作韧性"串连起各种各样的情节。

史实的敷衍

中国也有不同于《西游记》《儒林外史》那样串珠式结构的长篇小说，如《三国志通俗演义》《水浒传》等，就是由无数英雄豪杰的故事纵横交错而构成的一曲结构极其复杂、浑厚的交响曲。但是必须看到，这并不是某个作家深思熟虑组织而成的结构，而是在"说话"这一特殊的表演艺术中故事情节自然增殖的结果。进而，还必须考虑到以下情况：这些长篇小说以"说话"的形式在民间流传之前，陈寿写的正史《三国志》及在民间整理的基础上记述发生于宋代的宋江等36位豪杰起义的《大宋宣和遗事》就已作为史实记录而存在，"说话"是将这种史实记录极尽敷衍之能事。《三国志通俗演义》的"演义"也可写作"衍义"，意思是对义（史实）的敷衍。总之，这些长篇小说从构成过程及题材来看，都是近代小说以前的作品。

故事结构的再认识

在中国首先开始有意识地追求故事结构的大概是清末的韩邦庆吧。大家都知道，他于1892年发表的小说《海上花列传》的对话部分是用吴语（上海方言）写的，故事的结构安排匠心独运，颇有特色。小说以一个名叫赵朴斋的农村少年初次来到上海，因偷看而迷恋烟花场，而后沉溺花柳、沦落一生的故事为主线，穿插了花娘名妓们的多种逸事，这就是书名之所以叫做"海上"（上海）"花"（名妓）"列传"的缘故。

作者韩邦庆在"例言"中深以自己在小说的故事结构上首创至今无人尝试的"穿插藏闪法"而感到骄傲。简单地说，"藏闪法"就是为了使故事引人入

胜，在某些情节前后埋下伏笔；"穿插法"是指不单纯地表述故事情节，而采取时隐时现的手法。对韩邦庆的自信，我只能付以苦笑，"恐怕不尽如此吧"。实际上在韩邦庆以前的小说中，这种手法也多少使用过，不过首次有意识地将它作为作品的组织方式提出来的，的确是韩邦庆。当然，这种"穿插藏闪法"在实际创作中究竟取得了怎样的成功，还留有疑问，但主题及其变奏的巧妙安排，不能不使人联想起奥尔德斯·伦纳德·赫胥黎①在《旋律与对位》一文中提出的方法。

将几条线索按纵向平行重叠，使整部作品具有壮丽的交响乐那样和谐的结构，只是在欧洲的近代社会才成为可能，在日本、中国等地则极为罕见。在欧洲的近代小说中纵向的情节相互间密切相联，正因为如此，才构成宏大的交响乐式作品。然而，中国的近代小说纵向平行发展的情节具有极强的独立性。

一大浪漫主义杰作《孽海花》

清末的书社编辑曾朴创作的小说《孽海花》，大概是在中国第一次以纵向平行的情节来描写社会整体面貌的作品。这部小说自清末 1905 年出版第一卷，以后陆续发行，直至 1928 年才最后完成。不过一般仍将其看作清末小说。与此有关的一些问题以后再作进一步探讨，现就小说的结构作一提示。小说主要由以下几部分构成：

（一）围绕主人公金雯青与其妾傅彩云的爱情故事；

（二）国内政界、文化界的内幕；

（三）革命家们，（1）俄国虚无党，（2）小山六之介等所谓"支那浪人"，（3）孙文的革命运动。

其中最主要的纵向情节是（一）围绕金雯青（以具有学者身份的政治家洪钧为原型）和傅彩云（以清末名妓、洪钧的爱妾赛金花为原型）两个人的爱情故事展开的。作品的舞台不限于中国，而且涉及了欧洲及帝制时代的俄国社交界，真可谓一大饶有风趣的浪漫主义杰作。

然而，鲁迅将这部小说与前面列举的《官场现形记》《二十年目睹之怪现状》《老残游记》等统称为"谴责小说"的代表作，这主要是比较看重作品的第二部分。在今日之中国，人们对《孽海花》的褒贬存在着明显的分歧，这主要是由于各自只重视三条纵线中的一条纵线的缘故。

另一方面，对《儒林外史》持批评态度的胡适，批评《孽海花》是"将众多的故事情节云集联结而成的长篇，写作手法与《儒林外史》《官场现形记》等

---

① 奥尔德斯·伦纳德·赫胥黎，英国现代小说家、诗人。

作品一样，绝不是预先构想好了的结构"。对此，作者曾朴反驳道："即使是将众多的故事情节联结而成的长篇，其组织方式也与《儒林外史》截然不同。"在这里，胡适也只是看到了作品第二部分的写作方法。

茅盾《子夜》的结构

与《孽海花》结构相似的是茅盾的小说《子夜》。这部小说也是由三条纵向发展的线索构成的，这三条纵向发展的线索是什么呢？让我们以茅盾本人的三种解释来说明吧。

A. 1932 年《子夜》后记

（一）农村的经济情形

（二）小市镇居民的意识形态

（三）1930 年的"新儒林外史"（即知识分子动态）

B. 1939 年《为何写作〈子夜〉》

（一）投机市场的状况

（二）民族资本家状况

（三）工人阶级状况

C. 1952 年《茅盾选集》自序

（一）金融买办资本家

（二）反动的工业资本家

（三）革命家与工人群众

其中 A 并列了三点，但结果偏重于都市生活。作者的意图在作品完成后，由于时代的制约可以作任何辩解，例如 B（二）中善意的提法，可以改为 C（二）中敌意的提法。

现在公正、客观地看待这部小说的结构，三条纵向线索应该是这样：

（一）民族资本家与金融资本家在投机市场上的斗争

（二）资产阶级知识青年的状态

（三）农村地主的动态及工人运动的动态

这种结构明显地带有继承并发展了《孽海花》写作方法的痕迹，但我们应该注意到上述这三条线索与作者自己解释的纵向平行的三条线索产生多么大的分歧呀。

缺乏立体认识

再举一个例子，围绕第一节列举的《镜花缘》有如下三种说法：鲁迅称其为作者李汝珍显示才华的"才学小说"；胡适说是探讨了"男女平等"思想的小说；而日本的松枝茂夫则定为"周游异国的小说"。不曾读过这部作品的人，无法判定种种概括中究竟哪一种正确。而作为小说的内容要素，确实存在着以上三条平行的线索，但是从小说的结构来看，主要是以航海游历为主线，所以还是松枝的结论正确，即应该将这部小说概括为：以"周游异国"为主线，加上有意炫耀作者才学并带有"男女平等"叛逆思想色彩的作品。

通过前面所举的几个例子，读者可以感到中国人显然缺乏立体、公正地认识纵向平行事物的能力。即使以小说为例，具有纵向模式结构的作品也极为少见，《孽海花》和《子夜》只是具有代表性的例外。

信息的一元化与认识的一元化

在现代市民社会里，每个人都有着不同的面孔，社会组织的结构也极为复杂，不能只靠当权者个人意志实行一统天下。当今日本的结构确实像中根千枝所说的那样依然是"纵向社会"，但一切国内外的信息无论其价值如何，全部蜂拥而至。

然而，中国的情况怎样呢？看一下《人民日报》及其他消息来源便可知道。例如不报道"人类登上月球"，没有市民的"三版记事"①，只报道以毛泽东主席、周恩来总理为首的领导人的动态以及人民执着追求无私奉献精神的情况。一看到这类报道便可发现，由于信息封锁，本应该是多样化的社会变得一元化了。今日中国②这种信息一元化的现状与前面论述的对《孽海花》《镜花缘》等小说的评论方法不是很相似吗？是的，思想方法同出一炉。

面对多种并存的复杂事物和保持平衡的现实社会，如果不注意多种纵向线索之间的相互关系，就很容易产生各取所好无视其他的倾向，而且由于仅仅对自己所需的那一条线索进行精心处理，还会产生对诸多现象认识的不平衡。

由此看来，串珠式的情节安排成为中国故事结构中最常见的形式是极其自然的，也是可以理解的。在中国，历史学很发达而对周围各国的关注却很淡漠，这一点恐怕也与此有关。串珠式的情节安排在日本也成为最常见的故事结构，伊藤整的《文学入门》从中国、日本等东亚各国的地理位置、季风、生活意识入手分析了这一问题。但是日本文化从平安时代③起就存在异形文化，如中国文化、欧洲文化等多种文化的并存，这也是事实。与此相反，中国文化从中华思想的观

---

① 三版记事是指发生于民间的各种事件，因常刊登在日本报纸的第三版，被称为三版记事。
② 作者成书于 1974 年，书中"今日中国"、"现代中国"当指我国"文化大革命"时期。
③ 平安时代：公元 794—1191 年。

念出发，几乎不允许其他文化与之并存。六朝时代佛教的传入①，清末以来欧洲文化的表层传入，只是极少数的例外。所谓的中国人似乎要乘着悠久的文化巨龙，永远驾驭时代的潮流。

5. 短篇小说与长篇小说
——关于故事的篇幅

篇幅的差别与方法的差别

在前面提到的《论短篇小说》中，胡适感叹《儒林外史》这种情节串珠式的小说，阻碍了中国白话短篇小说的发展。这种叹惜不无道理，但是如果将短篇小说单纯规定为"短小说"，那么其产生的年代反而比定为"长小说"的长篇小说更为久远。

唐代大批文人竞相写作的所谓"传奇小说"也是短小说。宋代的"说话"分为四类，其中包括"讲史"和"小说"（注意用了引号），另外两类众说纷纭，莫衷一是。一般认为"讲史"是分多次连续说讲，将内容印刷成册，就变为白话（口语）长篇小说。而"小说"仅讲一回即可结束，将其印刷成册就是短篇小说。

讲谈师即说话人有"讲史"和"小说"的专门分工，专门"讲史"的人敬畏专门"小说"的人，这是因为专门"小说"的人具有"顷刻之间讲完一朝一代故事"的特殊技能（把涉及一个朝代的长故事缩短为一次讲完）。

说到这里，我们会回想起属于"讲史"范围的《三国志通俗演义》《水浒传》《西游记》等史实"絮絮绵绵"的敷衍，把一个作为核心的史实拉长为长篇小说。相反"顷刻之间点破"就成了短篇小说。在这种观点中，故事篇幅的差别决定长篇、短篇的差别。事实上，中国的长篇和短篇确实只有篇幅的差别，而无方法的不同。

故事情节的集积

"讲史"需要讲述许多回，所以在印刷时采取"章回小说"的体裁。其第一回一般是"缘起""楔子"等与故事主线无关的引子。一次便可讲完的"小说"，也有类似的开头。这样展开的故事主线一方面是连篇累牍的故事情节的集积，另一方面是对某个人一生或一生中几个特殊故事情节的概括。换句话说，将《儒林外史》中的一个故事单独抽出来，便可成为一个独立的短篇，相反将《水浒传》

---

① 佛教的传入实为西汉，六朝已经得到发展。

中的一个情节抽出来加以"敷衍",便可成为《金瓶梅》那样的长篇。这是中国特有的现象。简而言之,中国的长篇和短篇完全是可塑型的。

以"今天晚上,很好的月光。我不见他,已是三十多年;今天见了,精神分外爽快"作为开端,以"救救孩子……"作为结尾的鲁迅的《狂人日记》,能这样随意拉长吗?绝对不能。因为这是短篇小说,实际上它不仅短,而且具备了短篇小说的要素。

同样,鲁迅的《药》也是短篇小说,但是同是鲁迅写作的《孔乙己》尽管比《狂人日记》还要短,却似乎有可以拉长的余地。虽然《孔乙己》被认为是比较规范的好短篇,但依我所见,孔乙己的形象是由几个故事情节构成的,作者过分地依赖于这些情节。《阿Q正传》的情节安排也是串珠式的,所以伸缩可塑,实际上鲁迅自己也承认这一点。

以"四大奇书"为首的"讲史"小说,至今流传着许多版本。以典型的《水浒传》为例,大致可分为面向大众的"文简事繁"的一百二十回本和面向知识分子的"文繁事简"的百回本两大系统。除此之外,还有17世纪异端文学家金圣叹根据自己的见解大幅度批改的七十回本。由于《水浒传》的版本确实复杂,以至于仅版本的研究就足以成为一门学问。究其原因在于从"讲史"发展而来的长篇小说,只是故事情节的堆积或并列,并没有覆盖全局的巨大建筑学结构。

万里长城的象征意义

已经谈到的《孽海花》《子夜》也存在着同样的现象,在三条纵向并列的线索中,除主线之外删掉其余两条线索中的任何一条,对全书几乎没有任何影响。反过来讲,就是由于作品缺乏建筑学意义的整体结构,所以《子夜》的作者茅盾可以将《红楼梦》作适当的删减,出版《洁本红楼梦》,周振甫也可以出版削减了后半部分的节本《镜花缘》,不管多么重要的作品都可以这样做。然而,欧洲的近代小说可以这样删改吗?比如节本《战争与和平》、节本《卡拉玛佐夫兄弟》等等。

我们已经知道,中国的长篇小说和短篇小说的可塑性很强,这是由于其作品世界没有固定的框框。因而,由于虚构世界是现实世界的反映,所以有充分的余地插入现实生活的原型。同时也与作品世界缺乏最终完整性有密切关系。关于这一点,本书将在第四章第一节详细论述。

这里需要重点指出的是,石川淳早已明确提出了"长篇与短篇的区别不在于篇幅的差别,而是质的不同"(《短篇小说的构成》)这个基本原理。从这个意义上讲,中国最早出现的短篇小说,毫无疑问应该是鲁迅的《狂人日记》。

鲁迅以来至今日的中国文学史,涌现出很多"短小说",但短篇小说大概屈指可数。这使人感到可能如同芥川以敏锐的直觉指出的那样,中国人虽然缺乏文章的

组织能力（当然芥川并未断言中国人就是缺乏组织能力），但却用"絮絮绵绵"的韧性打开了小说这个神秘世界，不知何故，这总使人联想到闻名世界的万里长城。

第二章　思维模式

1. 才子与佳人
——对幸福的理解

从超人到普通人

每当回顾文学史时，我不能不联想到生物学上一个朴素的原理：个体发生是系统发生的重复。人的认识方法也是如此。

孩童时代倾心于具有超人力量的英雄故事，随着年龄的增长，兴趣虽然转移到了极普通的人物身上，但仍然欣赏极度理想化了的、把力与美集于一人的形象。成人之后，这种儿童式的爱好消失，转而愿意涉及广大众民中具有复杂性格的群体。

我们每一个人认识人类时都要经过这样一个过程，实际上它又无止境地再现了自远古流传下来的各种故事发展变化的历史。

中国文学史也不例外，它也有一个发展过程。例如，自唐代起人们的兴趣便从具有超人力量的英雄转向普通人。不过，由于中国人是极现实主义者，所以很早就脱离了神话世界。南朝（5世纪）宋人刘义庆编撰的《世说新语》，标志着中国人在那时已经把兴趣转移到记述普通人的风流轶事上。然而，真正在故事创作中得到体现的是唐代。

唐代的传奇小说

唐代盛行"传奇小说"，这是文人墨客为了"传奇"而用文章写作的小说。在重事实轻虚构的中国，本来上层文人不从事小说写作，但是到了唐代，白居易的弟弟白行简、赫赫有名的诗人元稹等一批文人都亲笔写过传奇小说。

唐代传奇小说的主要内容是梦境和才子佳人。在以梦境为题材的作品中，最著名的大概要算沈既济的《枕中记》和李公佐的《南柯太守传》了。作品描写的都是主人公在迷迷糊糊的假寐状态中入梦，顷刻之间飞黄腾达，享尽人间富贵，醒来后回到现实世界，再次领略到人生无常的道理。

那么，以才子佳人为题材的小说怎么样呢？在中国，才子与佳人的编排，可以与欧洲中世纪骑士叙事诗中的骑士与美女的编排相匹敌。13世纪初期的《尼

伯龙根之歌》中的勇士西格弗里德与王女克里姆希尔德，《伊戈尔远征记》中王子伊戈尔与王妃雅罗·斯拉夫娜等，武勋卓著的骑士与美女结合，是中世纪欧洲人的理想模式。按着相良守峰①的说法则为："名誉，是骑士的道德目标，它包括武将的本职和依宫廷礼节侍奉妇人这两个要素。只有将两者和谐地融为一体，才具有骑士名誉。"（《叙事诗的世界》）

可是，中国不存在社会名流式的武将，在后来的"说话"世界中，虽然有了民众向往的英雄豪杰，但他们通常是战乱中的主角或异常情况下的主人公，并不是中国社会中永恒不变的精华。中国的精华是以驾驭诗文参政的士大夫。于是，欧洲骑士与美女的结合，在中国变成了才子佳人。换句话说，在欧洲希腊神话中阿波罗②式的超群"武勇"是男子的理想。与此相反，在中国，自孔子以来好学之士的"文才"是男子的理想。

无论男子的理想是"武"也好，是"文"也罢，与男子理想相匹配的女子理想都是"美"，这是世界上任何地方都一致的。

男女登场，故事展开，下面将谈到普通人及其他们的生活方式。

才子佳人的爱情故事

例如白行简的《李娃传》描写了这样一个大团圆故事：长安的妓女李娃爱上了游学长安的荥阳公的儿子，但公子由于财资耗尽，落魄到隐姓埋名、沿街乞讨的地步，后来思痛自责的李娃解救了公子并帮助他应试科举成就功名，二人终成夫妇。与此相反，元稹的《莺莺传》（一名《会真记》）描写的则是一个悲剧故事：名为崔莺莺的女子对张生产生了恋情，但张生为参加科举而赴长安后，二人离散，最后各自成家，爱情终成泡影。唐代传奇小说中所表现的才子佳人故事，大致都属于这两种类型。

这种才子佳人的故事，后来在宋代的"说话"和戏曲中也成为有力的主题。不过，这一点不限于中国，无论东方西方，美男佳女的爱情故事，至今都是文学作品中最有力的主题。但是在中国，这个主题得到了独特的发展。

今日，中国文学史以1917年的文学革命为界，分为前后两个时期。1917年以后的文学称为"近代文学"或"现代文学"。为了避免发生我在《序》中谈到的混乱现象，本书暂且把文学革命以前的文学称为旧文学，以后的文学称为新文学。并且把旧文学范围内的小说称为旧小说，新文学范围内的小说称为新小说。这样划分的旧小说和新小说，确实看上去像是历史概念。然而比较麻烦的是，即

---

① 相良守峰，日本当代文学博士、东京大学名誉教授。
② 阿波罗：希腊神话中的太阳神。

使进入了新文学时代，仍然存在着旧小说为民众喜闻乐见而广为流传的现象。因此这里为了方便而使用的说法，与其说是历史概念，不如说是文化概念更为合适。值得注意的是，文学史的时代划分并不等于历史意义上的划分。

根据作者茅盾的自述，前面提到的《子夜》"要回答的，只有一个问题，即是回答了托派：中国没有走向资本主义发展的道路"。然而，就在中国自身陷入危机与混乱的漩涡，出现了《子夜》这类题材严肃的小说的同时，又产生了《啼笑因缘》这样的小说，作者是张恨水。小说在报上连载时就引起了极大的关注，1930年连载结束出版单行本时，马上成为压倒一切的畅销书，并且被搬上了舞台和银幕，社会上甚至出现了"啼笑因缘迷"这样的流行语。

小说描写了青年樊家树身边的三名美女沈凤喜、何丽娜和关秀姑的坎坷遭遇，把悲欢离合巧妙地交织在一起，并加上适当的时代背景。虽然是1930年的作品，但属于旧小说体例，故采用了诸如"第九回：星野送归车风前搔鬓，歌场寻俗客雾里看花"这样的格式。正文当然是白话（口语）文，但各回都是以"欲知她们如何答复，下回分解"的形式结尾，还墨守故事型的"说话"传统。

鸳鸯蝴蝶派

《啼笑因缘》是典型的才子佳人小说。自民国以后才子佳人小说被称为"鸳鸯蝴蝶派"，在民众中间影响很大。"鸳鸯蝴蝶派"这一名称与日本的"星堇派"① 相似，什么"星星，紫罗兰啊！蝴蝶，鲜花啊！"是这种多愁善感的恋爱小说家自己命名的。鲁迅对此进行了猛烈的批判，称这派小说为"嫖学教科书"（《上海文艺之一瞥》）。当然，这种批判也是完全正确的。

然而，无论"鸳鸯蝴蝶派"小说有无存在的价值，也不论社会时局变化如何，它确实一直存在于民众之中，受到人们的喜爱。这是身处黑暗时代的民众之梦，虽然是不可能实现的幻想，但却是美好的。在中国文学史上，写到30年代初期，人们通常会大书特书中国左翼作家联盟的成立（1930年）、左联五作家被国民党政府枪杀（1931年）、茅盾《子夜》完成（1932年）等等，而《啼笑因缘》却只字不提。尽管如此，《啼笑因缘》赢得了压倒一切的读者群，这一点是无法抹煞的事实。我认为，有时我们需要从文学史的教科书中解放出来，客观地注视文学史中转瞬即逝的现象。这是因为即使在今天看来不值得留意的现象，也可能蕴含着我们想象不到的本质。

一般认为"鸳鸯蝴蝶派"式的才子佳人小说，在解放后的中国已经完全销

---

① 星堇派：日本现代文学流派，其刊物为《明星》，主张文学赞美爱与情感，将爱喻为星，将情喻为堇，故称之为"星堇派"。

声匿迹了。当然，在港台文坛上还很活跃。然而，在中国果真消失了吗？如果从形式上看，这种旧小说式的体例确实不存在了。但是，解放后的中国，这种小说中的人性思想不是被生机勃勃地继承下来了吗？

共产主义式的喜剧

1943 年赵树理创作的短篇小说（仅为"短小说"之意，以下同）《小二黑结婚》，被高度评价为率先实践一年前毛泽东《在延安文艺座谈会上的讲话》的精神。书中描写了这样一个故事：在封建意识根深蒂固的农村，一对婚姻遭到双亲反对和村里恶霸破坏的青年小二黑和小芹在共产党的帮助下，最终结成美满姻缘，恶霸的丑恶也被揭露。这篇小说的原型是一起真实事件，男青年被恶霸阴谋杀害，事件最后是以悲剧告终的。但赵树理为了向人民展示革命的美好前景，将其改编成一个喜剧故事。

另外，1950 年作家孔厥和袁静夫妇合写了长篇小说（"长小说"之意，以下同）《新儿女英雄传》。小说以抗日战争为背景，描写了互相爱慕的牛大水和杨小梅被村里流氓拆散，分别参加了地下组织共产党，成为优秀的共产党员并终结良缘的故事。

还有，最近在日本公演的舞剧《白毛女》，它不是小说，是早在 1944 年就曾首次在延安演出的歌剧。剧本是贺敬之、丁毅与鲁迅艺术学院集体创作而成的。为塑造理想化的出场人物，曾多次修改。剧中描写的也是大春和喜儿相爱，被村里恶霸地主拆散。遭到恶霸地主强奸的喜儿逃到山中生下一个儿子（后来，强奸、生孩子等部分被删掉）。在山中生活了三年的喜儿变得毛发全白，形似幽灵，但她一心要报仇雪恨。不久，大春所在的共产党部队到来，解救了喜儿，恶霸地主受到了人民的审判。

新时代好人的象征

本来，这些故事中出现的男女没有任何以往才子佳人的痕迹。他们无一不是社会最底层的贫苦农民，而且是无名之辈。不过，在青年男女爱情被毁坏这一点上，他们是选择出来的人物形象，身上带有现代才子佳人的味道。因为绝大多数青年根本没有反抗旧传统和旧势力的思想，只是愚昧地听从命运的安排。被拆散的青年男女对拆散他们的旧的传统势力萌动仇恨心情时（即"阶级意识"），比起对恋人的思念，更使人联想到的是将他们结合在一起，推翻旧的传统与势力的新力量——共产党的存在。在所有的才子佳人小说中，无疑都有帮助他们相爱的好人和破坏他们相爱的坏人，根据双方的力量对比决定小说是悲剧还是喜剧。新时代的中国，好人的象征是共产党，而且由于共产党取得胜利是历史事实，所以

小说的结局也就不言而喻了。如果小说中出现被共产党解救的男女成长为出色的共产党员的形象，那么毫无疑问他们就是现代的才子佳人。

狂热地欣赏"鸳鸯蝶蝶派"式才子佳人小说的中国人，就是如此抛弃了"鸳鸯蝴蝶派"的旧模式，以注入共产主义的阶级意识取而代之，并且无意识地在小说的结局保留了才子佳人的故事类型。由此看来，可以认为这些故事中的才子佳人是常数，而围绕着他们的好人与坏人是不断变化的。要满足大众净化小说的需求，这种简单的模式是必要的条件。下面，我们将进一步讨论在这一模式中不断变化的好人与坏人。

2. 好人与坏人
——关于价值的相对性

好人与坏人的模式

谷崎润一郎的剧本《阿国与五平》是影响很大的名作。剧中出场的人物只有三人：阿国、五平和友之丞。友之丞在剧中扮演坏人角色。剧情是怯懦、卑劣的友之丞由于恋慕有夫之妇阿国，暗害了阿国的丈夫，隐踪远行。为了报仇，阿国带着侍从五平踏上征途。在野州那须野的一角，阿国和五平遇到了一直寻找的友之丞。在对话进行过程中，善恶表层的面具被层层剥下，人性的本质揭露得淋漓尽致。例如：友之丞对五平说了下面这段话：

> 鄙人对人妻抱有爱恋之情，以致误了终身。而你，做了同样的事，人们却说这是忠义。你施不义可以安然度世；我却无立锥之地。世人一概而论，像你这样懂得武士之道平日心术端正的人是善人。而我这种心术不正又没有骨气的人是恶人。想想看，被称作恶人的人，总是充当坏角色。实在是因为我是恶人才杀了人，受到报应。而你，何止是想杀掉我，而且还以此作为立身扬名之本。

预料不到的真相暴露无遗，为了掩盖不义的真相，阿国和五平杀了友之丞，在一切都平静地回到原有的善恶模式中落幕。毫无疑问，这个剧暴露了封建道德的虚伪性，但是更重要的是它深刻揭露了在纯朴的人们虔诚信奉的善恶模式中隐藏着极大的欺骗性。

好人与坏人的模式如果借用个体发生和系统发生的观点来解释的话，就如同我们幼年听到的简单的劝善惩恶故事起了关键性的教育作用一样，它是我们的祖先在某一阶段，按照某种伦理要求而产生的不可缺少的东西。但是随着时代的变迁，人们逐渐懂得了这种善恶的价值观，无论在伦理上还是法律上，只不过是极为相对的。不仅如此，还懂得了将这种价值观绝对化的社会是强权统治下的社会。

人民文学的题材

一般把 1942 年毛泽东《在延安文艺座谈会上的讲话》以后的中国文学称为"人民文学"，这个提法本身妥当与否暂且不管，即使是"人民文学"范畴的小说也可以分为两大类。

（一）描写解放前人民艰苦斗争的作品。

（二）描写解放后人民的喜悦、自我改造及与反革命分子作斗争的作品。

在（一）类作品中，好人与坏人的对立呈现出泾渭分明的公式化。坏人就是日本侵略军、汉奸、军阀、国民党、资本家、地主；好人是共产党及共产党领导下的人民。赵树理的《李家庄的变迁》（1945 年）、徐光耀的《平原烈火》（1950 年）、孔厥与袁静的《新儿女英雄传》（1950 年）、曲波的《林海雪原》（1957 年）等，都属于这一类。

（二）类作品中虽然体裁多样，但都以共产主义为绝对的思想准则，并将这种准则渗透到社会的一切价值观念中。这样，各种故事精髓当然毫无二致了。丁玲的《太阳照在桑干河上》（1949 年）、周立波的《暴风骤雨》（1949 年）、柳青的《种谷记》（1949 年）、艾芜的《百炼成钢》（1957 年）、金敬迈的《欧阳海之歌》（1965 年）等，都属于第二类。

但是，即使是绝对的思想准则，最终也不可能完全绝对，当这一点发生在动荡的年代里会是怎么样呢？让我们举一个"文化大革命"中的例子吧。

《欧阳海之歌》的修改

金敬迈的《欧阳海之歌》，是一部描写为了避免列车翻车事故而英勇献身的人民解放军战士，年仅 23 岁的欧阳海短暂一生的传记小说，或者说是教养小说的变体（请回想一下日本在战前至战时将这种"美谈"故事化，并将其作为重要教育材料的情况）。在这部小说中，欧阳海生前为了提高觉悟，经常学习刘少奇的《论共产党员的修养》。大家知道，刘少奇的这本书自 1939 年发行以来，在中国共产党内是仅次于马克思、列宁、毛泽东著作的重要学习文献。所以，欧阳海以此书作为加强自身修养的指南是理所当然的。这部小说在 1965 年一出版，很快就销售 700 万册，成为风靡一时的畅销书。这主要是由于自从 1962 年以来，中国的小说界基本上处于没有什么作品的状态。

在 1966 年开始的"文化大革命"中，1959 年以来一直任中华人民共和国主席，处于国家元首地位的刘少奇被打倒，曾经是名著的《论共产党员的修养》也被批判为反党文献。在这里我们能够看到"绝对化"的思想准则的相对性。小说《欧阳海之歌》失去了绝对的思想准则，因此，金敬迈于 1967 年 5 月 22 日

在《光明日报》上发表了《欧阳海之歌》的修改部分。据此，旧版中的欧阳海曾极其信奉的《论共产党员的修养》，在修改本中被改成：欧阳海偶然看到了这本"从未见过的书"，只看了几眼就觉得厌恶，从窗户扔了出去①。

看来《欧阳海之歌》的修改是重大情节的修改，是随着价值准则的改变，而以文字上的修改来破坏自己已经建立起来的作品世界。这只会令人产生可悲的不真实感，认为我们的作品世界只不过是用词句筑成的罢了。

只要文学追随政治，好人与坏人的模式就不能不为绝对化的价值准则所驱赶，形成适得其反的极度简化。而且曾经被认为是"绝对的"东西，何时会变得毫无价值是很难预料的，如果在这一点上确实能够体现出价值准则的相对性，那么好人与坏人的模式本身就会像谷崎的剧本《阿国与五平》中揭露的那样，不能不让人感到带有很大的欺骗性。

3. 西门庆与潘金莲
——关于欲望的界限

人的欲望之心

如前所述，中国人的兴趣从唐代开始就由超人型的英雄转向普通人，但是唐代的传奇小说大多是描写知识分子士大夫，或者是以士大夫为读者而写作的文言小说。而且书中的主人公常常是被高度理想化了的才子佳人。唐后数百年直至明代《金瓶梅》的问世，才出现了以社会上随处可见的活生生的普通人为主人公，而又无特定读者的小说。

《金瓶梅》故事的主线是由《水浒传》的部分情节演化而来的，但从认识方法上看，二者有本质的不同。《水浒传》描写了具有超人力量的英雄豪杰的世界，而《金瓶梅》则叙述了社会上的普通人欲望发展到顶点的故事。

非凡的英雄人物，无论是《水浒传》中武松的惊人膂力，还是《欧阳海之歌》中欧阳海崇高的自我牺牲精神，都能够引起我们的赞叹和感动，但从站在探讨人生的角度上看，除此之外这类作品再也不能引起读者什么兴趣了。如果从人性如同纷繁复杂的迷宫这个本质上看，这些只不过是笨拙的憨劲儿，或者在当权者看来是极其难得的说教而已。

抑制下的完全自由

所谓普通人，就如同现实生活中的我们，都在为了高不可得的欲望而奔波于

---

① 此处引用与原文有出入。

生活的琐事之中，食欲、性欲、金钱欲、权力欲、名誉欲等等，如果要为所欲为地满足自己的欲望，注定会与法律、道德发生冲突，因此必须设法制定约束手段，以维持社会的秩序。

然而，《金瓶梅》中的主人公却在这种抑制下得到完全的自由。潘金莲为了满足自己的性欲和金钱欲，杀了丈夫武大，做了西门庆的第五房夫人，极尽淫乐。西门庆也为了将权力、财富、美女皆据为己有而不择手段。他们毫无止境地攀登欲望之梯，其结果是可想而知的。也就是说令人头晕目眩的绝巅之下必然是万丈深渊。实际上，被道德和法律束缚的这块悲惨的沼泽地上，没有庸庸之辈生存的安全地带，这是严酷的现实。因此，我们为了获得安全，把自由作为抵押依附于社会制度。但是在欲望的阶梯上不知止步的人，最终必将在道德、法律及其他生存本身所要求的纯粹的伦理观念的重压下，丧生于极尽享乐的自由之中。

西门庆因喝了潘金莲给他的壮阳药丢了性命，潘金莲也被她害死的前夫之弟武松为报仇雪恨而诛杀。本来这种结局，可以视为作者为结束这可怕的欲望故事而进行的劝善惩恶的说教。然而即使没有伦理上的要求，极尽这种不可饶恕的自由，结局肯定也是悲惨的。这正是自由之中包含的伦理与逻辑，也是《金瓶梅》所描写的令人毛骨悚然的本质所在。不仅如此，在中国小说史上，像《金瓶梅》这样来探讨自由的伦理与逻辑的作品，自明代以来绝无仅有。

可以认为，在《金瓶梅》这样的作品中能够笔锋犀利地表现对欲望的自由追求，是由于明代商人阶层的兴起。当时中国社会的核心，表面上是官僚及其包括预备队在内的士大夫阶级。他们的权力作为儒教规范的表现是以"文"为象征。由于"文"本身对人们的欲望起着强有力的限制作用，所以士大夫们从来就没有走上对自由进行省察的道路。相反，商人阶层，在中国社会与日本一样，社会地位最为低下。然而，社会结构越复杂，本质与现象就越容易发生逆转。因此，财富无时无刻都在左右社会表层的权威。不言而喻，日本德川幕府时代①武士与商人的关系也是如此。

"文"的性质决定了商人不可能轻易掌握"文"这样万能的威力。而财富，只要机灵，多少都可以得到。而且一旦有了财富，就再也不用惧怕社会表层的权力。由此，便可开始进行通向欲望天堂的、令人触目惊心的冒险。

禁书的命运

对《金瓶梅》的评价众说纷纭，将此书视为淫书的观点尤为普遍，当然这也无可非议。近年来，"杰出的现实主义作品"的评价开始普遍化，认为此书对

---

① 德川幕府时代：也称江户时代，公元 1603—1867 年。

当时世态风俗、出场人物特别是对女子的个性描写无与伦比。然而关于作者的写作意图，评论都不尽相同。有的将其高度评价为力图暴露封建统治阶级的腐朽、堕落的作品；有的则批判作者没有那种阶级觉悟，而是基于维护统治阶级的意识而进行的写作，并且作品充满低级趣味——恐怕两种说法都不正确。作者是拥护还是批判当时的封建统治完全是自由的，所以才描写了人对欲望贪得无厌的追求及其悲惨结局。由于描写得淋漓尽致，最终冲破了一切体制思维模式的束缚而获得自由。

从这个意义上讲，《金瓶梅》确实是一部可怕的作品。如果站在今日中国的立场来看，可以说这部小说是比任何反动刊物都危险的坏书。不知是侥幸还是不幸，在今日中国，这部小说在被评价为揭露统治阶级腐朽堕落的杰出现实主义作品的同时，由于书中描写猥亵的原因，作品一直未在社会上广泛流传。不过，《金瓶梅》向人们施放的毒气及书中令人颤栗的自由，恐怕任何社会制度下都是要永远禁止的。如果从这个角度考虑，由于《金瓶梅》是淫书而首倡禁止的朝代倒成为贤明圣上了，这岂不是绝妙的讽刺！

笑笑生与萨德

阅读《金瓶梅》时，人们大概会想起法国大革命前后被监禁在监狱和精神病院的萨德①侯爵。他不仅随心所欲地满足自己的欲望，而且明目张胆地去表现，因此而遭到监禁。在他身上已经体现出自由发展到极点就必然被禁闭的本质。而《金瓶梅》的作者笑笑生也由于自由地写作了那种可怕的小说而必须自我幽禁。笑笑生是何许人也，至今仍是个谜。即使将来根据文献资料查明此人，由于他明白"自由"的可怕本质，大概也不会将自己一生的轨迹告诉我们吧。实际上笑笑生不如萨德侯爵的唯一之处正是未敢署其真实姓名，也就是说，在被统治者囚禁之前，他已经迅速地自我隐蔽起来。这样，他以委身于统治阶级权势为代价，给西门庆和潘金莲的罪恶披上了因果报应的外衣。

4. 儿女与英雄
——关于变形的逻辑

从人类以外的其他形态变为人

任何民族都有鬼怪的故事。这也可以用个体发生和系统发生的原理进行解释。我们之中不论谁在孩童时代，都曾梦寐以求自己也能千变万化。在我们的祖

---

① 萨德（1740—1814），法国军人、小说家。

先创造的无数变形谈中，最大的诗集可算是古罗马奥维德创作的《变形记》了。即使是现在，各种各样的异怪故事还时常对我们脆弱的现实进行恐吓。雅克·卡佐特①的《多情的恶魔》、卡夫卡②的《变形记》等是其中的佳作。

中国也有数不清的异怪故事，从汉魏六朝时代的"志怪小说"，到明代瞿佑的《剪灯新话》、清代蒲松龄的《聊斋志异》，宛如对异怪故事的大检阅。不过中国的异怪故事，由于某种缘故从人变幻成人以外其他形态的故事少见，绝大多数都是从鬼怪（幽灵）或动植物变幻成人形并同现实中的人进行交往。换言之，自古希腊以来欧洲的变形谈主要是描写由人变为人以外的其他物的离心型，而中国的异怪故事是以人以外的其他形态变为人形的向心型为主，这一点应该引起注意。

中国人行为的目的性

为了说明这一差别是如何产生的，只要回想一下第一章第一节所述有关中国人旅行目的的特点，就足以说明问题了。即与欧洲人常常为开扩认识世界奔向未知土地而进行的鲁莽旅行及冒险的传统不同，中国人的伦理观念是把认识的疆界限定在五官可及、手脚可触摸的领域中，旅行活动带有只限于抱着应有的目的而进行的趋势。在异怪故事中也反映出同样的倾向。

人无论怎样昂首挺胸，也不可能使充其量五六尺长的身高再增长一寸。这对于欧洲人来说恐怕也是极其明白的事实，但他们无论如何也不堪忍受把自己封闭在感官所及的领域中。正是这种内心的矛盾纠葛，产生了罗歇·卡伊瓦③所说的"神话现象"（《神话和人》），激发人们要从日常的生存状态突变为别的未知形态的感情冲动。

然而中国很少出现这种神话现象，即使有，中国人也喜好把非现实的存在形态纳入自己的认识领域，骷髅、蛇、花等物态都可以化为娇艳的女子同人间的男子交往，当男子拥抱女子时竟丝毫不知对方是化身。也就是说这些化为人形的物态，即使能够称得上妖怪，显然也是属于现实感官所及的领域。换句话说，在儒教形式的现实主义规范下，不可能产生坚实的认识境界内部有任何裂痕的奇迹，所以最好把一切奇迹的起因委于其他，并把奇迹纳入可以理解的轨道。

对恶行为的冲动

欧洲的近代小说诞生时，人们对奥维德式的变形故事的嗜好似乎一度减退。

① 卡佐特（1719—1792），法国作家。
② 卡夫卡（1883—1924），奥地利小说家。
③ 卡伊瓦（1913—1978），法国作家、评论家。

这种现象莫如说是大众的兴趣已经转移到不会变形的普通人的人性与性格上来。当时提出了许多新的课题，例如对叙事诗世界中普遍存在的好人与坏人的简单模式发出的疑问就是其中之一。这种疑问，实际上将成为古典式教育观念的危机，因为人们开始意识到，虽然古典式教育观念把不断的自我完善作为培养理想人物的捷径，但事与愿违，人有对恶行为的强烈冲动，这种冲动未必能够为伦理上的制约所抑制。这种意识产生了歌德的《浮士德》，陀思妥耶夫斯基的《罪与罚》，史蒂文森①的《化身博士》等作品。好人与坏人模式的崩溃，产生了新的变形谈，这是自奥维德脱胎，到达人类新认识的一个重要转折点。

那么，中国的情况如何呢？中国人本来就极度信赖：只有不断地加强自我修养，才能成为完善的人。这种儒教道德是一种乐观论调，认为人格正是通过循序渐进向前发展的，不可能有什么冲击式的突变。即使是解放后的中国，也不过是毛泽东思想代替了过去的儒教道德，其乐观精神是相同的。《欧阳海之歌》之所以超越我们的理解，成为畅销书，正是这个原因。但是，自《金瓶梅》以来，文学转向了对司空见惯的普通人的强烈关注，实际上已经抛弃了这种乐观精神。

从女侠到淑女

清朝末年，1850 年前后，满洲旗人出身的文康写作了长篇小说《儿女英雄传》并出版。它的正式题目是《儿女英雄传评话》。所谓"评话"（也可作"平话"），曾是"说话"的别称。这部小说正像作者把自己称为"说书的"、把读者称为"听书的列公"那样，是把读者假设在内而写作的小说。不仅如此，书中完全采用讲谈式文体，简直就如同给前来说书场听书的人当面讲述一样。如果把此书与日本三游亭圆朝②的文体比较一下，那将是很有趣的。

这部小说的梗概是这样的：青年安龙媒是位涉世不深的柔弱书生，为了解救蒙受不白之冤而被打入监狱的父亲，携带巨款起程。在遭到强盗抢劫有生命危险的时候，被年轻女侠十三妹（何玉凤）救出。十三妹还把被自己解救出的与自己相貌相似的年轻姑娘张金凤许配安龙媒为妻，自己去报杀父之仇。后来得知仇敌已被朝廷处死。不久，十三妹在安龙媒之妻张金凤的极力劝说下，做了安龙媒的第二夫人。婚后，三人生活幸福和睦，曾经纤弱得像个女子似的安龙媒变得威风凛凛，以优异的成绩考取进士，一下子出人头地，位极人臣。而婚后的十三妹，那种曾经能够把几个男人都搬不动的大石头轻轻举起的神奇力量，不知跑到哪儿去了，变成了一个温文尔雅的贤妻，和张金凤一样生儿育女，幸福地生

---

① 史蒂文森（1850—1894），英国小说家。
② 三游亭圆朝：日本明治时代的民间艺人。

活……

若说这只不过是一个极其简单的喜剧式女侠故事，也的确是那样。但这里需要注意的是安龙媒和十三妹婚后各自性格的变化，小说的题目也暗示了这一点。作者在这部小说的开篇"缘起首回"这样写道：

> 这"儿女英雄"四个字，如今世上人，大半把他看成两种人、两桩事，误把些使气角力，好勇斗狠的认作英雄；又把调脂弄粉，断袖余桃的认作儿女。所以一开口便道是某某英雄志短，儿女情长，某某儿女情薄，英雄气壮。殊不知有了英雄至性，才成就得儿女心肠，有了儿女真情，才作得出英雄事业。

总之，作者所塑造的是把两种相悖性格融于一身的理想人物形象。似乎小说的写作意图也在于描写这种融合。除此之外，作者还就"儿女英雄"四个字做详细说明。无论作者的意图如何，读者所感兴趣的是：只怀"儿女"之情的男子婚后胸怀"英雄"大志，而具有"英雄"力量的女子婚后充满"儿女"之情的转变，即一种变形主题。进而"儿女"式的男子配以"英雄"型女子，这种在前半部分将其倒置的手法也颇引人入胜。这种男女性格倒置的故事，在前面谈到的《镜花缘》中的《女儿国》里也出现过。它讲述的是女着男装治理国家，男着女装主持家务，来到此国的贸易商林之洋也差一点被强制做国王（女）的"王妃"。

追求幸福的向心性

在《儿女英雄传》前半部分倒置的违反常理的假设——"儿女"式男子配以"英雄"型女子，到了后半部恢复到了正常状态。这一点应该特别引起注意。所谓具有中国特色的变形谈，一般是把反常的存在形态强拉入正常的形态之中。在还算不上变形谈的《儿女英雄传》中，人物性格的变化也体现出最终要归结到符合伦理要求的正常状态的特点。思维方向的向心性在这里表现得多么强烈！现实世界是极其幸福的，即使现在不幸福，将来也是能够幸福的。这种乐观论给"儿女"变为"英雄"、"英雄"变为"儿女"这样简单的变形也加上了强韧的向心性。尽管如此，这部小说多少还是对"始终不渝地按着预先设计好的道路走下去，就可以达到理想的境地"的乐观论调提出了疑问，这一点是确定无疑的。

顺便提一下，前面谈到的孔厥和袁静的《新儿女英雄传》是文康的《儿女英雄传》的新发展。这部小说自1950年发行以来成为畅销书的事实，与在香港、台湾、东南亚等地的华人中女侠情节影片至今仍博得一致赞赏这一事实形成了对照。可以认为，解放后中国人追求的不是《新儿女英雄传》中的女主人公杨小梅这样的唤醒了"阶级觉悟"的农村姑娘形象，而是勇毅的女侠，即十三妹式

的形象。因为民众的心理情绪不会随着政治思想体制的改变而轻易变化。武田泰淳①的小说《十三妹》，把文康的《儿女英雄传》中的女主人公十三妹与清末流行一时的武侠小说《三侠五义》中的男主人公白玉堂结合在一起，讲述了一个异想天开的故事，值得一读。

虽然如此，我们今天的读者再来阅读文康这部小说时，应该看到文康并不是深刻自觉地以小说来尝试变形理论，勇毅的女侠十三妹转变为贤妻良母的变形逻辑，正如实地反映了中国人的认识方法及思维模式。

5. 承认现实与追求理想
——关于人生道路的一次性

人生的两条道路

严格说来，人生对于我们只有一次。虽然我们的一生要经历多次选择，站在所谓的人生十字路口或者向左，或者向右，然而一旦选错了路，想要重新再作一次选择也并不那么容易。尽管很多人在伦理上对"重新选择"感到心安理得，但实际上只不过是一种错觉，过去经历的挫折是不会抹掉的。面对这些事实，小说家们有时却要疯狂地向这种令人不悦的人生道路的一次性提出挑战。

魏秀仁写作的小说《花月痕》虽不能同文康的《儿女英雄传》相比，但这部小说确实对人生道路的一次性提出了强烈的挑战，小说的梗概是这样的：

> 韦痴珠和韩荷生同为官吏，二人作为同事好友逛花街。与韦痴珠相好的妓女名叫秋痕，与韩荷生相好的妓女名叫采秋。在刚刚踏上人生道路时，这两对男女的描写完全是相同的。然而，不幸袭击了其中一对男女，韦痴珠与秋痕离散，韦痴珠客死他乡，得知这个消息的秋痕追随其后，自缢身亡。而韩荷生却一帆风顺，功成名遂，与采秋过上了幸福生活。

作者魏秀仁年轻时曾游过花街，与一名叫春雪的妓女相爱。本想与她结合终身，结果遭到不幸。魏秀仁欲殉情之时被人搭救，从那以后再没能见到春雪。作者在书中借韦痴珠寄托了自己的经历，并借韩荷生表达了如果运气好也会实现自己理想和愿望的感慨。

一般认为，这部小说只不过是把才子佳人小说的两种类型，即催人落泪的悲剧与大快人心的喜剧原封不动地结合在一起。但是，如果仅仅是这样，作者编两个故事就是了。作者魏秀仁在同一部小说中描写了两种截然相反的人生道路，大概是由于他对人生的认识同自古以来的传统观念产生了分歧。

---

① 武田泰淳（1912—1976），日本小说家、中国文学研究家。

双重感觉的自悟

现在我们懂得，在地球上我们只能看到月亮带有光亮的那一部分，即月亮的本质是具有光明与黑暗的统一体。难道人的本质不也是如此吗？平时人们看到的是人的社会性一面，但人还具有不愿让人看到的动物性一面。人们看多了美与丑、善与恶、幸与不幸等等多种多样矛盾后，理所当然能够意识到这些矛盾实际上存在于一个生命统一体内，只不过其中的一个方面作为现象表现出来而已。

神话激发这种意识，当这种意识与变形了的愿望相结合时，一个完美无缺的人格便会随着时间的流逝而被撕破，产生例如从"儿女"到"英雄"，从"英雄"到"儿女"的冲击式变形。另一方面，当具有这种觉悟的作家向无法摆脱的人生道路的一次性提出挑战时，一个完全的人格会以同时弥补矛盾双方的形式被一分为二。所以，《儿女英雄传》与《花月痕》几乎同一时期出现绝不是偶然的。

这两部小说问世之时，中国社会正处于 1840 年鸦片战争失败的混乱当中，中国人自信的绝对的世界中心——中华文明，被外国文明所打破。理应是一元化的文明实际上变成了二元化，难以置信的事实摆在中国人的面前，这当然会使中国人的思维模式发生深刻的变化。

《红楼梦》的影响

《儿女英雄传》《花月痕》等作品的诞生，可以说是受了大约 100 年前曹雪芹创作的《红楼梦》的影响。《红楼梦》的本质，无论怎么说也在于它的悲剧性，这一点将在第三章里论述。这里，我想谈一下这部小说的主人公贾宝玉及隐于其后、同贾宝玉容貌相同的甄宝玉。"贾"与"假"同音，"甄"与"真"同音。如果了解这种同音关系，就能发现在贾宝玉和甄宝玉之间存在着一条隐约可见的联结虚实的线索。

在欧洲，自古以来就有双重身①的传说。最早大概是来源于希腊神话中一个美少年迷恋自己映在水中的影子，最后落水身亡的传说。这是一个奇怪的传说，说的是一个人如果在外界看到与自己相同的身姿就死期临头了（我在小说《海燕》中表达了我对双重身的兴趣）。

> 你所追求的东西，任何地方都不存在。你要试试看把身体从泉边移开，这样，你所爱恋的就会消失殆尽，你所看到的只不过是你映在水中的影子而

---

① 双重身：英语叫 double，德语叫 doppelgänger，指由于幻觉而产生的另一个与自己面貌极其相似的人。

已。它丝毫没有自身意义，它与你同来，与你同驻，如果你能够离开这里，它也会随你而去。（奥维德的《变形记》）

《红楼梦》第五十六回，有贾宝玉梦访甄宝玉的情景。两位宝玉互相看着对方惊奇地猜想：这不是梦吧？

甄："原来你就是宝玉？这可不是梦里了。"

贾："这如何是梦？真而又真了。"

作者巧妙地描写了"真"与"假"、"梦境"与"现实"的相互交织，但是贾宝玉确实是在做梦，醒来看见自己映在镜子里的身影还以为是甄宝玉。这时，旁边的丫头麝月说道：

"人小魂不全，有镜子照多了，睡觉惊恐做胡梦。"

在欧洲，产生了由映在镜子里的身影把自我一分为二的双重身幻想。关于双重身，请参照种村季弘①的极有兴趣的随笔《双重身的彷徨》。可是，在《红楼梦》中作者赋予两个相貌相似的美少年完全相反的命运。虽然时空相隔遥远，但是那喀索斯②和贾宝玉这两位美少年照镜子时奇异而美妙的情景多么富有惆怅之感啊。

不擅长虚无主义

人看到镜中的自我，就能够充分肯定自己的真实相貌，但是这种对现实的肯定又会立即同理想愿望相结合。那喀索斯认为镜中的映像是现实与理想的完美结合，跳入镜中而毁灭。贾宝玉在镜中看到了"真"与"假"、"梦境"与"现实"。《花月痕》的作者尽管把镜中的现实作为现实保留下来，但还是让其在一瞬间发生理想的变形。这是对严酷的"人生一次性"的否定，是自我的两分法。然而无论作者怎样把自己分化为韦痴珠与韩荷生，最终都要受到残酷现实——"人生一次性"的报复。而读者则陷于空旷无边的虚无主义境界之中。

无论怎么说，中国人也是不擅长虚无主义的民族。他们总是首先承认坚固的现实，如果这现实是令人绝望的，也只能按着一定的规范，坚持不懈地加强自我修养，使现实接近理想境地。孔子是这么说的，毛泽东也是这么认为的。在追求这种理想愿望方面，中国决不会有那喀索斯那样临镜而入的事例，因此既不会产生冲击式的变形，也不会出现双重身的恐怖。

正如第一章第三节所叙述的那样，文学革命后，特别是20年代和解放后，教养小说型的小说即描写青年人以坚定的步伐攀登从现实到达理想境界阶梯的作

---

① 种村季弘，日本当代德国文学研究家、随笔作家。
② 那喀索斯：希腊神话中对水中自己的倒影发生爱情，跳入而死的美少年，死后变为水仙花。

品成为压倒一切的趋势。这反映出一种思想倾向，在承认现实与追求理想之间，他们绝不会陷入那喀索斯和贾宝玉所见到的虚无缥缈的深渊。实际上，向人生道路的一次性这一严酷的现实提出尝试性抗议的人，只不过是白日做梦。在现实面前，他们的空想注定破产。所以，现代的中国不可能产生变形故事以及把自我一分为二的故事。由此可见，清代出现的这些小说对于考察中国人的思维模式是多么珍贵的作品啊。

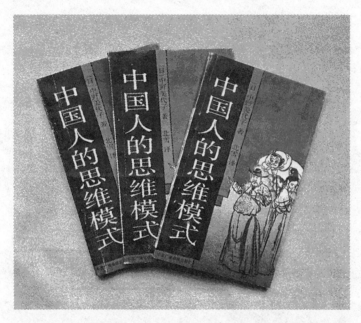

《中国人的思维模式》书影，中国广播电视出版社 1992 年出版

散文篇

奥地利之行

一

2015 年 11 月 23 日，我作为团长，带领李镇、张岚一行三人，代表中国电影资料馆，赴奥地利维也纳参加由奥地利电影资料馆主办的石挥电影展。

我们 22 日晚十一点时从家出发，十一点四十到首都机场 T3 航站楼，托运行李、安检、过关都很顺利。飞机本应 23 日两点半起飞，可上了飞机后，播音员说由于雪大要除雪除冰，结果凌晨三点四十五才起飞。

飞机飞行十多个小时，时差七小时，当地时间早上近八点到达维也纳国际机场。伊莎贝拉（中国电影研究者、北京电影学院外籍教授）和司机到机场迎接我们。九点半入住宾馆。宾馆位于维也纳市中心，房间不大，但整洁干净，一张双人床，两把沙发椅，简单利落。

入住之后遇到几件尴尬之事：一是房间没有拖鞋，好在地毯比较干净，索性赤脚；二是没有洗漱用品，好在飞机上公务舱配发了简易的洗漱用品；三是没有电水壶，也没有矿泉水，害得我们自己去买矿泉水。后来听说水龙头里的自来水都是阿尔卑斯山的泉水，可以直接饮用。但总觉得喝水龙头里的水，不是那么回事。

维也纳确实是一座很漂亮的城市，蓝天白云，绿草如茵。老城区不大，建筑物古朴典雅，街道清洁干净，错落有致。维也纳是宜居城市，不但奥地利人知道，连地球人都知道。可我孤陋寡闻，对此还不了解。据说在 2015 年的美世调查报告中，维也纳连续第六次跻身全球宜居城市首位，原因就在于满眼绿色，甚至连历史老城也拥有众多迷人的公园；还拥有运转极佳的城市基础设施；还是全球最安全的大都市之一。

二

11 月 23 日下午三点，我们走访了奥地利电影资料馆。

伊莎贝拉和她母亲魏德夫人（前奥地利驻华大使夫人）带领我们前往。离我们驻地不远，步行十分钟就到了。奥地利电影资料馆副馆长尼古拉斯·沃斯奇特先生接待了我们，他热情好客，与我们进行了广泛的交流。他说，我们的馆长不在，他很少来上班，他的主要任务是要钱，包括管政府要钱和向赞助商拉赞助。我负责日常管理工作，馆里只有45人，负责奥地利电影档案的保管、藏储、利用。资料馆今年刚刚进行了装修，十月份才开始启用。装修后的资料馆焕然一新，一层是个百余人的放映厅，古色古香，很像一个演出场。一层有包厢，还有二层包厢。三楼有一个容纳50人的小放映厅，可供内部审片。四五层是电影博物馆，珍藏了大量电影史前的影像资料，有实物、图片，还有文物、道具、影像，内容极为丰富，以前从未见过，很有史料价值。尼古拉斯为我们做了手摇电影放映机的演示，我们也拍了一些照片。他们的影片馆藏也很丰富，仅1930年以前的影片就超过2000余部，总量超过10万部。

工作之余的小插曲：我们影展部的张岚同志经常出国，她告诉我们，欧洲这些国家一般要给服务员小费，如酒店、餐馆。我们就按她说的去做，吃完饭结完账，在菜单里夹进去10%的小费。我注意观察了一下，服务员果然把小费装进了自己的钱包。在入住宾馆里，我们每天早上出门前，要在枕头上放一欧元，这样，服务员打扫卫生时就把它作为小费拿走了。这大概是行业的规矩。

三

11月24日上午十点，在奥地利电影资料馆播放了一部由保罗·罗斯蒂拍摄的纪录片《最后的港湾》，影片时长一个半小时，反映了二战时期，五个犹太难民家庭逃亡上海，并在上海度过艰难的岁月。这五个犹太难民家庭实际上是当时两万多犹太难民逃亡上海的缩影。除采访五个家庭的后代的口述是当代的，其余所用影像资料完全是当年的，极其珍贵，现在很少能够看到。影片放映后，该片导演保罗·罗斯蒂与观众见面，并回答了观众的提问。

下午三点开始，召开"流亡上海，重拾记忆"研讨会。共有七位学者发言，我馆电影史学研究室副主任李镇第四个发言，他讲的题目是《打捞记忆——电影人口述历史工程》，讲述我馆口述历史工程项目。采访总人数超过400人，总时数超过6000小时，90%是70岁以上的老电影人讲述电影历史和往事。李镇作了形象生动的PPT，讲解效果很好。与会专家饶有兴趣，提问热烈，李镇一一作答。

晚上七点半，举行中国影片《世界儿女》首映式。由奥地利电影资料馆副馆长尼古拉斯主持，致词顺序为：奥地利外交部官员努斯褒玛女士、宋培学书

记、魏德夫人、路易斯·弗莱克的孙女、中国驻奥地利大使赵彬先生。宋培学的发言效果很好，稳重大方，铿锵有力，会后受到前奥地利驻华大使魏德的表扬。我的同事也说，你一上台，身材高大，西装革履，简直帅呆了。致词之后，放映由奥地利犹太人杰克·弗莱克和路易斯·弗莱克导演的影片《世界儿女》。观众座无虚席，除参加研讨会的人员之外，还有其他影迷及一些在奥的中国人。《世界儿女》摄制于 1941 年，是第一部由外国人导演的中国电影。

<h1 style="text-align:center">四</h1>

11 月 25 号，是奥地利之行的最后一天，除下午三点要走访奥地利电影博物馆之外，其余时间均可自由支配。既然来到了久负盛名的维也纳，为了不枉这个世界音乐之都、欧洲一流艺术大都市之行，我们也作了游览参观安排，姑且就叫艺术之旅吧。

早上八点半早餐后，我们从克恩顿大街出发，步行到卡尔广场，乘地铁前往维也纳西南的美泉宫。来到维也纳后，主办方给我们每人准备了一张交通卡：标注 21.9 欧元，72 小时之内，公共交通随便坐。前两天我们都没用，今天派上了用场。在维也纳乘坐公共交通，没人检票，也没人查票，完全凭自觉，但偶尔遇到查出逃票者，将受到严厉罚款。

奥地利维也纳美泉宫

九点钟到达美泉宫地铁站后，伊莎贝拉女士已在此等候，她陪同我们游览美泉宫。美泉宫是坐落在维也纳西南部的巴洛克艺术建筑，曾是神圣罗马帝国、奥地利帝国、奥匈帝国和哈布斯堡王朝家族的皇宫，现在美泉宫及其花园已被联合国教科文组织列入世界文化遗产名录。宫殿气势磅礴，花园优雅别致，占地面积2.6万平方米，仅次于法国凡尔赛宫。伊莎贝拉边带我们游览边给我们讲解，宫内有1441个房间，大多数是巴洛克式，也有洛可可式，还有东方古典式建筑。房间装饰豪华瑰丽，四壁挂满油画，天花板上有各种镶嵌，摆设琳琅满目，各式精美陶瓷器不可胜数。美泉宫的后面是一座典型的法国式花园，硕大的花坛和整齐的绿树墙，墙内有44座希腊神话人物雕像，园林尽头是海神泉。

我们在美泉宫及其花园游览了两个半小时，之后我们乘地铁返回市中心，游览了卡尔大教堂。卡尔大教堂坐落在卡尔广场南部，右侧是维也纳科技大学。卡尔大教堂建于1716年，是卡尔六世为纪念鼠疫死难者而兴建的。建筑采用意大利巴洛克的建筑元素，椭圆形的中厅、椭圆形的穹顶、高大的立柱等。由于时间关系，我们没有进去参观。

维也纳金色大厅

中午十二点半，我们来到了维也纳金色大厅。当伊莎贝拉告诉我们这就是金色大厅时，我们大吃一惊，因为第一天午饭后散步我们曾来过这里，居然不知道这就是金色大厅，从外观来看，它确实不起眼。到接待室我们询问可否参观，告知下午一点可购票参观，16欧元，有专人讲解。我们觉得机会难得，就等了一会儿，购票参观了金色大厅。

金色大厅全称为维也纳音乐协会金色大厅，竣工于 1869 年，是意大利文艺复兴式建筑，外墙黄红两色相间，屋顶竖立许多音乐女神雕像。金色大厅有 1744 个座位，300 个站位。建筑物中有多个音乐厅，除金色大厅外，还有莫扎特厅、勃拉姆斯厅。讲解员除带我们参观了音乐厅之外，还参观了收藏馆，这里有手稿、乐谱、乐器等藏品，其中有莫扎特的乐稿，舒伯特的手稿，还有勃拉姆斯捐赠的几千册音乐书和全部乐谱。金色大厅也是维也纳爱乐乐团的驻地。

走进金色大厅，确实令人肃然起敬，犹入音乐殿堂。讲解员一再叮嘱不能拍照，可是为了留作纪念我还是偷着用手机拍了几张照片。

走出金色大厅，我们直奔奥地利电影博物馆。这是工作之约，在此不再赘述。

伊莎贝拉下午四点还要到维也纳大学讲课，就不陪我们了，但她母亲魏德夫人晚上陪我们去看芭蕾舞。

我们简单地吃了一点晚饭，直奔维也纳人民剧院。这个剧院在第七街区，我们乘有轨电车前往。晚七点半开演，七点一刻魏德夫人已在剧院门口等候。我们随魏德夫人走进人民剧院，又被这座建筑所吸引。魏德夫人给我们讲述了它的历史，该剧院建于 1898 年，原名为皇帝金禧剧院，也是典型的巴洛克式建筑，外观看着像教堂，内部富丽堂皇，结构分三层，共有 1200 多个座位，两侧均有包厢。这样的剧院从来没见过，好像在前苏联的电影中见过。

奥地利维也纳人民剧院留影

对于芭蕾舞，过去很少看，更不懂得欣赏，这次来看，完全是抱着不虚此行的心态。可是一旦融入其中，尽管是在毫无准备、全然不知的情况下，竟然也能被其优雅、高贵、脱俗的艺术魅力所感染、所打动。专业的演技，古典与现代的完美结合；男子的刚劲有力，女子的轻曼柔美；优雅的舞姿，轻盈的跳跃，富有韵味的脚尖旋转，确实令人目不暇接、心驰神往，给人以艺术的享受。剧场的气氛，观众的修养，更令人刮目相看。演出时，观众目不转睛，屏住呼吸，现场鸦雀无声；每一小节结束后，观众报以热烈掌声；演出结束，演员三次谢幕，观众三次掌声，经久不息。这就是艺术的氛围、艺术的国度。

演出结束回到酒店已经很晚了，虽然一天的艺术之旅结束了，但心情却很难平静。奥地利维也纳不虚此行，奥地利维也纳不愧为音乐之都、艺术之都、宜居之都。

出访俄罗斯、法国纪实

俄罗斯之行

2016年6月28日上午，中国国家新闻出版广电总局电影局代表团一行五人（团长：栾国志，成员：宋培学、李小平、赵亚茹、徐淑君）驱车前往俄罗斯文化部电影局，就中俄两国在电影领域的合作事项举行第九次会谈（每年一次）。俄罗斯电影局局长捷尔诺夫及相关官员五人出席。双方就中俄两国在电影领域的合作的五条框架协议进行了具体磋商：（1）签署两国电影合拍协议；（2）制定互办影展机制；（3）进一步做好互相引进、发行、播出对方影片的工作；（4）鼓励支持双方制片机构合作拍片；（5）双方鼓励、支持电影资料馆和电影学院开展交流与合作。双方积极准备，履行各自的报批手续，约定今年11月份中方总理访俄时签署正式协议。会谈诚恳、积极、融洽、互惠、互利，12时会谈圆满结束。中午捷尔诺夫在一家古色古香的餐厅请中方代表团吃了俄式西餐。

午餐后，我们回到酒店，没有休息，更换了衣服，便乘车前往莫斯科红场，参观游览了克林姆林宫、红场、胜利广场等名胜。游览结束已是晚上八点，我们都觉得中午的俄式西餐有点顶，便找了一家中国餐馆，要了中国凉菜、炒菜、米饭和面条，四人各来一杯德国黑啤酒，超级爽，吃得既舒服又惬意。

法国之行

2016年6月30日，是出访俄罗斯、法国最忙碌的一天。

吃过早餐后，急忙乘车去巴黎高蒙影院，检查法国中国电影节的准备工作。本届电影节是第六届法国中国电影节，由中国国家新闻出版广电总局电影局、法国中国文化中心、法国百代集团联合主办，由于中国副总理刘延东将出席开幕式，准备工作必须周密、细致。电影局副局长栾国志、法国中国文化中心主任苏旭共同检查了准备工作，包括横幅、海报、灯光、音响、程序以及重庆艺术团的

节目彩排。整个程序彩排一遍后，已经是下午一点钟了，我们急忙在附近的中餐馆简单吃了点饭，急忙赶回酒店换衣服，因为下午三点半还有一个新闻发布会。

下午三点十分我们就赶到了莫里斯酒店新闻发布会的现场。甄子丹和杨紫琼及法国影星安娜芳婷、文森特佩雷斯出席发布会，发布会由法国中国文化中心主任苏旭主持，电影局副局长栾国志简单介绍了电影节的准备情况，之后开始回答记者的提问。发布会进行了一个小时。

晚上六点半电影节开幕式正式开始，刘延东副总理、法国外长艾罗出席，艾罗和中国国家新闻出版广电总局童刚副部长分别致辞，法国影星于佩尔、中国影星甄子丹和杨紫琼上台与观众见面，并简短致辞，最后由刘延东和艾罗用中法文宣布电影节开幕。随后重庆艺术团表演了精彩的文艺节目，开幕式后放映中国影片《卧虎藏龙2》。

2016年6月国家新闻出版广电总局电影局与俄罗斯文化部电影局签署合作协议意向书

四件尴尬事

一、签证出了问题：我的签证有效期使馆给打错了，应该是6月26日至29日，结果打成27日至29日。26日出发时机场不让过，说日期没到，即使到了莫斯科也入不了境。没办法，只能晚走一天。所以签证拿到手后，一定要认真检

查，看看有效期、姓名等写得对不对。

二、同去的电影局规划处长李小平将充电宝放到了行李里，而充电宝是禁止托运的，结果人到了莫斯科，行李没有到，一问才知是这个原因。没办法，只能等消息，结果在莫斯科三天都没有消息。等人到了法国才告知行李到了莫斯科。只好要求运回北京，最后是在北京机场找到了行李。一路上李小平都没有换洗的衣服和生活用品，造成了极大的麻烦。所以一定要严格执行禁运的规定，稍不注意就可能给自己带来麻烦。

三、7月2号吃完午餐，还有些时间，决定一起去巴黎春天购物。为了节省时间，亚茹、淑君陪栾局去买包，司机高禹陪我去买珍贵水。去药妆店很顺利，没用多长时间就搞定了。回到巴黎春天我说去看看双立人的锅，在九层，小高陪我去看了，没有合适的，就急忙下来了。在一层的化妆品柜台，我看还有点时间，就看看化妆品，小高说他先出去。结果我看完出去就找不着小高了，我又没记小高的电话，在巴黎春天转了两圈都没找着，给栾局打电话也没打通（忘拨86了），已经到了四点半的集合时间了，他们见我没回去，小高就给我打了电话，这才回来找我。所以在外一定要留司机或导游的电话，一旦失去联络好及早打电话。

四、出国购物可退税，最好在国内办一张VSA卡，这样退的税钱可直接打到卡里。否则只能到机场退现金，需要排队，人很多，我们就排了很长时间，比较麻烦。出国最好带一张银联卡、一张VSA卡，银联卡可购物，VSA卡可退税。

2016年6月第六届法国中国电影节开幕式后与著名演员甄子丹、杨紫琼合影，
左起：徐淑君、李小平、宋培学、杨紫琼、甄子丹、栾国志、赵亚茹

吉林自由行

一

2017 年 7 月 25 日，利用休假之际，回东北吉林市参加了中学同学聚会。今年是高中毕业 42 年，虽然是小型聚会，竟然见到了 42 年未曾见到面的同学，真是喜出望外。借聚会之机，也安排了外出旅游，我们的路线是：吉林市——临江市——十五道沟望天鹅风景区——长白县——长白山——磐石市——吉林市。不到 20 人，同学自家出了四台车，驾车走一圈儿，成为名副其实的自驾游。

二

第一站是临江市，驾车走沈吉高速、长抚高速，转 303 省道，路程 324 公里。临江市位于吉林省东南部，长白山腹地，鸭绿江畔，与朝鲜隔江相望。临江市有陈云故居、四保临江战役展览馆、五道沟湿地公园等。城市干净整洁，风光秀丽，气候宜人，适合居住。夜幕降临，鸭绿江沿岸，灯火阑珊，景色迷人。

三

第二站是十五道沟望天鹅风景区。十五道沟是国家级森林公园，鸭绿江上游国家级自然保护区。十五道沟距临江市 182 公里，距长白县 50 公里。十五道沟生态原始，古树参天，鸟语花香，鱼跃蛙鸣，瀑飞泉涌，怪石嶙峋。出了临江市向东就是三道沟，沿 303 省道，沿鸭绿江逆流而上，一路要经过四道沟、五道沟，一直数到十五道沟。早晨从临江市出发就下起了小雨，雨下下停停，停停下下，虽然给我们行进带来了困难，但小雨把鸭绿江两岸妆点得分外妖娆，郁郁葱葱，云雾缭绕。隔江观望朝鲜，公路、村庄、城市、碉堡、行人，一清二楚。到了六道沟，吴月玲同学要下车看看，说她就是六道沟出生的，无论如何要留影纪

念。到了十五道沟，天公作美，雨过天晴，给我们游览增加了无穷的兴致。游完了十五道沟，驱车前行 50 公里，晚上入住长白朝鲜族自治县。

四

第三站是长白山。长白山是国家首批 5A 级风景区，是中国十大名山之一，并与五岳齐名，是松花江、图们江、鸭绿江的三江之源，以长白山天池为代表，集瀑布、峡谷、火山熔岩林、高山大花园、地下河、原始森林等为一体，风光秀丽，景色迷人。早晨六点钟我们从长白县城出发，向北走 302 省道，直奔长白山西坡山门，全长 125 公里。驾车沿长白山峡谷穿行，两边

长白山天池留影

树木枝繁叶茂，郁郁葱葱，河流哗哗作响，鸟叫蛙鸣，令人目不暇接，心旷神怡。途经长白山南坡，从南坡登天池更近一些，因南坡涉及中朝边界问题，暂时关闭。上午九点半我们就到达西坡山门。来长白山的人，必看长白山天池。从西坡登天池，需要爬 1442 级台阶才能到达观景台。即使费了九牛二虎之力登上了观景台，也未必能看到天池全貌，因为天池上空气候多变，云雾雨雪，四季不断，尤其盛夏季节，风雨不定，变幻莫测。同行的一位外地游客说，他来了三次长白山，都没看到天池，不是大雾茫茫，就是阴雨连绵。我们今天的运气如何呢？看到照片就会点赞。

五

第四站是磐石市。磐石位于吉林省的中南部，地处松辽平原向长白山过渡地带，属于丘陵半山区，有"七山一水二分田"之称。磐石原是隶属于吉林市的县，1996 年 10 月撤县设市。磐石是我的故乡，我的小学、中学都是在磐石红旗岭六〇七队子弟学校上的。高中毕业后还下乡到磐石二道岗公社南金厂村。当时的子弟学校是地质勘探队自己办的，是九年一贯制的学校。改革开放后，为了解决子女上学、就业问题，国家给了地质勘探队相应的政策，允许就近搬迁到一座城市，六〇七队就集体搬迁到了吉林市，子弟学校也随之撤销。但是童年的记忆

永远不能抹掉，同学的情意永远不能忘怀。这次应同学之邀，来磐石玩了两天，游览了亚吉水库、官马溶洞，吃到了地道的东北饭菜，粘苞米、酸菜白肉血肠、尖椒干豆腐、拌大豆腐、炖豆角等，味道纯正，爱不释口。磐石的变化非常大，当年的磐石只是个小县城，两条街道，两旁都是小平房，很少几座三层小楼。如今高楼林立，街道宽广，风景秀丽，市场繁荣，人口剧增，热闹非凡，还修起了绕城公路，当年的影子一点都没有了，真是天翻地覆啊！

六

聚会的最后一站是吉林市。从磐石到吉林路程125公里，高速公路一个半小时就到了，还有点闲暇时间，去了六〇七队，拜访了几位健在的老同志，也是当年我父亲的老同事。他们是：老书记潘少久，老队长杨德顺，老干部桑柏松，老校长孙国福，老班主任赵洪祥，他们都是80多岁的人了，在冶金地质勘探战线工作了一辈子，为六〇七队作出了巨大贡献，值得我们崇拜和敬仰。我们中午还一起吃了饭，喝喝茶，聊聊天，叙叙旧。

2017年7月于故乡磐石与中学同学合影

　　在磐石期间，应同学岳小平的邀请，我们来到她家承包的水库（说是水库，在我看来就是一个大水塘），让我们体验一下田园生活。她家在水库边上盖了一栋房子，二层小楼，一楼是客厅和厨房，二楼是卧室。房屋前后是自己家种的菜园子，有茄子、辣椒、西红柿，还有黄瓜、豆角、小葱、生菜，自家吃的菜应有尽有。中午我们自己动手，丰衣足食。男生摘菜洗菜，女生烧饭做菜，真有当年集体户的味道。下午主人邀请我们钓鱼，到水库边上玩耍。女生见水库边上风景美好，赶紧化妆、捯饬拍照。等我们几个男生赶到时，非要作弄我们一下，给我们戴上围巾，挎上小包，打上洋伞，咔咔不停地照相。等我们看到照片时，个个哈哈大笑。水库的田园风光，让我们忘记了年龄，忘记了烦恼。问君能有几多愁，恰似一江春水向东流！

分房（相声）

甲：文东啊，今天是第一个教师节，为了庆祝这个特殊的日子，我们中文系举行了师生联欢会。

乙：是呀，就是为了庆祝第一个教师节。

甲：你看，今天来了很多老教授、老教师，他们才是教师节的主人、功臣啊！

乙：是呀，说得没错。

甲：为了表达我们的敬意，咱俩给大家说段儿相声好不好。

乙：好啊，我也正有此意。

甲：《分房》这段相声，反映的就是我们学校分房过程中的不正之风。

乙：是的，很有现实意义。

甲：其中有两个人物：一个是房管处长，一个是老教授。他们的对话很有意思，咱俩能不能在这儿给大伙儿学学？

乙：可以呀！

甲：那好，我来演房管处长，你来演老教授。

乙：没问题。

（甲乙退场）

乙：唉呀，宋处长，我到处找你呢！这次分房？

甲：（山东口音）没问题，你是咱们学校的老教授，40年工龄的老教师，是省里的老先进，市里的老典型，又老没分到房子，我这心里老大不安，老是惦记着。

乙：唉呀，太感谢您了。那么这次盖的六层新楼？

甲：楼上楼下任你挑，任你挑。

乙：什么？任我挑，太好了！

甲：啊……，不过考虑你的实际情况，我暂时把你安排在一楼了。

乙：啊？一楼？

甲：是呀，你年纪大，住一楼方便嘛。

乙：可一楼太潮湿。

甲：潮湿，夏天凉快呀！再说，一来不用扛自行车，二来买粮买菜省劲儿，就是失火你跑得也快呀！

乙：什么？失火？

甲：有备无患嘛，万一失火，就你这老胳膊老腿儿的，没等下楼火就封门了。为了安全起见，我看你就住一楼吧。

乙：可您知道，我有关节炎，能不能把我安排在楼上？

甲：当然啦，这个问题我也考虑过，楼上也留了一套，在六楼。

乙：什么？六楼？六楼没有电梯呀！

甲：六楼不错嘛，干燥通风，对你的关节炎大有好处。再说，每天爬六楼，省得你打太极拳了。登上六楼，鸟瞰全市，左边是斯大林大街，右边是老虎公园，多壮观呐！古人说得好啊，"欲穷千里目，就得上六楼"嘛！

乙：什么呀？那叫"欲穷千里目，更上一层楼"。

甲：我说的就是这个意思。

乙：那要是失火呢？

甲：噢，当然啦，失火是麻烦点儿，不过发大水你就有优越性了。

乙：什么，发大水？

甲：是啊，要是赶上发大水年头，这洪水一来，一楼是房子进水，东西遭殃，你住六楼可稳如泰山，安全无恙啊！

乙：哼，还能安全无恙！

甲：唉呀，我说老同志啊，事情都是辩证的，有一利必有一弊，一楼防火，六楼防水，各有千秋，要防火的还是要防水的，你自己考虑吧！

乙：我自己考虑，哼，我早考虑过了，你们当领导的为什么都住二楼、三楼？

甲：这还不明白呀，这叫"领导在群众中间"。

（此作品写于1985年9月，表演者：宋培学、张文东）

1985年9月第一个教师节在东北师大中文系师生联欢会上表演相声《分房》

吃面条（评书）①

话说清朝末年，李鸿章宴请洋人吃中国饭，第一道上来的是饺子。

这洋人从来没吃过中国饭，不知道中国饭怎么吃。

可洋人心里有数，我看你李鸿章怎么吃，我就怎么吃。

李鸿章夹起一个饺子，一不小心掉到了酒杯里，可李鸿章不动声色，不慌不忙地从酒杯里夹起饺子，然后把它吃掉。

这洋人也纷纷学着李鸿章的样子，夹起一个饺子，先是往酒杯里一放，然后再夹起来把它吃掉。

第二道上来的是面条。

李鸿章夹起一根儿面条，刚放到嘴里，忽然想起刚才洋人吃饺子的动作非常可笑，"扑哧"，一根儿面条从嘴里进去，从鼻子里喷出半根儿。

这洋人一看傻了眼，"No，No，No，这吃面条的技术太高，学不来，学不来……"

---

① 该作品是根据一则笑话改编而成，多次在单位联欢会上表演，简洁明快，效果甚佳，屡试不爽。

献给毕业 40 年①

毕业 40 年，岁月如梭，光阴荏苒；

毕业 40 年，时光飞快，弹指一挥间；

毕业 40 年，同桌的记忆，犹如昨天；

毕业 40 年，遥忆当年事，青春涌心田；

毕业 40 年，风华正茂何须忆，青春如歌与谁谈；

毕业 40 年，刻骨铭心何相忘，竟有至今未谋面；

毕业 40 年，历经沧桑谁知晓，浴火重生尽苦难；

毕业 40 年，人生易老天难老，吾辈奋斗不等闲。

40 年前，我们从母校分手，

没有道声珍重，没有拍照合影，

便匆匆走入茫茫人海，去追求人生的理想梦幻！

40 年前，我们从母校出发，

带着憧憬，带着期盼，带着童年记忆，伴着青春靓丽，

结伴而行，响应伟大领袖号召，到广阔天地接受锻炼。

出发的时候，我们依依不舍，我们有更多的期盼。

带着许多不愿，带着无限眷恋，踏上未知的征程，开始探索属于我们每一个
人的明天。

送别的场面，蔚为壮观，红旗招展，锣鼓喧天！

有领导的嘱托，有老师的发言：

接受再教育，加强锻炼，积极参加劳动，脏活累活抢在前，和贫下中农搞好
关系，要有真情实感。

我们更不甘寂寞，我们有豪迈的誓言：

响应祖国号召，到最艰苦的地方去，接受锻炼，增长才干，不用担心我们，

① 此篇为六〇七队子弟学校七五届毕业 40 年联欢晚会撰写的集体诗朗诵，朗诵者为宋培学、王志
芳、景彦、陈富、刘桂萍、王明慧、王丽娟、卢增清。

我们会干出个样来给你们看。

送别的队伍中有父母双亲、亲朋好友、兄弟姐妹，他们充满担心，依依不舍，掌声一片。

卡车启动，带着微笑，打着红旗，一路高歌、一路欢笑、一路飞奔、一路期盼！

到达目的地，送行卡车离去，我们才感到背井离乡，凄凄惨惨，也深深体会到家庭的温暖、父母的大爱、兄弟姐妹的情缘。

从此，我们在集体户里摸爬滚打，接受锻炼。

在短到几个月，长至两三年的艰苦岁月里，我们体会到了苦难、劳累、孤独、无奈和起早贪晚，尝尽了农村的艰辛和苦辣酸甜。

我们也体会到了互帮、互助，团结、友爱、患难，集体户的快乐生活，使我们学会了做菜、烧饭、种地、插秧、铲大田。

我们也在农民身上看到了积极、向上、豁达和乐观。

如今40年过去了，那段艰苦的岁月已离我们远去，再回首那段往事，我们有了新的理解和感念：

在那段艰苦的岁月里，我们虽然苦其心志，劳其筋骨，饿其体肤，空乏其身，吃大苦流大汗！

但我们收获了坚强的意志，锻造了矫健的体魄和思想的丰满。

我们懂得了生活的艰辛，明白了人间冷暖。

集体户的生活，使我们增进了了解，增加了友谊，有的还收获了爱情、侣伴。

这是我们一生的宝贵财富，为我们未来生活奠定了基础，积累了经验；既锻炼了肌体，又为大脑加满了油，充足了电。

十一届三中全会，我们国家不再以阶级斗争为纲，而实现了以经济建设为中心和改革开放的伟大转变。

我们七五届的同学也陆续从农村这个广阔天地回来，有的当工人，有的做师范；有的从政，当了官员；有的经商，财源不断；有的考上了大学，事业蒸蒸向前。

奔向四面八方，

奔向祖国江南，

去建设四个现代化，

去追求属于我们每一个人的美好明天！

从此，我们少了联系，多了奔波、劳累、事业、赚钱。

为了祖国的繁荣富强，

为了个人的理想信念，

去奋斗、去拼搏、去追求，在各自的征程中，我们一直努力、奋勇向前！

岁月如歌，时光如箭，40载弹指一挥间。

时间磨掉了我们创业的激情，

岁月夺去了我们美丽的容颜。

时光在我们的额头上刻下了道道年轮，

沧桑已将我们的两鬓层层尽染。

现如今，留给我们的是：事业的辉煌，工作的终点，家庭的欢乐，子孙膝前。

进入花甲之年，奋斗拼搏对我们来说已成为过去，养花种草、含饴弄孙成了我们的主要时间。

我们已不再年轻，但一颗不老之心仍在胸前。

今天我们在北京聚首，我们会说：

当我们追忆往事的时候，不为我们的碌碌无为而悔恨，不为我们的没有出人头地、取得骄人的业绩而不甘。

我们可以大胆地说，大声地喊：

我们努力了，我们奋斗了，我们付出了，我们收获了，我们问心无悔无怨。

忆往昔，我们收获了人生的快乐、事业的辉煌、生活的美好、境界的升迁。

这是我们人生最大的财富，这是我们奋斗的成绩单。

展望未来，我们夕阳无限好，我们充满快乐！充满希望！充满追求！充满期盼！

期盼的是：伟大复兴的中国梦早日实现！

伟大的祖国繁荣昌盛！

人民生活安居乐业！

社会家庭和谐平安！

期盼的是：未来生活，其乐无穷，五光十色，色彩斑斓，

退休工资，不断上涨，吃喝玩乐，好事不断；儿孙健康成长，学习努力，早日接班！

更加期盼的是：我的同学们都与病无份，与医无缘，

健康长寿，幸福绵绵！

毕业40年，是工作的终点，人生的驿站，同学们仍需努力，美好的明天在向我们召唤，祝愿我们的祖国更加繁荣富强，祝愿我们的家庭更加和谐如愿，祝愿我们每一个人幸福美满，再活40年！

（2015年9月19日于北京）

1975年11月南金厂集体户合影，前排左起：孙朝清、陈富、邹玉利、宋培学，中排左起：薛桂香、唐庆胜、王志芳、张希华、官秀英，后排左起：李玉霞、郝丽君、苑丽杰、刘桂萍

2015年9月吉冶地勘六〇七队子弟学校七五届毕业40年聚会合影

沉痛悼念老部长田聪明

记得"三讲"（讲学习、讲政治、讲正气）的时候，总局党组要求每位部领导联系一个党支部开展活动，田聪明部长点名要去出版社，办公厅联系出版社，出版社安排到我那个支部。活动那天田部长准时到场，让我们每个人作了自我介绍，然后按照"三讲"教育的要求，每位党员作了发言，最后田部长作了讲话。田部长讲了很多，除了"三讲"教育的要求外，他还讲了自己的经历，他是放牛娃出身，小时候家里很穷，是共产党解放了家乡，领导农民搞土改，减租反霸，分得了田地，过上了好日子，到什么时候都不忘共产党，永远跟着共产党走。他上大学更是不容易，是共产党把他培养成领导干部的，他的理想信念就是为党工作一辈子。多么朴实无华的三讲教育，我们听了都很感动，感觉他既是部长又不像部长，一点架子都没有，讲话很亲和。活动结束后田部长又和我们座谈了一会儿，问这问那，问出版社都出什么好书了，经营状况怎么样，有什么困难没有？当时因为灰楼拆迁，出版社临时搬迁到总局大院的南楼里，办公用房非常紧张，一部分职工没有办公室，被行管局安排在南业务楼的地下室办公。我就当着田部长的面儿提出了这个问题，我说地下室办公既潮湿又无阳光，有的同志还身体不好，根本受不了。田部长听后起身就说，去看看。到了地下室，田部长每个房间看来一遍，确实潮湿得厉害，有的墙壁上还有水珠。田部长说："这怎么能办公呢？我来想办法。"回去之后，田部长马上给行管局长打电话，要求解决出版社的办公用房问题。行管局长说实在没有房子了。田部长说，我不管，如果解决不了，你就搬到那地下室去办公。不到一个月，行管局给了出版社四间房子，地下室办公的同志终于搬了出来。田部长第二次去出版社参加支部活动时，我们支部全体同志都为他鼓掌。

惊闻田部长去世，感到无限悲痛，无限怀念，愿老人家、老领导、老部长一路走好！

（2017 年 12 月 27 日）

悼东林

今天是柳东林出殡的日子。上午群里就发来消息，一大早学校领导、学院师生、亲朋好友、老师同学，从四面八方赶到殡仪馆，为这位尊敬的老师、亲密的朋友、亲爱的同学送最后一程。

前天下午，当我在群里听到消息时，非常震惊，不敢相信，也不愿意相信这是真的。八月份聚会的时候，一个欢声笑语、站在讲台上风趣幽默的好学生，短短的几个月时间，怎么说走就走了呢？一个年仅56岁的嘉年华，正是一个成熟的年龄、饱满的季节、收获的时候，怎么全然不顾，撒手人寰了呢？

两天来，心情沉痛，感慨感叹，想想就惋惜、心痛，情不自禁，潸然泪下。回想往事，一幕幕，犹如昨日，浮现眼前……

1983年秋，我毕业留校当辅导员，接手八二级，柳东林给我的印象是，戴着一副眼镜，面部清瘦，长得不算帅气，但成熟、稳重、大方，在班级里年龄排行老二，同学们都亲切地称他为二哥。因为他是学生干部，所以打交道比较多。无论在年级里，还是在班级上，他都能以学长的身份，处处以身作则，带头遵守纪律，刻苦学习，积极参加各项活动。他为人正直、豪爽，从不在小事上计较。他还是同学们的主心骨，大事小情，遇到什么难题，都愿意找他商量。作为学生干部，也为辅导员老师做了不少工作，主动汇报情况，还做同学的思想工作，每当学校、系里搞文艺活动，他都主动承担任务。从某种意义上说，他起到了一个班主任的作用。之所以能发挥这么大作用，与他的年龄、工作经历有关。当学生时，他就是一个好学生、好学生干部。

1986年夏，他毕业留校，我考上了研究生。我俩的身份做了置换，他成了中文系的老师，我变成了中文系的学生。可是每次见面，他都一口一个宋老师叫着，我也一口一个东林。在他的眼中，我永远是他的老师，在我眼里，他也永远是我的学生。三年读研期间，我们经常见面，有时聊聊天，有时说说系里的情况，有时谈谈学业。除此之外，我们还有两个共同爱好：下围棋、打乒乓球。在围棋上，我不如他，所以经常向他请教。当时我刚学围棋，很上瘾，我俩还一起去李南岗老师家下过棋。在乒乓球上他不如我，所以经常问我乒乓球怎么练，在系里见了面，就打打乒乓球，有时他还约李向伟、张文东一起打乒乓球。无论下棋还是打球，他都非常认真，从不服输，所以进步很快。

1989年夏，我研究生毕业到了北京。从此天各一方，往来的机会不多。尽管如此，每次回长春，我都想回母校、母系看看，也见过几次东林。有一次他非要请我吃饭不可，还约了他们班几个同学。他跟我说，他当了教研室主任，还在读吉林大学在职博士。看到学生的进步，我也很高兴。

时间飞快，弹指一挥间。2013年8月我回母校参加中文系七九级毕业30年聚会，正好赶上八二级在净月潭搞聚会，非要请我过去，东林见我第一句话就说："宋老师，你吃什么仙药了？怎么逆生长啊？比年轻时还年轻。"我回他一句："你是说我年轻时长得老呗。"八二级这次聚会搞得很有创意，叫"想了……聚了"。东林作为主持人谈笑风生，侃侃而谈，时不时地说些小故事，讲些小笑话，风趣、诙谐、幽默。看得出，他还是同学们的主心骨。后来，听说文学院领导班子换届，他当上了文学院副院长。

2016年8月，到了中文系八二级毕业30年聚会的时候，当然又见到了东林，在中文系的小楼里，他和我说了很多话，说到了系里的变化，说到很多老人儿都不在了，说到了这次聚会他没怎么张罗，说到了他最近身体不太好……我竟然没有意识到会这么严重，短短的几个月时间，他就……就这样永远地离开了我们……

老天不公啊，嫉妒英才！我们不平啊，心有不甘！文学院的知名学者、教授、博士生导师，我的知心朋友、亲密学生柳东林，才56岁，遽然离去。

东林虽然离开了我们，但他的音容、笑貌、幽默、智慧永远活在我们的心中……

远在北京，未能为东林送行，仅以此文悼念。

（2017年1月26日晚于家中）

1986年9月与柳东林合影，左起：洪伟、宋培学、柳东林

哭母亲

母亲因患结肠癌并肺转移骨转移，于 2015 年 11 月 1 日 23 时 52 分在北京复兴医院去世。这几日，我及家人沉浸在无比的悲痛之中，我的两个妹妹哭成了泪人，我和弟弟也泪流满面。

母亲得病太突然了。之前身体一直挺好，每天自己做饭，打扫卫生，下午还出去围着小区走几圈儿，晚饭后还经常跟一帮老太太跳跳广场舞。生活很有规律，自己完全能够照顾自己，以至我们当子女的都感到省心、幸福。前年她八十大寿过生日时，我们在酒桌上还说，咱妈再活十年也没问题，她自己也信心满满。可是今年 4 月上旬，她觉得腰有点疼，没太在意，以为跳广场舞扭了，过两天就会好。一周过去了，吃药贴膏药不见好，疼痛有所加重。4 月 21 日，我妹培英带她就近到垂杨柳医院拍片子，当时找了孙洪科的女婿梁枫，他是放射科的主任。梁枫看过片子认为不是腰的问题，他怀疑是癌症，建议到大医院进一步确诊。之后马上去了三〇一医院，做了肠镜检查，最终确诊为结肠癌晚期。

母亲走得太快了。从确诊到离世，仅仅半年时间，以至我们都没有思想准备，她还有很多话都没来得及跟我们讲，到现在我们都不相信这是事实。当母亲停止呼吸的那一刻，两个妹妹放声痛哭，大妹边哭边喊："妈，妈，你不能走，你不能走啊！我们还没回双桥家呢，你不是要回双桥家吗？"小妹也边哭边说："妈……妈……我们愿意伺候你，只要你不离开。我天天摸你的脸，摸你的手，你走了，我再也摸不着你的脸和手了……"我和弟弟也潸然泪下。

母亲是在痛苦中走的。开始做化疗时，她就疼痛难忍。为了治病，她仍然坚持。每天靠吃止疼药维持，上午吃一次，晚上睡觉前吃一次。如果睡觉前不吃，晚上就别想睡觉。化疗对身体伤害很大，本打算做三个疗程，可做了两个疗程就做不下去了。医生会诊后，建议改做靶向放疗，因为放疗是针对结肠的，是局部的，伤害小一些。在我们的劝说下，母亲还是同意做。放疗是一个大疗程，要连续做 25 天。可是连续做了 20 天，母亲就坚持不住了，身体就像垮了一样。我们再也不忍心让她做下去了，就停止了放疗，改吃中药，在家中调理、疗养。在治疗过程中，已发生骨转移，疼痛不断加剧。止疼药不断加量，国产药不奏效，就改成进口药。直到去世，疼痛和痛苦一直伴随着母亲。

母亲是在昏迷中走的。由于长时间吃止疼药，麻痹神经，导致母亲神志不清，而不吃止疼药又疼痛难忍。平时不敢活动，一活动就整个腰部疼痛。开始还能静坐一会儿，后来只能平躺，翻身都很疼痛。10月25日，母亲开始发烧，吃了退烧药，一整天处于昏睡状态。26日发烧不退，到了晚上高烧达三十九度八，紧急情况下，呼叫120救护车将母亲送往复兴医院。从此母亲处于昏迷状态，经医生抢救，体温有所下降，但神志仍然不清，心率过缓，血压下降，呼吸困难。在医院度过了六个昼夜，母亲还是永远地离开了我们。

母亲虽然离开了我们，但是她的音容笑貌永远活在我们的心中。

（2015年11月4日夜于家中）

悼念母亲

母亲因患结肠癌永远地离开了我们。几天来，我和弟弟、妹妹万分悲痛，泪流不止，以至晚上睡觉时常哭醒。母亲得病很突然，走得那么急，以至我们都没有思想准备，都不相信这是事实。回到双桥母亲的住处，看到母亲的遗物，如同看到母亲的身影，昔日的往事一幕幕浮现在眼前。

母亲叫王玉玲，1933 年 10 月 22 日出生，山东省招远市年头宋家乡下院村人。母亲家离父亲家宋家村只有八里地，母亲与父亲是年轻时经媒人介绍于上世纪 50 年代成亲的。成亲以后，母亲跟着父亲闯关东，来到了东北。起初父亲只是干临时工，几经辗转，父亲干上了地质勘探，后来还进过专门的地质勘探技术学校进行学习。从此父亲搞上了地质勘探专业，父亲走到哪里母亲就跟到哪里。地质勘探，常年在野外工作，生活艰苦，风餐露宿。母亲跟着父亲，从来不怕苦，吃住、生活条件都很差。我是辽宁锦西杨家杖子生人，记得小时候老搬家，什么叶柏寿、寅虎山沟、松树铆、煤沟、八家子，只要钻机搬家，家属就跟着搬家。当时没有公家住房，都是租的老百姓的房子住，十分简陋。那时搬家，全部家当一小毛驴车就拉走了。1965 年开春时节，也就是我上小学一年级的时候，因父亲调动工作，举家从辽宁建昌八家子搬到吉林磐石红旗岭。到了红旗岭以后相对稳定一些了，因为考虑子女上学问题，勘探队在红旗岭安营扎寨了，盖起了办公用房、食堂、职工宿舍，并建起了子弟学校。从此职工每年出野外勘探找矿，家属定居在红旗岭，再也不用搬家了。从 1965 年到 1975 年高中毕业，我在红旗岭度过了十年，在六〇七子弟学校上了小学、初中、高中。这十年间，由于父亲常年在野外工作，平时很少回家，没有时间顾及我和弟弟、妹妹，整个家全部由母亲一人支撑。母亲每天起早贪黑，为我们做饭洗衣服，精心照料我和弟弟、妹妹，渐渐把我们抚养长大成人。那时生活困难，母亲省吃俭用，不但供我们吃穿、念书，而且每年还给双方老人寄钱。

1975 年 7 月我高中毕业下乡，从此离开了家，开始独立生活。下乡四个月后，赶上招工当上了工人。1976 年赴鞍山会战三年，1979 年考上了大学，从此我便离开了红旗岭。儿行千里母担忧。高中毕业至今 40 年，不管我走到哪里，

母亲时时刻刻都在牵挂。

1981 年，父亲调到山东沂南金矿工作，我家又搬到山东沂南；1990 年父亲调到烟台黄金培训中心工作，我家又搬到烟台。由于年轻时积劳成疾，1991 年父亲得了小脑萎缩症。开始不是很严重，但慢慢发展到头晕，四肢不能平衡，双手抖动，最后导致生活不能自理，瘫痪在床上。虽经过烟台、北京等大医院治疗，但均不见成效，于 2001 年 2 月 10 日去世，终年 66 岁。父亲从得病到去世整整十年时间，这十年间，母亲守护了他十年，伺候了他十年。母亲不辞劳苦，默默奉献，精心护理，悉心照料，伺候得父亲换洗衣服干干净净，身体白白胖胖，没有一点褥疮，最后安详地离世。

父亲去世后，母亲在烟台又住了两年。后来我们觉得四个子女不在身边，母亲一个人在烟台太孤单了，2003 年就把母亲接到了北京。母亲在北京生活了 12 年，这 12 年，母亲生活比较安顿、安逸、休闲，没有什么负担，身体还好，生活条件也好了。本可以颐养天年，老天不公，竟然让她得了这种病。

母亲为人善良，吃苦耐劳，刚毅坚强。不管遇到什么困难，都能克服；不管吃什么苦，都能忍耐。母亲做人正直，做事认真。小时候给我们做饭做衣服，从来都是认认真真，仔仔细细，从不马虎。虽生活艰苦，尽量粗粮细做，让我们吃饱吃好。母亲与邻为善，跟邻里之间从不发生矛盾，尽力帮助别人，所到之处，受到邻居们交口称赞。母亲虽不会给我们讲大道理，但她的语言却朴实忠厚，她的行为对我们有潜移默化的影响，母亲常说："什么挣钱多少啊，够花就行；什么当官大小呀，不出事儿就好。"母亲很满意、很知足，对生活充满信心。

母亲的一生是颠簸的一生，辛苦的一生，操劳的一生，平凡的一生。母亲是极其普通的妇女，她没有工作，就是普通的家庭主妇，几十年如一日为父亲、为孩子、为家庭默默奉献。但是，在母亲身上却体现出中国妇女的传统美德，体现出极大的正能量。母亲全心全意伺候父亲，全力支持父亲工作，从不拖后退，使得父亲从普通的钻探工人提升为班长、副机长、机长、分队长、副队长、队长、党委书记。1977 年年初，父亲到北京参加全国冶金系统劳模大会，受到华国锋主席及其党和国家领导人的亲切接见。父亲调到山东后，历任山东沂南金矿矿长、党委书记，烟台黄金培训中心党委书记。这些都与母亲的支持和照顾分不开。母亲一心一意支撑这个家，管理这个家，精心照料、抚养四个子女，培养孩子长大成人成才。四个孩子一个博士、一个硕士、两个本科毕业。现在，三个孩子在北京，一个孩子在青岛。老大培学任中国电影资料馆党委书记，正司局级；老二培义是中国传媒大学的教授、博士生导师；大妹培娜在青岛铁路局当会计师；小妹培英是中央电视台经济频道的记者。四个子女成人成才都是母亲培养、教育的结果。从这个意义上讲，母亲的一生是不平凡的一生，母亲的一生是伟大

的一生。

伟大的母亲永远活在我们心中！

（2015 年 11 月 5 日于家中）

1979 年 9 月上大学前与家人合影，前排左起：母亲王玉玲、小妹宋培英、父亲宋述云，后排左起：大妹宋培娜、弟弟宋培义、宋培学

想念母亲

今天是母亲的生日，农历十月二十二，也是母亲离开我们一个月零两天的日子。母亲刚刚离开我们，情绪还未平静，就赶上母亲的生日，悲痛的心情油然而生。再也见不到母亲了，再也不能给她老人家过生日了。

按照母亲的习惯，每次都是按农历给她过生日。每次过生日都是全家人聚到一起，为母亲祝寿。四个子女，有三个在北京，只有大妹培娜在青岛。但为了给母亲过生日，每次大妹培娜、妹夫纪鹏都从青岛特意赶来。给母亲过生日，既是晚辈向老人送去祝福，也是全家人团聚的日子，一家人聚到一起，互相祝愿，互相交流，欢心愉快，其乐融融。

母亲在北京居住了 12 年，我们年年给她过生日。最隆重的一次是前年她 80 岁生日。80 是大寿，我们当然要办得正式一些。小妹夫彭勇订了一家像样的饭店，叫湘水明珠，小妹培英订了一个大大的生日蛋糕。不但要了长寿面，而且还给她戴上了寿星帽。全家人举杯共同祝福母亲健康长寿。我当时还说，母亲身体健康是我们的福分，以母亲的身体状况，再活十年没问题。母亲听了非常高兴，信心倍增。

记得去年给母亲过生日，小妹培英提前订了一家饭店，培娜和纪鹏特意从青岛赶来。在生日宴会上，全家人除了祝愿母亲健康快乐、永远幸福之外，还讨论了我提出的一个重要话题：就是 2015 年我们中学同学 40 年聚会之事。我说，2015 年是六〇七子弟校七五届毕业 40 年，我们要在北京搞聚会。母亲一听，说："好啊，你们这届同学从小一起长大，一起下乡，一起参加工作，感情很深呐，在北京搞聚会是好事。"我说："北京就我一个人，忙不过来呀！"母亲说："你让弟弟、妹妹帮忙啊！"母亲一开头，大家七嘴八舌讨论起来。妹夫彭勇说，我帮助联系职工之家；弟弟培义说，我可以出一些赞助；小妹培英说，我来负责后勤保障，吃住行及旅游；外甥女纪文彬说，我当志愿者，为聚会服务。就这样，大家共同出谋划策，共同帮忙设计。我们同学聚会的方案在母亲的生日宴会上就确定下来了。现在回想起来，我们的 40 年聚会之所以办得这么成功，同学如此满意，除弟弟、妹妹帮忙之外，与母亲的大力支持是分不开的。

母亲之所以关心、支持我搞聚会，说到底是与红旗岭、与六〇七队有很深的

感情。母亲在红旗岭生活了 16 年，当年的勘探队，条件简陋，工作艰苦，生活困难。母亲与勘探队职工、与左右邻居朝夕相处，同甘共苦，共同度过那段虽然艰难困苦，却充满激情的岁月。以至后来母亲到山东，再后来到北京，每每谈到红旗岭、六〇七队，母亲都非常想念，非常怀念。因为那里有熟悉的老人儿，有难忘的邻居，有看着长大的孩子。

母亲来到北京后，听说我回吉林市参加了 30 年聚会，回红旗岭参加了 35 年聚会。每次都向我打听勘探队的情况，打听老人儿的消息，杨德顺、蒋德才怎么样了？你苑娘还好吗？老姚家怎么样？王杰他妈还在不在了？等等。前些年还去燕郊看望过老人儿，看望过胜子的妈，还专程去秦皇岛看望过陈富的妈。我在北京搞了两次六〇七的聚会，主要是六〇七的老人儿退休后来北京给下一代看孩子，这样才有相见、聚会的机会。参加聚会的有陈洪义两口子、刘喆两口子、刘文良两口子、陶连群两口子、唐庆明两口子、邹玉珍、马秀兰等。母亲一听说有老人儿来，就很愿意参加，想和老人儿说说话，聊聊天，共同回忆红旗岭那段美好的时光。

如今，母亲不在了，可母亲的情意还在，母亲的精神还在。母亲的精神永远激励我们向前！

（2015 年 12 月 3 日夜于家中）

2013 年 12 月家人给母亲王玉玲过 80 大寿

工会的作用不可替代

我是 1989 年 7 月研究生毕业分配到中国广播电视出版社的，因为这一年 6 月在北京天安门发生了"动乱事件"，故按照中央的精神，广电部人教司、机关党委等联合对新入部的大学生举办了入部教育。新入部的大学生有 200 多人，入部教育为期一个月，在窦店职工培训学校举行。当时的部工会常务副主席曲桂兰亲赴窦店慰问大学生，问寒问暖，还给每人发了一个饭盒，给我留下很深的印象，饭盒至今我还保留着。

到出版社工作后，我只想做编辑业务工作，一心一意干好图书出版。谁会想到，七年后即 1996 年 5 月，在出版社第三届工会代表大会上，我竟然被推选为工会主席，并且一直干到现在。回想起来真是不可思议，说明我与工会工作很有缘分。

出版社所有的工会干部都是兼职的。我们每个人除了自己的一摊子事情外，兼做工会工作，这就意味着工会干部要比别人多付出一些，多辛苦一些。尽管如此，我们还是尽最大力气，开动脑筋，出主意，想办法，努力做好工会工作，没有辜负全社职工的委托和殷切希望。

我当工会主席 12 年，干的事情也有千儿八百件，但使我最难忘的莫过于 2002 年的一件事儿。

2002 年 9 月 15 日晚，出版社原社长、离休干部邹大昌同志突发脑动脉出血，心跳呼吸骤停，紧急送往宣武医院，立即做了颅内止血，颅内插管引流，随后又做了开颅手术，进行综合治疗。然而病情不断恶化，术后病人一直在重症监护室抢救。此前，邹大昌同志的老伴儿也因患脑梗塞于 8 月 25 日住进复兴医院，深度昏迷已达 20 多天。

邹大昌同志 1945 年参加革命，1959 年从大众日报社调入中央人民广播电台，先后任编辑、记者、记者管理部副主任、主任等职，1984 年 3 月调入出版社任社长，1988 年 7 月离休。邹大昌同志的老伴儿退休前在月坛街道工作。他们有五个儿女，除小女儿在出版社工作外，其余四个子女均在山东老家，也都因为工厂不景气或身体患疾病而下岗或病退在家。

这突如其来的不幸，不仅给老两口儿带来莫大的痛苦，而且给其家庭和出版社带来前所未有的困境。为了抢救邹大昌同志，出版社在经济状况十分困难的情况下，支付了17万元医疗费，但还远远不够；为了抢救邹大昌的老伴儿，儿女们正在承受着难以负担的医疗费。在此情况下，出版社工会为了替出版社分忧，为了帮助邹大昌夫妇解难，于9月24日向全社职工和离退休老干部发出捐款倡议书，帮帮邹大昌，能捐多少捐多少，多者不限，少者不嫌。短短几天时间，就收到出版社职工捐款4630元，总局工会捐款2500元，总计7130元。但这些钱对于邹大昌同志的医疗费来说，简直就是杯水车薪。

危机时刻，我们又向总局党组写了紧急报告，向总局工会发出求救信。总局领导对此事给予了高度重视和亲切关怀，徐光春部长、赵实、张海涛副部长都作了专门批示。赵实副部长还亲自督办此事。10月1日在住院费即将断档的情况下，赵实副部长亲自协调，责成总局工会垫付10万元，解决了燃眉之急。"十一"放假期间，总局机关党委常务副书记、工会主席黄勇，总局工会专职副主席潘翔鸣等亲自到医院探望病人，并指示要全力抢救。10月8日，总局工会在全总局范围内发出了《向邹大昌同志捐款献爱心的倡议书》，并召开各单位工会主席联席会议，专门作了部署。总局机关各司局和直属各单位，对此事表现了极大的关爱和支持，短短的十几天，共收到捐款155305元。这笔捐款全部用于对邹大昌同志的抢救和治疗上。由于抢救及时，邹大昌同志的病情有所好转，并相对稳定了一段时间，直至2003年5月17日去世。

通过这件事儿，我看到了中华民族的传统美德——"一人有难，大家支援"在出版社得到了充分体现，在广电总局得到了充分体现。如果没有总局领导的亲切关怀，如果没有总局机关各司局和直属各单位的大力支援，如果没有每一个有仁爱之心的广电人的无私奉献，邹大昌同志的生命就不可能得到及时抢救。

通过这件事儿，我深深地体会到：工会的作用不可替代。在这次突发事件中，总局工会和出版社工会发挥了不可估量的作用，是两级工会组织帮助邹大昌同志及其家人战胜了困难，帮助出版社渡过了难关。

（此文写于2008年9月，收录于广电总局工会编辑《工会工作20年》纪念文集）

知天命的人

"五十而知天命"。七九级这届同学都已过知天命之年了。知天命的人，大多对一切都看得淡泊了，因为这一期间事业已基本定型，什么名誉、地位、权力、金钱，已经不那么重要了；婚姻已经巩固，不再为那些闹心的事烦恼了；孩子已经长大成人，不再为其操心了。世间的风风雨雨、沟沟坎坎，已将知天命的人磨练得拿得起放得下了。但是，并不是说知天命的人什么都不要了，放任自流了。唯有两样东西他们还看得特别重要，那就是身体和情意。

身体是本钱。知天命的人现在是病找人了，他们的身体大多不那么健康了，或多或少有一些毛病了。为了再活 30 年，为了享受生活、享受天伦之乐，就得保重身体，这是必须的。

情意包括亲情、友情、同学情。三情之中同学情显得尤为珍贵、迷恋，因为同学情比起其他来没有利害关系，更加纯粹、纯洁、纯正。同学情不存在为了金钱、财产而尔虞我诈，不存在为了名誉、地位而争权夺利。同学情是脱离了低级趣味的、自然的、纯朴的、无私的。知天命的人尤其珍惜同学情。

今年是中文系七九级同学毕业 30 年，30 年弹指一挥间。对于知天命的人来说，30 年的同学聚会非常重要。因为这样的年龄、这样的职位、这样的身体状况，都是最佳的时机了，再过十年相聚就不那么容易了。我当然看重这次聚会，也想从内心促成这次聚会。

毕竟全年级的大聚会不是一件容易的事情，需要牵头的，需要组织者。今年四月初三班王莹来北京人大学习，一班任鹰组织小聚了一次，王中忱老师出席。席间我与王中忱老师讨论 30 年聚会的事，他特别期待，非常愿意参加，提议：母校聚，王确、李甦牵头是最佳方案，并让我积极呼吁。随后，在与萧玉明老师的联系中也提及聚会之事，他也很想参加。

四月中旬，我分别与王确、李甦联系，转达了王中忱老师的提议，也表达了北京同学的期盼。与此同时，三班刘晓君因患脑梗塞住进宣武医院，病情很严重。我去医院探望，他说了一句话让我几乎落泪："再不聚恐怕见不着了。"

长春的同学果然不负众望，6 月 24 日就得到消息，30 年聚会已定，相逢在

八月。

　　知天命的人特别看重这次聚会，特别期待故地重游，教学楼、学生三宿舍、人工湖畔、高高的白桦林，历历在目，记忆犹新。特别期盼同学重逢，四年寒窗，朝夕相处，音容笑貌，宛如昨日。相信30年的聚会将终身难忘。

（2013 年 7 月于北京）

2013 年 8 月东北师大中文系七九级三班毕业 30 年聚会于净月校区合影

240 寝室的故事

说起大学生活，不能不提 240 寝室。这个寝室大约 20 平米，进门左右两侧靠墙并排摆着六张床，均为上下铺，床头顶着窗户，床尾顶着门，满满当当住了 12 个人。寝室对面是男厕所，大家风趣地说，240 寝室不仅有东西（东西朝向），而且有味道（挨着厕所）。

这个寝室不仅在七九三班，甚至在全年级都是有名的，寝室风气正，学习刻苦，团结互助，氛围和谐。在班长李庆国的带领下，个个憋着一股劲儿，学习争分夺秒，很少有人扯淡、聊天。大家非常珍惜时间，就连晚自习回来，也抓紧时间洗漱，利用熄灯前的一点点空闲时间进行交流，交流的内容也大都与学习有关。我记忆犹新的故事是翻成语词典看性格。

一日晚自习回来，寝室长初建伟拿出一本汉语成语小词典跟大家说，咱们做个游戏，每人默说你要成语词典的第几页第几条，再看这条成语是什么，保证符合个人性格。说来也很神奇，我们每人翻要了一条成语，结果基本符合个人的性格或习惯或外貌特征。我翻的是"与世无争"，刘晓君的是"不拘小节"，刘晓峰的是"聪明伶俐"，杜君的是"文质彬彬"，初建伟的是"坐吃山空"，闫华的是"洁身自好"。最后一个翻的是潘世圣，初建伟公布之后让我们哈哈大笑："藏污纳垢"。

熄灯之后大家也经常谈论一些有趣的事情。一天大家把话题集中到了歇后语。歇后语是由谜面和谜底组成的，一人说出谜面，其他人就能跟着说出谜底，比如孔夫子搬家——净是书（输），外甥打灯笼——照舅（旧），泥菩萨过河——自身难保。这时有人提出与"老太太"有关的歇后语有很多，看谁能说出来。李庆国第一个讲："老太太打飞脚——旋（悬）起来了"；王弘宇第二个："老太太上不去炕——紧搁（锦州）"；紧接着潘中立："老太太吃柿子——专捡软的捏"；接着施东升："老太太胯骨——惦（臀［经常误读 diàn］）记上了"；跟着迟建民："老太太喝稀粥——无齿（耻）下流"；初建伟："老太太上鸡窝——奔蛋（笨蛋）"；最后一个刘晓君："老太太抹口红"，大家谁也说不出来谜底了，刘晓君说："给你点颜色看看。"答案揭晓后，大家一片笑声，其乐无穷。

　　回想起240寝室有趣的故事，不仅在欢声笑语中度过了美好时光，而且学到了知识，掌握了本领，走向社会后也终身受益。记得刚来北京时，一次单位开会让我发言，我出口成章，成语、歇后语连篇，令单位的人瞠目结舌，刮目相看，这都是240寝室给我的收获。

　　时光荏苒，岁月如梭，如今240寝室的毛头小伙子都已年过半百，成为各界精英。曾经的年青俊朗已经褪去，但240寝室的故事却永远刻在我的心上。我爱师大中文系，我爱七九三班，我爱240寝室。

（2013年7月于北京）

1983年3月毕业前夕240寝室同学合影，前排左起：宋培学、刘晓君、闫华、王弘宇，中排左起：李庆国、杜军、潘中立、迟建民，后排左起：初建伟、潘世圣、刘晓峰、施东升

我的特殊经历①

很高兴参加中文系八二级毕业 30 年聚会，这次聚会我有一个惊奇的发现：女同学当年漂亮的现在依然漂亮，当年不漂亮的现在变得漂亮了，这就叫"女大十八变，越变越好看"；男同学当年帅气的现在仍然帅气，当年不帅气的，现在没啥变化，这就叫"好汉不提当年勇"。

说起来我和中文系八二级可以概括为三句话：一是很有缘分，我是半路从卞老师手中接过八二级，如果没有卞老师调走，我就不可能接八二级，从某种意义上说，是卞老师给了我这样个机会，这是一种特殊的奇遇和缘分。二是感情很深，日久生情，我与八二级在学生三舍朝夕相处了三年，与八二级考上母校研究生的同学又在研究生楼共同度过了三年，很多事情、很多故事，永远不能忘怀。三是关系特殊，我与八二级既是师生关系，又是同学关系、朋友关系。我当辅导员与八二级全体同学是师生关系，与八二级考上母校研究生的同学同读研究生，又变成了同学关系，与宋永波、刘继延在一个宿舍里同处了三年，又成了亲密的朋友关系。

毕业 30 年，弹指一挥间。今天看到你们已成家立业，事业有成，学有建树。做行政的，当上了司长、局长、校长、院长；搞专业的，成了博导、硕导、教授、副教授，即使是在中学里教书的同学，也是一个过得硬的、响当当中学语文老师。同时，八二级又给了我特殊的经历，我当三年辅导员对我来说是极大的锻炼，这种特殊的经历对我考研及毕业到北京工作，都是极大的激励和宝贵的财富。以至于我今天能够当上一个事业单位的党委书记（正司局级），都是与这段特殊的经历密不可分。我为有八二级这些学生感到自豪。在这激动、高兴、团聚的美好时刻，我衷心地祝愿八二级全体同学，事业发展，和气生财，家庭幸福，身体健康！

（2016 年 8 月 6 日晚于长春长白山宾馆）

---

① 此文为在东北师范大学中文系八二级毕业 30 年聚会上的讲话，题目后加。

2016 年 8 月东北师大中文系八二级毕业 30 年聚会于图书馆楼前合影

2016 年 8 月东北师大中文系八二级毕业 30 年聚会于文学院留影，左起：王桂荣、张君、陈德京、高玉秋、宋培学、曹凤余、范中华

喜欢朝鲜族饮食

　　上大学之后就开始接触朝鲜族饮食，班上有朝鲜族同学，留校后当辅导员带82级有多名朝鲜族学生，长春市到处是朝鲜族饭馆。朝鲜族喜辣，口味比较重。朝鲜族饮食很有特色，米饭、打糕、米酒吃过喝过都赞不绝口，但最不能让我忘怀的是狗肉汤、辣白菜、冷面。

　　朝鲜族讲究三伏天吃狗肉，喝狗肉汤，说是大补。可对我来说，真是不容易接受。记得第一次喝狗肉汤时闻到味道就犯晕，辣味姑且还能接受，狗腥味简直无法忍受，硬着头皮喝了几口。同学见我不行，就让我多吃狗肉少喝汤。任何事情都是习惯成自然，以后吃的次数多了，就慢慢接受了。辣白菜从一开始就觉得非常好吃，清脆爽口，看着红呼呼的，实际上并不是很辣。辣白菜不但朝鲜族喜欢、会做，汉族人也喜欢，也学会做了，已成为喝酒必备的小菜。朝鲜冷面更不用说了，朝鲜族、汉族都喜欢，朝鲜族虽然平时也吃冷面，但他们过年必吃冷面，因为他们认为冷面是长寿面，祈福健康长寿。朝鲜族一般每年农历正月初四中午吃冷面，这已成为民族习惯，以后但凡是遇到喜庆节日，或新婚嫁娶，或客来宾至，冷面也成为主人招待客人的佳品。汉族人过年一般不吃冷面，大多在夏天吃冷面，冷面既解暑降温，又清淡爽口，已成为夏天的必需品。朝鲜冷面吃起来酸甜香辣，清凉入口，别有风味。其最大的特点就是面的韧劲儿特别大，不容易咬断。吃朝鲜冷面，还真得有股吞咽精神，才能真正体会到它的清爽，它的滑润，它的别致美味。

　　我在东北师大十年，这三样东西年年都吃，习以为常了。可是来到北京之后，朝鲜族饭店看不见了，狗肉、狗肉汤就吃喝不着了；辣白菜开始我还自己做，随着时间的推移，也懒得做了，想吃了就去超市买一袋韩国泡菜；冷面每年夏天必吃，但也只能去超市买袋装的，专挑吉林生产的，感觉还是差点劲儿。怀念大学时代，怀念东北师大，怀念朝鲜族饮食。

小两口吵架不记仇①

　　谈到夫妻争吵，有些人会感到吃惊，认为那不是不祥之兆，起码也是家庭不和睦的表现。的确，在中国的传统观念中，夫妻是没有争吵可言的，因为夫妻之间上下有别，主从分明。三从四德的礼教死死捆住妇女的手脚，夫唱妇随已成为家庭结构的固定模式。做妻子的敢跟丈夫争吵，岂不大逆不道？

　　可是在当今社会，妇女社会地位的提高带来了家庭结构关系的变化。这种变化表现在两个方面：其一是妻子自身的变化。妻子自身素质提高了，她同丈夫一样，有知识、有教养、有能力。其二是夫妻关系的平衡化。妻子不再是丈夫的"奴隶"，妻子经济上独立了，由单一的依赖关系转为双方相互依赖关系。这就使得家庭建设走上了夫妻共同治家的道路。妻子对家庭有权利提出自己的要求，遇到问题也有能力发表自己的意见。这种要求与意见可能同丈夫是一致的，也可能是不一致的。如果一致，不谋而合，皆大欢喜；如果不一致，免不了发生争吵，这是极其自然的，也是正常的。相反，夫妻之间如果不存在争吵，妻子对丈夫或丈夫对妻子一味驯服，你问我答，言听计从，反倒显得不那么正常了。这样的家庭生活如一潭死水，既无斑斓也无色彩，长此以往，必然导致婚姻崩溃。

　　有一些人忌讳争吵，认为那既不"绅士"，也不"淑女"，所以一提到它，便浑身起鸡皮疙瘩，于是他们极力维持那种其实并不和平的"宁静"。为了消除夫妻心中的怨恨，许多人控制愤怒而不表达出来，认为这就是"成熟"的标志；亲密的夫妻之间只有爱，而绝不容许有敌意；"如果你真的爱我，你就应该能忍受我的一切"。殊不知这恰恰是导致感情危机的一种根源。在最亲密的关系中，争吵是不可避免的，争执、重归于好才是真正亲密的表现。一个成熟的人，无论他多么想和对方和谐相处，由于双方达到和谐的看法不同，也免不了出现摩擦。

　　夫妻争吵司空见惯，但又学问至深。吵得好，大事化小，小事化了，烟消云散，和好如初。吵得不好，关系紧张、恶化。小者怄气、互不理睬；大者动用拳头和指甲，以至家庭破裂。由此可见，夫妻争吵既有有利的一面，也有不利的一

---

　　①　此文刊载于《新村月刊》1991年第2期。

面。夫妻双方若都能积极、健康地争吵，可以调解家庭气氛，促进夫妻和睦，使家庭生活有声有色，绚丽多姿，这是家庭幸福的表现。但是，如果夫妻争吵得过分、持久，可能会走向争吵初衷的反面。那么怎样才能消除夫妻争吵的不利因素，而使之朝着有利的方面发展呢？这是社会普遍关心的问题，也是近年来许多心理学家研究的课题，为此一些国家还专门设立了研究机构、咨询中心及治疗中心。美国著名社会心理学家乔治·巴哈在其《争吵艺术》一书中提出夫妻首先要学会争吵。他所说的争吵是指理智的、积极的、建设性的争吵，而不是谩骂、打架式的争吵。所谓理智的争吵，是指夫妻双方要有理智的头脑，明确争吵的目的，是为解决问题而争吵；积极的争吵是指双方要采取积极的态度，而不是消极等待或消极对待；建设性的争吵是指双方共同提出解决问题的办法，这种办法既合理而又不过分，能为夫妻双方共同接受。

当然，有利的争吵方式是各种各样的，它有待于人们在实践中研究和掌握。但是，可以肯定的是夫妻争吵自然而正常，积极、健康的争吵有利于家庭建设。因此，夫妻要学会争吵，它能给家庭带来欢乐与幸福。

"小升初"需要解决的五大问题①

一年一度的轰轰烈烈的"小升初"进入尾声，对于今年小学毕业生家长来说，这四五月间可是不寻常的日子，他们除了在各自的岗位上坚持抗震救灾、做好本职工作外，还在为自己的孩子忙碌着"小升初"。然而今年"小升初"政策的变化（推优派位），却让他们始料不及，以至产生震惊，网上说不亚于汶川大地震。刘梦溪老先生称"小升初""也是很紧要的事"。今年的"小升初"让学生和家长在特殊的背景下承受了更多的痛苦、焦急、煎熬和困惑。

几年来，人们对"小升初"政策颇多微词，议论纷纷，这不能不引起思考：现行的"小升初"怎么这么难？怎么这么乱？怎么这么不稳定？回顾和总结近几年的"小升初"，确实存在着需要解决的五大问题。

1. 多种招生方式误导了学生和家长。"小升初"政策中允许多种招生方式存在，什么特长生、寄宿生、子弟生、共建生、双拥生等，特长生中又分文艺特长生、科技特长生、体育特长生等众多名目。多种招生方式就意味着有多种入学标准。没有统一的入学标准，对学校来讲，不但给学校增加了自主权，而且给学校提供了可操作的空间，什么择校生、条子生应运而生，也为学校乱收费提供了滋生土壤。对家长而言，为他们提供了多种入学渠道，于是找门路、托关系，为了能进一所好学校，学生和家长马不停蹄地忙碌着。

2. 减负非但未减，而且愈减愈重。几年来人们一直呼吁给小学生减负，每年两会都有提案。然而现行的"小升初"使减负非但未减，而且愈减愈重。进入一所重点中学是学生和家长的梦想、追求，而多种招生方式就像一个指挥棒，把学生和家长支使得团团转。

现在的小学生在学校的学习任务就已不轻，十几门的功课加之繁多的作业就已让他们承担过重的负担。然而，学校的学习成绩不与升学挂钩，学习再好也不能解决上好中学、重点中学的问题。于是为了孩子的前途，家长在多种入学渠道上寻找出路，就这样为了"小升初"，几年的备战任务又沉重地压在了小学生身

---

① 此文发表在《现代教育报》2008 年 7 月 4 日第 8 版。

上。据了解，每一个小学生除了在校上课学习外，还要在课外加上三四门甚至五六门功课，连双休日都占用了。看看现在的小学生放学以后就像赶场一样，难怪现在的小学生体能下降，睡眠不足，近视眼多，都是沉重的学习负担造成的。

3. "免试就近入学"成为一句空话。在教委的有关文件中规定：免试就近入学是一条原则，所有学校不能通过考试、测试和面试来录取学生。然而，现实情况怎样呢？所有的学校都在进行考试，尤其是重点中学，由于竞争激烈，各类选拔考试名目繁多，有的考奥数，有的考英语，有的考语文，有的兼而有之。为了竞争到优质生源，有的重点中学只认考试，只信考试。所以每年的四五月间，"小升初"考试成为一件最要紧的事，一批批适龄孩子在家长的带领下，走进一个个考场，好多孩子是考完了这个学校又考另一个学校，便成了"考试专业户"。

尽管"小升初"的选拔考试遭到明令禁止，但各个学校组织的辅导班、选拔考试都在暗箱操作，偷偷进行。有的说只辅导不考试；有的说辅导后只进行测试，掌握情况。而实际上办辅导班的目的是为了选拔考试，考试结果与录取挂钩。这在学校与家长之间形成了约定，秘而不宣。

在就近入学问题上，虽然规定了"小升初"不得随意跨区，但是学生的学籍所在地、户籍所在地和实际居住地成为跨区入学的三种途径，在家长的理念上选择的是"从优"而不是"就近"。即使在同一区内，家长也愿意从远而入重点中学，而不是就近入一般学校。

4. "计算机派位"的公平性、必要性存在疑问。在坚持公开、公正、公平的原则下，近几年来"小升初"把"计算机派位"引入了招生办法。这种方式有关部门解释：不分重点和非重点，一律电脑排序。如不明底细，还真以为是一个体现公平的好办法呢，其实不然。我们在教委的有关文件中看到，"计算机派位"只是多种招生方式的一种。这就意味着并不是所有的小学毕业生都采取"计算机派位"的方式入学，有的是，有的不是，怎么能体现公平呢？如果说公平，也只能是局部的公平，少部分的公平，而相对于整体和大多部分来说，它就是不公平。我们都知道，近几年的"小升初"是多种招生方式与"计算机派位"并存，而且是多种招生方式在前，计算机划片派位在后。学习成绩好的、有本事的、有关系的都通过特长生、寄宿生、子弟生、共建生、双拥生等先期确定了下来，而剩下的无路可走的采取计算机划片派位，这怎么能叫公平、公正呢？

尽管今年的"小升初"增加了"推优派位"，但是这种推优并不是所有推优生都能被派入志愿学校，当所报志愿学校的人数大于那个学校给予的招生数（重点中学的报名人数肯定大于招生数），则通过计算机摇号的方式来决定是否录取，这跟买彩票有什么区别？将推优生和家长推入"博彩"的境地，这种方式既不科学也不公平，是教育管理部门无能的表现。

5. 供求关系孕育出巨大的经济市场。近几年的"小升初"培养了特殊的供求关系，这就是学校与家长的关系。所有的家长都希望自己的孩子能进入名校、重点校，并为之努力、奋斗，不惜一切代价；另一方面，名校、重点校为了升学率和自己的名誉、地位，也在想尽办法争夺优质生源。

第一，据了解，某区的几所重点中学每个年级辅导班招生 14—18 个班，每班 40 多人，每个学生一年的培训费大约 4000 元。如果以最低 14 个班，600 人计算，每年一个年级的收入就 240 万元。第二，收取择校费是名校、重点校的另一敛财来源。如果择校收费生拿出两个班，每班 40 个人，每人按最低 3 万元计算，则两个班收费高达 240 万元。第三，这种供求关系促进了社会培训机构兴起。由于"小升初"需要各种证书，社会培训机构应时而生，开展多种证书、考级的培训工作，其培训费远远高于名校、重点校的培训费。

各种名目的培训费、择校费都是通过学生向家长索取的，加大了家长的经济负担。义务教育阶段的供求关系出现如此巨大的经济市场，不能不说是教育管理部门规范义务教育办学需要解决的一个重要问题。

图书在版编目（CIP）数据

书生意气 / 宋培学著. -- 北京 ：中国广播影视出
版社，2018.12（2024.3重印）
ISBN 978-7-5043-8246-7

Ⅰ. ①书… Ⅱ. ①宋… Ⅲ. ①社会科学－文集 Ⅳ.
①C53

中国版本图书馆CIP数据核字(2018)第282640号

书生意气

宋培学　著

责任编辑　刘川民
封面设计　郑来强

出版发行　中国广播影视出版社
电话　010-86093580　010-86093583
社址　北京市西城区真武庙二条9号
邮编　100045
网址　www. crtp. com. cn
电子邮箱　crtp8@ sina. com

经销　全国各地新华书店
印刷　三河市同力彩印有限公司

开本　710 毫米×1000 毫米　1/16
字数　360（千）字
印张　19.25
版次　2018 年 12 月第 1 版 2024 年 3 月第 2 次印刷

书号　ISBN 978 - 7 - 5043 - 8246 - 7
定价　59.00 元
